大学通识课程系列教材

希腊哲学的精神

章雪富　陈玮　著

商务印书馆
The Commercial Press

2016年·北京

图书在版编目(CIP)数据

希腊哲学的精神/章雪富,陈玮著.—北京:商务印书馆,2016
大学通识课程系列教材
ISBN 978-7-100-12170-5

Ⅰ.①希… Ⅱ.①章…②陈… Ⅲ.①古希腊罗马哲学—高等学校—教材 Ⅳ.①B502

中国版本图书馆 CIP 数据核字(2016)第 073725 号

所有权利保留。
未经许可,不得以任何方式使用。

大学通识课程系列教材
希腊哲学的精神
章雪富 陈玮 著

商 务 印 书 馆 出 版
(北京王府井大街36号 邮政编码100710)
商 务 印 书 馆 发 行
北 京 冠 中 印 刷 厂 印 刷
ISBN 978-7-100-12170-5

2016年5月第1版 开本 787×960 1/16
2016年5月北京第1次印刷 印张 17 3/4
定价:39.00元

大学通识课程系列教材编辑委员会

主　任：罗卫东
副主任：董　平　郁建兴　陆国栋
委　员：王　永　王海燕　叶艳妹　刘向东　刘志军
　　　　刘朝晖　吕一民　何善蒙　余潇枫　吴勇敏
　　　　吴铮强　张德明　李　杰　李恒威　杨大春
　　　　陈志坚　周金其　胡可先　徐　亮　钱文荣
　　　　顾建民　梁敬明　章雪富　黄　健　潘士远
秘　书：留岚兰

总　序

　　大学之"大",在于大师,大师之"大",在于其学问之专深、气象之宏阔、境界之高迈,概言之,实为精神之"大"。综合性大学的一个重要特征就是既注重学生的专业训练,更注重培养学生深厚的人文素养、独立的思想人格、广阔的历史视野。一所好的大学要引导学生去追求超越个人感官经验的科学精神、历史理性和人类情怀,它必须要肩负起追求学术真理、推动文化传承创新和砥砺思想方式的多重功能。近代以来,博雅教育的勃兴,根源盖在于此。

　　国有成均,在浙之滨。浙江大学,这所有着近百二十年历史的国立综合性大学,虽历经坎坷,办学使命未曾更改;几遇沉浮,求是学风日益强固。竺可桢长校期间,一手抓科学教育和专业训练,另一手抓人文教育与精神涵养,既延揽了苏步青、王淦昌、束星北等大批杰出科学家来浙大为学生传授自然之道,更礼聘马一浮、梅光迪、张荫麟等文史大家到校为学生开启心灵智慧、揭示社会之理,校长本人兼通文理,统筹发展大局。由此,逐渐奠定了人文教育与科学教育并驾齐驱、自然科学与人文学术比翼双飞的办学特色,形成了真正意义上综合性大学的办学模式。为承续这一伟大传统,新浙江大学一直在探索新时代博雅教育的道路,除鼓励和支持学科开展多元化的教育模式试验，更尝试在学校层面构筑平台，提供条件，寻求新的方向。

近数年来，学校一直在体现博雅教育精神的通识课程建设上做文章。自2006年开始，学校将通识教育作为三大课程体系（通识课程、大类课程、专业课程）之一，2010年开始，学校适时成立了通识教育专家委员会，在原通识选修课基础上，重点建设了一批通识核心课程。这些课程覆盖哲学与社会科学、人文与艺术、数学与自然科学、工程与技术等领域，形成了具有浙大特色、辐射全国、影响国际的通识教育体系。在这一完整的教育体系之中，教材建设更是极具代表性的亮点之一，其标志就是推出一套注重经典、追踪前沿、体现批判精神和创新思维的大学通识核心课程系列教材。

浙江大学在通识核心课程启动伊始，就将教材建设置于整个课程体系的重要位置。在建设过程中，充分发挥学科优势和主讲教师特长，凸显课程特色，明确教材定位，并努力平衡三个方面的关系：第一，选用与编撰。教材的品质是决定课程质量的核心要素之一，教材建设因而是课程建设的重中之重。浙江大学作为国内高水平的研究型大学，理应将自己编撰教材置于教材建设的首位，但高品质教材的形成是一个过程，并非一蹴可就。通识核心课程教材的建设因此也就多半要经历由选用到编撰的过程，这与通识核心课程由启动到成熟的过程适相一致。第二，经典与前沿。在教材建设方面，我们最注重经典和前沿关系的处理。前者强调经典研读，注重引介能够激发学生思考的经典之作。由于各门课程都有相应的经典文献和经典理论，整合经典文献、提炼经典理论以形成相应的课程教材，也最能够深化课程的内涵，提升课程的品位。后者强调对于学术前沿的关注，由于各个学科都有相应的前沿问题，将这些前沿问题编进教材并引入课堂，也是研究型大学教学的重要特点。第三，核心与多元。根据通识核心课程的特点，我们将教材建设作为完整的体系来建构，目前出版和即将出版的教材是体系的核心部分，与这一核心部分相联系，还有相应的参考文献、与教材各章节相关的专题论文，以及以教材为中心而扩展的阅读书目,这样逐步构建以一个核心和多元辐射相结合的教材体系。

根据研究型大学的定位和通识教育的性质,我们的这套教材力求体现三个特点:一是研究性。努力在教材中挖掘经典的内涵,追踪前沿的动态,贯穿追求卓越的精神,旨在启发学生的创造性思维,培育学生发现问题和解决问题的能力。二是批判性。在教材编撰过程中,注重批判精神和求异创新,旨在促使学生在知识掌握的基础上,通过独立的选择和判断,达到思维转换和观念更新的目的。三是系统性。即体现知识传授活动区别于单纯的学术研究的重大特点和内在要求,特别注重知识的系统性。每一门课的教材,从宏观方面讲,是浙江大学通识教育体系的一个部分,从微观方面看,其自身具有一以贯之的理论体系或总体构架。

"一代儒宗"马一浮先生1937年受命为流亡中的浙江大学创作校歌,最后部分如是说:"念哉典学,思睿观通。有文有质,有农有工。兼总条贯,知至知终。成章乃达,若金之在熔。尚亨于野,无吝于宗,树我邦国,天下来同。"这精辟阐述了浙江大学的办学使命和教育理想。我们在新的时期推出这套大学通识核心课程系列教材,正是将使命和理想付诸实施的具体行动。希望这套系列教材能够为中国特色的大学通识教育贡献一份光和热。

罗卫东
2014年4月

献给 Glen Thompson 教授

致　谢

这本著作得以完成要感谢许多人。首先要感谢本书的合作者，我年轻的同事陈玮博士，她贡献了本书最精彩的一章——"亚里士多德的哲学"；感谢刘玮教授细读第四章并提出修订建议；感谢葛天勤先生，他撰写了除第六章之外的所有"精深阅读导引"；感谢沈小龙先生，他提供了第六章的"精深阅读导引"。

其次要感谢本科生院的领导和同事。感谢陆国栋教授的精彩建议，他认为没有必要再写一本教材，而应该写出一本其他教材的参考书。我希望本书多少做到了这一点。毕竟有关希腊哲学的书已经很多，我确实也没有能力像我那些研究希腊的卓越的同事们一样再作智力的推进。感谢高晖老师给课程提供的难忘帮助；感谢谢桂红和金娟琴两位老师，她们为希腊罗马哲学通识核心课出力甚多；感谢留岚兰和姚立敏两位老师，她们的敦促使我有"向死而生"的急迫感，全力以赴写作此书。

我要特别感谢希腊罗马哲学课堂的同学们。五年来，同学们以各种各样的问题促使我不断再思希腊的关怀，那种蓝色的真理，一片求知的天空。与你们结伴而行，是我的幸运！谢谢你们！

目 录

前　言 1

第一章　前苏格拉底的哲学家 1
　　第一节　前苏格拉底的自然哲学家 4
　　　　一　米利都学派：本原 4
　　　　二　毕达哥拉斯：数 7
　　　　三　其他自然哲学家：要素 9
　　第二节　前苏格拉底的存在论哲学家 13
　　　　一　赫拉克利特：逻各斯 16
　　　　二　巴门尼德：存在 20
　　附　精深阅读导引 24

第二章　苏格拉底和智者 29
　　第一节　智者 31
　　　　一　智者的修辞观念 31
　　　　二　智者的政治观念 33

第二节 苏格拉底其人及其哲学 36
　　一 哲学家公民 37
　　二 公民的德性 38
　　三 苏格拉底的修辞术 40
　附 精深阅读导引 44

第三章 柏拉图的哲学 48
第一节 柏拉图哲学的一般主题 49
　　一 哲学走向典范 49
　　二 哲学作为诗学 54
　　三 哲学和修辞学 59
　　四 哲学和教育学 62
　　五 "逃离" 66
　　六 哲学生活与政治生活 70
　　七 柏拉图哲学的精英主义 73
第二节 德性论 76
　　一 德性可教吗？ 76
　　二 敬虔 79
　　三 德性的秩序和知识的实在 83
　　四 公正初论：对神公正和对人公正 87
　　五 公正再论：个体和城邦 90
　　六 公正三论：秩序和差等 94
　　七 友爱 97
第三节 政治哲学 100
　　一 哲学与城邦的爱欲 100

二　爱欲与城邦的政制类型 ………………………………… 104

　　三　为何是君主制？ ………………………………………… 107

　　四　哲学王：一种修辞？ …………………………………… 110

　　五　政治的"神谕"和对话的"诗学" ……………………… 113

　附　精深阅读导引 ……………………………………………… 115

第四章　亚里士多德的哲学 …………………………………… 122

第一节　亚里士多德哲学的一般主题 …………………………… 123

　　一　亚里士多德和柏拉图 …………………………………… 123

　　二　哲学作为科学 …………………………………………… 127

　　三　知识的观念与哲学之树 ………………………………… 129

　　四　第一哲学 ………………………………………………… 133

　　五　伦理学和政治学 ………………………………………… 138

　　六　目的论 …………………………………………………… 144

第二节　亚里士多德哲学的具体主题 …………………………… 150

　　一　存在 ……………………………………………………… 150

　　二　理性与欲望 ……………………………………………… 154

　　三　理智德性和伦理德性 …………………………………… 158

　　四　明智 ……………………………………………………… 160

　　五　伦理德性：慷慨 ………………………………………… 167

　　六　伦理德性：公正 ………………………………………… 173

　　七　友爱 ……………………………………………………… 181

　　八　幸福 ……………………………………………………… 189

　附　精深阅读导引 ……………………………………………… 195

第五章　希腊化哲学家 202
第一节　伊壁鸠鲁学派 202
一　自然哲学 202
二　"重思死亡" 205
三　欢笑的哲学 207
第二节　斯多亚学派 209
一　自然哲学 209
二　把握性印象 211
三　自由 214
第三节　怀疑派 216
一　哲学反对哲学 216
二　悬搁判断 218
三　生活的技艺 220
附　精深阅读导引 222

第六章　奥古斯丁的哲学 225
第一节　古典哲学的尾声 226
一　奥古斯丁的忏悔与赞美 226
二　奥古斯丁与柏拉图主义 229
三　奥古斯丁与斯多亚主义 232
四　从古典到现代 234
第二节　奥古斯丁的哲学主题 236
一　真 236
二　记忆 238
三　时间 241

四　自由意志 244
　　五　为恶而恶 247
　　六　救赎：一种记忆的降临 249
　附　精深阅读导引 251

参考文献 254

前　言

古代希腊可分为古典希腊和希腊化时期。古代意义上的希腊包括小亚细亚、爱琴海诸岛、希腊半岛、南意大利半岛和西西里岛。古代希腊由城邦构成，由希腊卫城发展而来，著名的城邦有雅典、斯巴达、米利都和叙拉古等。居住在这些城邦中的民族大致有埃俄利亚人、伊奥尼亚人和多立斯人，他们与诸城邦的原住民通婚融合，公元前八至六世纪形成了具有共同语言和宗教的希腊民族。

希腊哲学随希腊民族的形成而发展，还随着罗马人兼并且不断扩展版图而改变。严格意义上的希腊哲学形成于公元前八至七世纪，与希腊民族差不多同步成熟。可见，哲学是民族精神的精华。在编年史意义上，希腊罗马哲学可分为前苏格拉底时期（公元前七世纪到公元前五世纪）、雅典时期（公元前五世纪到公元前四世纪）、希腊化时期（公元前四世纪到公元一世纪）、早期罗马哲学（公元前一世纪到公元三世纪）和晚期罗马哲学（公元三世纪到公元六世纪）。这些划分只是提供大致的时间轮廓，以利于了解希腊哲学的大致进程。

在这1300年左右的思想进程中，无论知识形态还是精神气质，希腊哲学都经历了重大变迁。前苏格拉底哲学主要分为自然哲学和存在哲学；智者和苏格拉底则讨论德性与治国的关系；柏拉图和亚里士多德把哲学演化为宏伟的知识大厦；伦理学、政治哲学、形而上学、辩证法和宇宙论等成为哲学的组成部分；希腊化哲学回归自然哲学，却以伦理学为第一哲学；罗马晚期，希腊哲学在基督教神学中安魂，真理的召命也是信仰的事业。

在这1300年间，纵然哲学历经洗礼，智慧的求索尝试穷尽智力的可能，生存曲尽其观念的限度，但是哲学不改追求真理的冲动。大大小小的哲学家在追寻真理上却不分大小，希腊的自由精神展现了人类理智的最大热情。无论是赫拉克利特所说的"要听从逻各斯"，抑或是苏格拉底临死前要求友人"要听真理的，而不是要听苏格拉底的"，还是亚里士多德更有名的"吾爱吾师，吾更爱真理"，以及奥古斯丁面向基督教所说出的激荡着希腊哲学精魂的"信仰寻求理解"，都渗透着哲学家和神学家们对真理的探究精神。希腊人为真理而活，以他们的所思成为真理的见证者，让"思"成为绽放真理的花朵。

"思"乃是哲学家们航向真理家园的风帆，正如那英雄的奥德修斯要历尽劫波才能够回到家乡伊塔卡，哲学家们在思的航程中寻找美好生活，历经思虑的种种晦暗和遮蔽才能够抵达存在的澄明。哲学究其目的而言，不外乎是为了生活得好，幸福是人类永恒的主题，也正是幸福使人有永生的满足，也就是希腊神话和悲剧所说的神一样的生活。如何在此世抵达那生活的美好或者如何在那灵魂将要前往的千年中始终有神圣的福祉，如何能够如柏拉图所说的那样，始终让灵魂保持直立向上的姿态，是哲学家们不断向思并从思中所寻求的答案。如果说我们的感觉总是处在变动之中，如果说我们的情绪总是如同大海的波涛跌宕起伏，那么思，因为它总是在寻求一致性，总是试图驱除逐浪而来的感觉表象的迷雾，唯有思才能够实现救助或者让渡此世的幽暗之境。思所寻求的存在一致性使得思成为存在的召唤者，使得真理成为召唤思的澄明者，使得生活在变幻莫测表象下的人们保持同一。

在这个意义上，本书要讲述的是一群希腊的"奥德赛"，一群思的历险者,一群探测生命海洋无尽暗礁的先驱者,一群人类价值的建立者,一群生活世界的远航者。他们竭尽思辨的能力,细致区分种种精神形式,辨析人类所用观念的种种陷阱,如同苏格拉底所说的用助产术(辩证法)诊断所孕育的"孩子"(观念及其含义)健全与否,达到对人的治疗。希腊哲学家,人类思想中的奥德赛们,透过检查感觉、知觉、理性、德性、激情、存在和思想等哲学领域,透过检查人类所建立的观念之间的关系,来展示思想海洋中人们可能面临的不测风暴。本书正是要邀请现代读者诸君,去亲历哲学家们曾经经历的思想探索的激动,去辨明思的危险,趋近希腊之思路途中努力要抵达的亮光,从而获得伊壁鸠鲁所说的哲学生活:"我们必须一边欢笑着,一边从事哲学研究、管理家政并照看其他事务,而且还不断地宣传真正的哲学。"[1]

本书要邀请读者诸君重历思想的河流,从源头开始,经过希腊哲学从酝酿到成熟的黄金时期,最后抵达滥觞所成思想大海之中的落日余晖阶段。希腊七贤之一的泰勒斯,为这段思想旅程揭幕,哲学的故乡希腊正是在他的言说中开启了思的困惑与光明。我们用第一章的内容描述苏格拉底之前的这群哲学家的自然哲学之旅。他们怀着尼采所说的"从勇敢常胜的男子气概的兴高采烈中迸发出来"的精神风采,恰到好处地启发我们理解哲学是什么,哲学应该是什么,更启发我们理解希腊人本身。[2]透过重回自然哲学家们对于哲学的天真乐趣,在"自然"这个主题的深处,找到我们生命初始时期探索的惊喜和孩童游戏般的自由。

第二章则把思的舞台切换到鼎盛时期的雅典,却也是危机四伏的雅典,我们将把聚光灯打在希腊的"公共知识分子"、雅典的"牛虻"苏格拉底身上。他揭开了希腊哲学由自然哲学向德性伦理的转变,更揭开了人向着自身

---

[1] 伊壁鸠鲁,"梵蒂冈馆藏格言集"第42条,见于《自然与快乐》(包利民等译),第47页,中国社会科学出版社,2004年。
[2] 尼采,《悲剧时代的希腊哲学》(周国平译)1.1。

和向着自身所结成的共同体（城邦）的探索。苏格拉底的探索影响深远，人类思的历程将在他深邃的目光下回旋于忧患和危险之中。苏格拉底不断地警告雅典人，伟大的思也是伟大的迷途，其结果却像特洛伊那位女先知卡珊德拉，卡珊德拉警告特洛伊人小心木马计陷阱却反受特洛伊人的嘲弄。柏拉图在卡珊德拉身上看到了苏格拉底式的命运，看到了真理的险境，看到了真理本身的不测命运。柏拉图终其一生不懈探索，却如同中了符咒，收获的或许是对思想的绝望。

第三章，也是本书最长的一章，将与读者诸君一起重新经历柏拉图的思想旅程。从他早期著作，到他中期颇为复调的作品，一直到晚年主题较为单纯的作品，逐一分析德性可教、辩证法和修辞学、助产术和诊疗术、政治和城邦、知识论和存在论等主题。柏拉图的高度就是哲学的高度，柏拉图的广度将是哲学所要面对的思的整个海洋。我们将在苏格拉底这位最伟大的学生身上领略怀特海所说的，西方思想充其量不外乎是对柏拉图的注释。

然而或许有一位思想家会对怀特海的评论表示异议，那就是柏拉图最伟大的学生亚里士多德。亚里士多德展示了哲学的另一种可能性，一种基于经验或者以经验为知识的确定性。本书虽然未必能面面俱到地分析亚里士多德，然而第四章仍然将尽可能地对亚里士多德表示敬意，尽可能地彰显这位思想的集大成者的思想路径，描述他的形而上学观念即作为自由之学科的哲学观念、思和存在的关系以及对神圣幸福的更丰富阐释、德性伦理的富有层次的内涵、社群、城邦和政治之间清晰的富有现实感的洞见，以及亚里士多德所显示的清晰可见的现代思想的身影。这是本书的第四章。

我们还将把第五章贡献给希腊化哲学，献给伊壁鸠鲁学派、斯多亚学派和怀疑派。在经历古典希腊哲学探究的高峰之后，思的道路又将如何峰回路转？人类生存的险境将迫使亚里士多德之后的哲学家们做出什么样的回应？德性伦理如何衰落，哲学家们又是如何从欲望的思辨转向激情的探索，基于情绪的主题而展开哲学的主题,使得现代读者领略到奥德赛之旅潜伏着更阴险的暗礁?基督教大思想家奥古斯丁顺着这个思路冷静地观察思的险境。他以为或许希腊人的探索接近了思的所有方面,却遗忘了思自身所制造的危险,或者正是思制造了它自身的迷途。奥古斯丁对于希腊的解构或许是对希腊最好的澄清,是希腊之思所要展开的最后路径。本书将循着希腊之思和基督之信的张力,寻找古典哲学家最后要解决的问题,一个戈尔迪之结。这是第六章的内容。

章雪富

2015年3月

第一章　前苏格拉底的哲学家

哲学开始于自然的探索，初期的希腊哲学家大多是科学家。希腊第一位哲学家泰勒斯是数学家和天文学家，阿那克西曼德是一位天文学家和地理学家，恩培多克勒是某种意义上的气象学家，德谟克利特更是百科全书式的人物。这些哲学家从实际事物的观察中提出一般性知识，并尝试进行回答，却造成了不同于经验科学的运思方式，形成了自然科学所不能够规范的普遍知识。这就是所谓的本原问题。如亚里士多德所记载，所谓本原有六种含义：（1）事物开始的部分，如一条线有其起点；（2）事物最好的出发点，例如学习总是从易学的部分开始；（3）事物的生成总是从内部开始，例如房屋的建造始于地基；（4）事物从不是它自身的部分开始，例如孩子始于其父母；（5）运动变化始于某个意志，例如城邦总是归在某种政体之下；（6）认识事物的起点。[1]虽然亚里士多德是以四因说（质料因、目的因、动力因和形式因）概括希腊自然哲学的内容，却也清晰地呈现了哲学之不同于自然科学的思想方式。哲学，它思索的是最一般的问题，不属于自然科学的某个领域，却为自然科学家们所注意。当自然科学家思考世界的本来面目时，思考世界最初的

---

[1] 亚里士多德，《形而上学》，李真译，1012b34—1013a23，上海世纪出版集团，2005年。

物质形态或者精神性根源时,他们的思考方式已经超出了自然科学的知识规范。因此,哲学始于自然科学的知识探究,却提出了不同于自然科学的知识典范和探究形式。

希腊自然哲学在其始初就把哲学的运思规定为一种演绎思维。自然科学(除数学外)是基于经验的抽象和归纳并透过经验审视观念呈现真实性的知识,演绎性的思考方式却以观念把握经验,并对观念的联结方式进行逻辑的审思。希腊自然哲学开启了这种一般性的思维模式,它不仅思考一般性对象,而且以思辨把握一般性知识,形成所谓有关原理的学问。因此哲学虽然始于自然的探索,却不限于自然的经验。希腊自然哲学呈现知识的这种特殊方式与这些哲学家的学科属性有关。早期希腊自然哲学家多数是数学家,泰勒斯、阿那克西曼德、毕达哥拉斯、爱利亚学派的芝诺、麦梭里和德谟克利特,都是卓越的数学家。而数学思维的特征在于使用纯粹观念建构一个可能的世界,它是纯粹理论的知识。这种在数学知识和哲学知识之间进行的类比,影响了柏拉图和亚里士多德。柏拉图的"学园"门上赫然写着一行文字"不懂数学者不得入内"。"学园"出了许多数学家,后来为大家熟知的欧几里得就是柏拉图"学园"的校长之一,而阿基米德是欧几里得的学生。至于亚里士多德,他的《形而上学》第十三卷就讨论数的问题,他所创立的逻辑学表现了应用数学的卓越成就。希腊自然哲学家用哲学表示观念性知识,哲学思维基于观念演绎,确立起观念真理,无疑得益于希腊自然哲学的数学思维。

希腊自然哲学主要以数学知识的探究方式作为哲学探究的参照,这影响了古典时期的希腊哲学,它仿效数学的知识典范把哲学视为严格的科学。以数学为哲学论述的范例,柏拉图的《理想国》视数学为仅次于辩证法的知识,《斐利布篇》讨论快乐和幸福时也一再谈到有限性、无限性及其比率问题,《蒂迈欧篇》更是提出得穆革按照一种固定的数学比率创造了宇宙。亚里士多德哲学中最重要的学科之一是逻辑学,而亚里士多德对三段论的研究开始了数学研究的新时代,"把变项引入逻辑是亚里士多德最伟大的发明之一。就我所知,一直到现在没有一个哲学家或语言学家注意到这个最重要的事实……因为每一个数学家都知道把变元引入算术在这门科学中开始了一个新的时代。"[1] 亚里士多德对哲学与数学的讨论还远远没有得到充分研究,显然,希腊自然哲学确定了哲学知识的某些重要方面。哲学当如数学一样探究原理性知识,这些原理性知识则是所有知识演绎的开始,这就是所谓的本原说。本原的观念既用来论证自然的开端以及万物的构成,也是知识体系得以构成的首要原理。正如万物依照本原演化,相应地,知识体系也依着由本原而来的第一原理演化出其他观念序列,哲学处理的是诸观念及其原理的关系。希腊自然哲学不认为哲学知识本于经验归纳,更非实证性呈现,而是从观念向着观念的演绎,由第一原理向着其他原理的演绎。在这个意义上,哲学宛如数学,乃是一种自洽的逻辑论证。

除自然哲学家之外,前苏格拉底哲学还开创了存在论传统。爱利亚学派是这种哲学传统的创立者,赫拉克利特则是其直接相关者。与自然哲学不同,前苏格拉底自然哲学的兴趣不在于自然之事及其演化关系,不在自然万物及其过程中寻找事物的根源和基础。爱利亚学派批评自然哲学以某个或者某些自然要素生发出其他事物这种观念的荒谬性,指出宇宙及其万物根源于无形体的存在。可以说,存在论开启了希腊哲学的二元论,把有形体存在与无形体存在、现象和本体、永恒和时间、静止和流变的区分置于哲学的视野。希腊哲学的观念论及其因之得以滥觞的西方思想主流都可以在此找到根源。爱利亚学派剥离了哲学埋没在自然探索之下的外衣,它虽然暂时还只是前苏格拉底哲学的浅浅溪流,却将取代自然哲学成为希腊哲学甚至整个西

---

[1] 卢卡西维茨,《亚里士多德的三段论》,李真、李先焜译,第16页,商务印书馆,1995年。

方哲学的洪流。

前苏格拉底时期的两大传统（自然哲学和存在论哲学）奠定了希腊罗马哲学的主要形态，此后的哲学流派都须在这两大传统之间取舍和演化，发展出各自的问题及其解决之道。虽然苏格拉底之后的哲学在主题、形态和观念探索上都远远超出了前苏格拉底哲学，然而它们的探索仍然相关于前苏格拉底哲学的基本框架。本章将透过对前苏格拉底哲学诸学派的描述，展示哲学在其源初所呈现的人类运思的宏大空间。

第一节 前苏格拉底的自然哲学家

一 米利都学派：本原

哲学始于希腊，文明来自东方。前苏格拉底哲学学派除爱利亚学派和恩培多克勒外，主要发端于小亚细亚沿岸。这与小亚细亚是古代文明的发源地相关，古巴比伦和古埃及文明很早就已经枝繁叶茂，位于其边缘地带的希腊移民既得益于这两大文明，又因为保持着观察的距离，得以正常成长。就如尼采所说，希腊人是正常的儿童，有他们自己所要玩的游戏，有他们自己独特的理智兴趣。希腊人没有如巴比伦和埃及文明那样，过早地被宗教仪式和神秘经验所羁绊，而是因着对理性和理智的卓越鉴赏力，保持着人性和理性探索的好奇。他们任由思想做主，任性地要呈现生命的完整。米利都学派就是这样一群希腊方式的言说者，显示了希腊之思的童趣。它要向人类宣告一种新的知识方式，虽然这种知识暂时还蛰伏在自然探索的名下。

米利都位于今天土耳其弥安德河的入海口处，米利都学派是由有着师承关系的泰勒斯（鼎盛年约公元前585年）、阿那克西曼德（生年约公元前610年）和阿那克西美尼（生年约公元前526/525年）在此从事哲学活动而得名。泰勒斯和阿那克西曼德是数学家,还分别是天文学家和地理学家。虽然埃及开始了几何学研究,然而还只限于实用经验的描述,泰勒斯把几何学转变成一般性命题的演绎科学。[1] 泰勒斯还把数学的思维方式运用在有关自然的一般知识探究上,认为世界有其本原并根据这种本原生灭流变。哲学从寻找世界的第一原理开始其探索,犹如数学所谓的公理。泰勒斯认为存在所谓的本原,水是万物的开端而其自身没有开端,这成了自然哲学的第一原理。

既然万物都开端于一个原理(泰勒斯认为是水,阿那克西曼德认为是无限,阿那克西美尼认为是气),那么为何有可见世界的复杂多样呢?单一原理如何生成多样的世界?米利都学派继续使用数学原理解释世界的生成。如果说米利都学派用水、无限和气作为世界的本原,是对本原的定性描述,那么在描述这些本原生成世界的过程中,他们使用了定量的方式。阿那克西曼德认为其他事物是由本原的凝聚和稀散产生,由一中生出多。[2] 阿那克西美尼也认为使物质基础聚合和凝聚的是冷,使它稀散和松弛的是热。[3] 这两位米利都学派的哲学家都提到聚合和稀散的问题,探讨了自然万物变化中的量的比率。聚合意味着量的增加,稀散意味着量的减少。例如阿那克西美尼说:"当气更加浓厚起来的时候,便产生云;再进一步凝聚时,便下了雨;雨在下降时冻结起来,便是冰雹;水里结合了部分气时,便下雪了。"[4] 由单一本原生成多样世界包含着定量关系,是定量演化的结果。这在毕达哥拉斯和赫拉克利特等哲学家的思想中都出现过,还在柏拉图的《蒂迈欧篇》中得到运用。

---

[1] 汪子嵩、范明生、陈村富、姚介厚,《希腊哲学史》第一卷,第146页,人民出版社,1988年。
[2] 亚里士多德,《物理学》187a12—23。
[3] 普卢塔克,《论冷的原理》947f,见于汪子嵩、范明生、陈村富、姚介厚,《希腊哲学史》第一卷,第229页。
[4] DK13A17,见于汪子嵩、范明生、陈村富、姚介厚,《希腊哲学史》第一卷,第237页。

米利都学派把"水"和"气"称为世界的本原，开启了希腊哲学的"元素论"。一方面，他们对世界的猜想仍然显得朴素直观，从有形体万物中寻找解释万物形体的原始要素；另一方面，他们提出了一种基本看法，即变化的万物包含着不变的原始要素，从变化中寻找常住不变的事物，这些不变的存在是某些基本要素和"粒子"。从物理学角度看，他们其实提出了构成宇宙万物粒子的猜想。米利都学派用所谓的粒子的原始物质解释灵魂、神灵和大地。例如泰勒斯认为世界的心灵是神灵，万物被赋予灵魂，充满精灵，贯穿湿气的元素渗透着神圣的推动力量。[1] 所谓的本原不仅是万物的构成者，还是万物的动力。万物的本原按着这双重的原则遵循定量运动造成宇宙。

米利都学派意味着一种新思想方式的开端。它既不同于神话和文学（例如荷马史诗），也不同于自然科学，虽然它确实接受了这些远古的叙事元素。神话和文学以人格的方式描述人在自然中的地位以及与诸神的关系，自然科学则更接近于对事物的客观研究，它是人类对自身周边事物的最早的祛魅。米利都学派则向我们显示人类文明开始探究一种更普遍的秩序，它以理论理性的方式描述这种秩序。如果说神话和文学叙事的诸神都带着民族的性格、地域的特性，科学的描述方式则超出日常经验而带着明显的知识化的客观特性，哲学则在寻求对秩序的更普遍论述，并且以超越情感和视觉的方式思辨地展示这种秩序与参与思考者的相关性。哲学以其特殊的发问激发了隐含在个体经验和知识结构下的普遍情感，而这触及人类本性中对自由的深刻的好奇。米利都学派把这种人类天性中所隐藏着的对自由的普遍好奇交托于理性，意味着思想时代的降临。

---

[1] 艾修斯，《哲学有意见集成》第一卷第7章第一节，见于汪子嵩、范明生、陈村富、姚介厚，《希腊哲学史》第一卷，第173页。

二 毕达哥拉斯：数

毕达哥拉斯及其学派不满足于让数学只成为自然哲学的背景，它要昭示哲学的数学本质。如果说泰勒斯还把数学和天文学视为两个不同领域的话，那么在毕达哥拉斯那里则合二为一了。这是毕达哥拉斯哲学的特点，数乃是宇宙论的一般原则，它是用以诠释宇宙天体、音乐甚至灵魂的教义。天文学和音乐不是经验性技艺，而是数理性演绎。数是宇宙活泼有序的根源。数目本身

是先于一切事物的自然，是万物的元素，整个天是和谐的数。[1] 天体和谐地排列，十个运动着的天体彼此间的距离也和谐有序，按照比率运动。因此天体的运动按照固定的比率，这类似于现代物理学所谓的宇宙常数观念。宇宙常数构成谐音的基础。由于围绕宇宙中心运动的各天体之间的距离都有一定比率，而太阳、月亮和其他星球的体积又都很大，运动速度又快，它们必然会发出声音。它们发出的声音即音乐的和音与运动的速率相同，因此数是谐音的起源。"这个宇宙系统是按谐音的比率排列的。四度音程的比率是 $4:3$；五度音程是 $3:2$；而八度音程是成倍的比率，即 $2:1$。"[2] 各个天体由高音和低音混合而成，各种不同的和音造成统一的音程。

---

[1] 北京大学哲学系外国哲学史教研室编译，《西方哲学原著选读》，第19页，商务印书馆，1983年。
[2] 塞克斯都·恩披里柯，《皮浪学说纲要》第3卷第157节，见于汪子嵩、范明生、陈村富、姚介厚，《希腊哲学史》第一卷，第348页。

与泰勒斯和米利都学派不同，毕达哥拉斯不是从经验描述本体。他把泰勒斯所提出的数学原则贯穿到底并且完全以数学思维掌握思辨的运用，这一点也确定了柏拉图哲学的一个重要原则，即哲学必须以数学思想方式为支撑。虽然柏拉图会认为数学或许只是通往哲学思想的云梯，正如他在《理想国》中所说，数学其实是哲学思想的训练环节，然而正是在这种数学思辨的训练中，哲学获得了对单纯观念的理解，或者说唯有观念才真实。同样也须透过数学，我们才能真正了解物理世界的真实性。理论知识在真实性和准确性上都高于实践知识，人类使用单纯的理性观念所把握到的事物要更真，现实的处境反而会遮盖事物呈现的真实。这正如现代人所理解到的"罗生门"和海德格尔用"前理解"所表达的解释学的前结构，人们基于实践的经验常常遮盖了真理的呈现。"毕达哥拉斯学派认为逻各斯是认识的标准，但不是一般的逻各斯，而是由各种科学得到的逻各斯。"[1] 毕达哥拉斯以数学为制高点确定理性是真理的权威，以理性的严格性造成知识的完整性。

毕达哥拉斯所谓的作为单纯观念的数并非是抽象的语言形式，它不是单纯的数字符号，而是"型"。万物皆有"型"，不存在无"型"的事物，任何事物即使最丑陋也都有"型"，无"型"的事物乃是混沌。其实，即使混沌也有"型"。混沌如无"型"，也就不能成其为混沌了。万物之为万物在于有"型"，"数"乃是"型"的原始，是原始的"型"。毕达哥拉斯学派认为，所谓的数都具有空间的几何形状，数是几何，几何被用来定义数之为"型"。毕达哥拉斯学派认为1是一个"点"，"点"不是抽象的符号，而是有空间形式的几何形状；2是点的运动即"线"；3是线的运动即第一个封闭图型。毕达哥拉斯学派认为这就是世界的开始，世界由最始初的封闭图型三角形运动生成，例如4就是立体角锥型，由此生成了所有立方体和其他立体的几何图形。

---

[1] 塞克斯都·恩披里柯，《驳逻辑学家》第1卷第92节，见于汪子嵩、范明生、陈村富、姚介厚，《希腊哲学史》第一卷，第381页。

而我们知道任何事物都是三维的，由此也可见存在本身乃是无形之"型"，具体的存在物则是有形之"型"。具体的存在物的"型"来自于无形的"型"，即"数"。万物皆模仿数而成，万物是数的模仿。数是宇宙万物生成者。由数演化出世界万象，数是真正的在先者。

虽然从古代开始就有哲学家例如亚里士多德批评毕达哥拉斯，称其数的观念来自于对具体事物的观察，批驳毕达哥拉斯学派的先验的数的观念。毕达哥拉斯学派却从他们对数的理解获得有关事物的独特呈现方式。柏拉图是毕达哥拉斯真正的私淑弟子，《蒂迈欧篇》采用的正是毕达哥拉斯的数学模型用以描述宇宙的创生，提出宇宙化生过程的两个连续的几何比例：

1：2：4：8：16：32：64：……
1：3：9：27：81：243……[1]

更重要的不在于这些具体观点，而在于毕达哥拉斯学派的思想方式。如果说泰勒斯他们是从具体事物中寻找本原即万物的常住不变的存在者或者说先验者，那么毕达哥拉斯学派则认为先验者必不是来自于经验者（如水）的抽象。毕达哥拉斯赋予哲学先验的品质，透过哲学接近于一种先验的思，而当哲学以这样一种思的方式呈现事物的时候，哲学才能够达成其把握真理的可能。对真理的把握不仅从思开始，还在思里面实现。

三 其他自然哲学家：要素

希腊自然哲学除数学传统外，还有要素论。希腊哲学源头既从数学角度讨论本原，也从要素（例如水和气）探索始基。如果说毕达哥拉斯发挥了数学传统，其他自然哲学家则从要素论作了进一步探索。这也合乎人类的理性思维，即总是要对宏观世界作微观探究，对可见物体作粒子层面的解释。如

---

[1] 参看谢文郁译注的《蒂迈欧篇》第16个译注，第99页，上海世纪出版集团，2003年。

果我们把像毕达哥拉斯和柏拉图这样的宇宙论称为数学宇宙论的话，那么可以把他们之外的自然哲学称为物理宇宙论。它们呈现出希腊人是一个多么充满好奇感的民族，他们在"好奇"的引导下诠释了希腊的自由。他们不受功利和实用观念的束缚，醉心于探索本身的乐趣。亚里士多德的如下理解或许最能够说明希腊人思想的旨趣："它［哲学］不是一门生产的科学，即使从最早的哲学家的历史来看也是很清楚的。因为人们是由于惊奇，才从现在开始并且也从最初开始了哲学思考……他们是为了免除无知而进行哲学思考，显然他们是为认识而追求科学，而不是为了任何实用的目的……不是为了任何其他利益的缘故而寻求它；而是当人们自由的时候，人们是为了自己的缘故而不是为了别的人而存在时，所以我们追求这门作为惟一自由的科学，因为它只是为了它自身的缘故而存在的。"[1] 希腊之思的自由精神，即出于纯粹思辨并为了思想自身的纯真乐趣，成为所有热爱自由的人的力量之源。

物理宇宙论的自然哲学传统包括了恩培多克勒、德谟克利特的原子论和阿那克萨戈拉的种子说。恩培多克勒约生于公元前500年的西西里，与阿那克萨戈拉同时代，流放于公元前461年后销声匿迹。阿那克萨戈拉于公元前480年去往雅典并在那里生活了三十年，大约卒于公元前428年的伊奥尼亚地区的兰萨库斯。原子论学派的创始人是留基伯，集大成者是来自希腊本土东北端色雷斯地区的阿布德拉的德谟克利特。德谟克利特的鼎盛年约为公元前420年，他很长寿，一直活到九十多岁。四位思想家有一个共同特点，都寻求用微观世界的粒子去解释世界的形成。他们的共同特点还在于，都认为世界的本原是"多"，作为"一"的这个世界由多生成。这个观点一反米利都学派、毕达哥拉斯学派、爱菲索学派和爱利亚学派以一为优先的哲学原

---

[1] 亚里士多德，《形而上学》，李真译，982b12-28，上海世纪出版集团，2005年。

则，显示了物理宇宙论的不同精神旨趣。

这些思想家认为万物的演化是从有到有，从存在到存在，存在不会源于非存在。恩培多克勒认为万物由"四根"（水、火、土和气）生成。"一"由"多"（四根）生成，"一"最终也将分解为"多"。这四根有不同的特性和能力，万物的属性取决于四根在该事物之中的份额。这四种元素并不完全混合，而是处在并列和相互接触的活动进程中。"四根"按照不同的数量比例结合而成，造成千变万化的事物形态及其性质。由这四根结合而成的万物都有无数微小的"孔道"，"孔道"是元素流射的路径，当"孔道"相合时它们就进入另外的物体中。阿那克萨戈拉认为世界的本原是种子，而种子无限多，总量既不减少也不增加。种子无限多样，同类相生。例如骨头是由许多小骨末组成，肉是由最小的肉末组成，血由最小的血滴组成，金屑生成黄金，小土粒生成土，小水滴生成水等，每个部分（例如小土粒）和整体（土）都同名同性。这些自然哲学家都认为宇宙万物是各种元素或者种子复合的结果，万物的消失是元素的分解。物质并不归于无有，它总量不灭。死亡只是复合和分解。这种宇宙图景是机械论式的，他们以还原主义解释世界的生成。

这些自然哲学家也提供了一个新问题，就是诸元素的复合和分解的动力何在？苏格拉底之前的其他哲学家并没有考虑过这个问题，可能主要是因为数学宇宙论主要考虑宇宙构图的模型，宇宙不外乎是这些基本图型的模仿和构造。数学宇宙论也不考虑宇宙形成的动力。然而恩培多克勒这样的自然哲学家则认为，诸元素本身分离而独立，它之结合为宇宙万物必然需要在它之外的原理，动力学成了机械物理宇宙论的必要补充。恩培多克勒认为"四根"结合为万物是由于"爱"和"争"。"爱"是"四根"复合的力量，"争"则是已经生成的万物分解的动力。阿那克萨戈拉则认为种子生出万物出于努斯的推动，宇宙万物最初混而为一，静止不动。正是努斯启开了万物运动的

第一幕。在努斯的推动下,同类相聚,浓的、湿的、暗的、冷的以及一切重的物体都聚集到中央,形成了大地,稀的、热的、干的和轻的则形成以太领域内的事物。至于努斯,它是心智或者心灵,它神圣而无限,具有支配宇宙运动和灵魂的力量,是万物中最精纯的。恩培多克勒和阿那克萨戈拉都采用元素和动力二元论的方式解决万物的复合和分解,德谟克利特则有所不同,他似乎做得比这两位思想家都要好些,认为万物的构成是由于本身运动的原子,恩培多克勒和阿那克萨戈拉则没有把运动归在四根和种子之上。德谟克利特认为原子之所以能在某个时刻处于结合状态,是因为它们能相互吻合和捕捉,而它们之所以分解是因为这些结合的原子周围出现了更强的必然性,颇类似于现代物理学所谓的"场"的观念。然而德谟克利特并不完全是现代原子论的支持者,他用灵魂的感觉性解决原子自运动的那种能力。他认为一切事物都分有灵魂,甚至石头也如此。灵魂是圆形的最精致的原子,它自由游离,精微至极,具有感觉功能和思想功能。这三位自然哲学家在解释诸元素结合和分解时,都注意到作为动力的生成原则具有精神性要素。这意味着精神性的内容包括感觉、情绪和理智已经渗透到物理宇宙论的法则之中,也意味着这些自然哲学家们意识到理智或者其他的精神原则至少与单纯的自然要素具有同等重要的力量,或者在最终的意义上它甚至高于单纯的自然物质本身。

希腊自然哲学的这种精神性呈现意味深长。一方面,希腊自然哲学对于宇宙的解释逐渐取代神话和诗歌对自然的解释,哲学以理性的日渐成熟和经验的可检验性把握,把自然从神话和诗歌的泛神论式的或者物活论式的解释中解救出来,形成所谓的客观知识的解释模式。理智和经验日渐取代想象和虚构成为解释经验性知识的新范式。另一方面,自然哲学家们也注意到单纯的物质性解释并不能够完全说明宇宙法则,至少希腊时代的科学思辨能力还没有达到这个水平,因此理智或者其他精神性要素成为自然之原动力的基础。自然的精神是对于自然物质的更好诠释。这预示了希腊哲学要绽放的未来，理智或者理性将成为存在的力量之源，随着文明时代的即将到来，自然的原始性作为共同体的特性例如勇力（勇敢）将为智慧所取代，后者将在共同体的建构中起更大的作用。以此而论，理智作为德性的内容将成为共同体的真正自然，或者说理智才是真正的自然。自然哲学本身对理智的呈现显示了希腊人对于理性的不懈探索，这是哲学的自由精神。

第二节　前苏格拉底的存在论哲学家

存在论是除自然哲学之外前苏格拉底哲学的另一传统。自然哲学以自然的主题开始，启动了希腊哲学运思的方式。存在论则开启了希腊哲学理性主义的另一种类型。如果说希腊自然哲学是从自然迂回到自然赖以存在的前提（即所谓的本原），那么存在论哲学家则以存在为前提，探究自然的基础。存在既不是自然万物，也不是自然万物的要素。存在论哲学家认为自然万物不是始于自然，不过是从自然的可描述性呈现自然。如果自然不能够呈现，也就意味着自然并不存在。当我们说自然"存在"时，自然已经不再是"它自身"，因为此刻的"自然"是呈现为语言中的"自然"。语言的"自然"是对"自然"的描述，也就已经呈现成为"存在"。也就是说，只有某个事物能够被呈现时，它才存在。自然的存在就是它的呈现，就是对它的表达式。如果某事物不能够被表达，也就是说如果某事物不能够被言说，那它就不能被感知到和思想到，不能感知和思想的不可能存在。或许有人会反驳说，人们不是经常在谈论不存在的事物吗？例如许多小说人物，如孙悟空就不存在，然而"孙悟空"并非完全不"存在"。"孙悟空"的"猴子属性"是"存在"的，他的许多属"人性"的东西例如思考、"功夫"和情感也都存在。虽然与"孙悟空"完全相同的人物和动物不存在，然而他的属性却

"存在"。如果没有那些"存在的"属性,"孙悟空就不可能存在"。完全的"非存在"不可言说,甚至都不能够使用"非存在"的语词,因为一"说",它就存在了。可见万事万物并非基本,自然要素也不基本,"存在"才最基本和始初。

可见,存在论哲学的思考方式相当不同,它是一种不同于自然哲学的思考方式。爱利亚学派是存在论哲学的代表,或许还有爱菲索的晦涩哲人赫拉克利特。爱菲索的赫拉克利特名显后世,从尼采到马克思都对他赞誉有加,历代学者也对他特别眷顾。他出身爱菲索的贵族,却离群索居于狩猎女神阿耳忒弥的神庙;他厌恶与政治家为伍,遂与孩子游戏并深悟生命的哲理。他在希腊哲学家中如此特别,对其所思所想的研究也甚少定见。如果我们不把赫拉克利特所谓的"火"的本原思想看得过重,即不把它看作自然哲学的模式,那么我们会发现一个更有意思的赫拉克利特,一个作为存在论思想家的赫拉克利特,虽然自称为存在论哲学的爱利亚学派针对赫拉克利特提出许多批评。把赫拉克利特称为存在论哲学家当然有争议,严格说唯有爱利亚学派才是存在论哲学家。从游吟诗人塞诺芬尼[1]到巴门尼德[2]再到公元前五世纪的芝诺和麦梭里,爱利亚学派对存在的深入讨论成为柏拉图和西方思想最重要的主题。

显然,赫拉克利特和爱利亚学派都不是自然哲学家。他们使用各自的术语表达他们的哲学观点,对哲学的理解也不同于自然哲学家,后者把哲学理解为知识的科学,赫拉克利特和爱利亚学派则认为哲学是智慧的学问,不是关于某个事物或者宇宙的知识。赫拉克利特说:"博学并不能使人智慧。否

---

[1] 学者们对他的生卒年代有不同的说法,有说公元前570-前470年,有说公元前565-前470年,有说公元前570-前475年。见于《希腊哲学史》第一卷,第531页。
[2] 对巴门尼德的生卒记载,学者们也有争论。学者们大致相同的意见是他生于公元前515年。见于《希腊哲学史》第一卷,第585页。

则它已经使赫西阿德、毕泰戈拉以及塞诺芬尼和赫卡泰智慧了。"[1] "智慧只在于一件事,就是认识那善于驾驭一切的思想。"[2] 智慧认识那驾驭一切的一,思想在理解那一切的一时才接近智慧。思想并不只是思考,更不等同于思虑。人们通常所谓的思想,其实是思考这个语词的误用。而所谓的思考,是与某个事物或者某个具体问题紧密相连,与经验活动休戚相关。存在论哲学则提出了另一种看法,即存在一种思想,它是对思考的直接把握,而不是对思考的具体对象的把握;它最终所要获得的也是思考本身,以思考本身为目的,而不是以思考对象为目的。例如当一个人思考求知的目的是求职时,他就不是以读书本身为目的。如果求知本身是目的,它是指读书及其思考带来的乐趣,充分享受读书就是读书的目的,求知的目的不在求知之外,不在求知之外的其他功利考虑,实用性对象不是求知这个活动本身所包含的。

存在论哲学由此以为哲学探求存在。紧随这个观点,柏拉图指出哲学始于疑惑,而亚里士多德也认为求知始于惊奇,消除无知。人们求知不是为了别的,只是为了消除无知。存在论哲学强调人们可能透过自我的探索发现自己拥有消除无知的能力,其他动物则不可能有这种能力。希腊人为此惊奇不已。求知既来自人们被无知包围下的发现的惊奇感,也因为人们因着求知所导致的惊奇得以发现其自身的存在。人们发现透过求知安享其自身的确定性,找到自身的存在,感知自身的真实。这样的求知是为求知而求知,是为知识而知识。在人们获得某种知识时,却发现他们超出了自身,发现了那种现实和现象限制之外的自由力量,人们在超出无知的限制后发现知识缔造自由。

存在论哲学开始了这种有别于自然哲学的知识探索。它不以自然的探索为问题的起点,也不以自然知识的探索为问题的终点。他们的问题来自知

---

[1] D40,见于《西方哲学原著选读》上卷,第26页。
[2] D41,见于《西方哲学原著选读》上卷,第26页。

识本身。他们发现有关存在的知识并非从自然的归纳和探索中展开，有关存在的问题意识最初也不是来自自然的奥秘。存在有其自身的奥秘，它是其他知识奥秘的基础。所谓的知识都是关于其存在的知识，而不可能是与其自身存在无关的知识。存在的知识不是始于经验，却是经验得以成立的基础。存在论的哲学思想成为柏拉图之后两千年西方思想的根基，以至于现代德国哲学家海德格尔说，西方思想的命运就维系于存在的研究。

一　赫拉克利特：逻各斯

赫拉克利特活动在公元前五世纪，常被称为爱菲索的晦涩哲人。他对现代哲学影响深远，远过于他对古代希腊哲学的影响。黑格尔、马克思和恩格斯在他那里发现辩证法和唯物主义完美的古典形式，尼采和海德格尔则在他那里找到古典思想家的生存论探索。然而希腊思想家包括柏拉图、亚里士多德以及希腊化时期的伊壁鸠鲁和怀疑派以及中世纪早期的思想家却很少把赫拉克利特看作是处在希腊哲学剧场的中心人物。在这个意义上，我们或许可以说赫拉克利特是现代精神的先知，却很少为希腊哲学家所理解，这也可能是他被称为晦涩的哲人的原因。他的独特性除了表现为以一种隐喻的方式说话外，还表现在他的哲学问题意识或者说他有关人的精神意识的洞见，这些都与希腊思想家相差甚远。古希腊哲学家注意到赫拉克利特强调运动和变化，把流变视为正面的价值。这确实是反希腊之道而为，因

为希腊哲学注重静止和形式。巴门尼德也从这个方面批评赫拉克利特。从对赫拉克利特的批评中，巴门尼德把存在的观念作为哲学的责任。巴门尼德可能没有意识到赫拉克利特正是从他的对立面开通存在的道路，即从生存经验的敞开把握与人们真实情绪（体现为流变的河流）相关的存在。赫拉克利特所推崇的通往存在的思想路径为马克思、尼采和海德格尔所理解，这使得赫拉克利特成了某种现代精神的古代神谕，"女巫用狂言诞语的嘴说出了一些严肃的、质朴无华的话语，她的声音响彻千古。因为神通过她来说话"。[1]

希腊哲学的研究者会困惑于描述赫拉克利特哲学的角度，因为这是一个难题。尽管赫拉克利特哲学可以透过几个非常重要的关键词进行表达。逻各斯、对立统一、流变、火和循环的时间观念等频频出现，然而内蕴于其中的观念脉络到底是什么，又表现了怎样的哲学旨趣？从某个角度来说，赫拉克利特哲学涌动着精神的战栗，为古代希腊哲学所仅见，因为希腊哲学无论是自然哲学还是以后的雅典哲学都以静止为智慧的特性，哲学智慧是要企近静谧的特质，赫拉克利特却在表达一种动感的、不息的精神力量，他称之为逻各斯或者大道。"这道虽然万古长存，可是人们在听到它之前，以及刚刚听到它的时候，却对它理解不了。一切都遵循着这个道，然而人们试图像我告诉他们的那样，对某些言语和行为按本性——加以分析，说出它们与道的关系时，却立刻显得毫无经验。另外还有些人则完全不知道自己醒时所做的事情，就像忘了梦中所做的事情一样。"[2] 人们似乎熟悉大道，但在用经验把握大道时却发现他们又是如此陌生，用海德格尔的话说既在场又不在。那大道或者说逻各斯就是话语，而话语乃是聆听的艺术。赫拉克利特把哲学的智慧视为一种聆听之道，人们似乎听到了却又在理解之外，与那主宰我们生活的原理格格不入。正因为如此，大道与那些以为听到的人之间的关系是"在场如

---

[1] D92，见于杨适，《古希腊哲学探本》，第200页，商务印书馆，2003年。
[2] D1，见于《西方哲学原著选读》上卷，第22页。

不在"。逻各斯或者大道将它自己隐藏起来，而人们对神圣的东西大都不能理解，"因为我们不相信它"。[1]

赫拉克利特把其他希腊哲学家以为自明的智慧揭示为一种吊诡的存在。希腊哲学家们深信知识是通往存在的道路，自然哲学家如此，巴门尼德、柏拉图和亚里士多德这些存在论哲学家也是如此。赫拉克利特却认为存在并非能够为博学的人所把握，他批评荷马和赫西俄德，说他们其实不能够真正理解大道，批评人们即使听到了却并不理解。大道并不为知识所能够把握，这就超出了希腊哲学的常规或者说基本信念，"最智慧的人同神相比，无论在智慧、美丽或其他方面，都像一只猴子。"[2] 以此而论，赫拉克利特岂不是"不可知论者"，居然得出人们不能知道大道的结论。绝非如此！赫拉克利特认为许多人不懂真理，是因为他们不能够正确思想。真理是养育一切法律的神圣源头，智慧就在于说出真理。那么人们凭什么可以说出真理？就是凭着思想，而思想并非是思考。我们所谓的思考，常包含经验的对象，或者说思考常以经验为内容，这样的话，人们的思想或者思考也会被所思考的对象限制，例如一个物理学家思考事物时，他就被所思考的事物如低速宏观运动的物体所限制。如果按照低速宏观运动的物体运动理解运动，那么就不能够准确描述高速运动。赫拉克利特的思想，却不受约束于任何思考的具体对象，因为思想在他而言就是承认"一切是一"的智慧。思想并不是如希腊哲学家所以为的静止不变，"道为灵魂所固有，是增长着的。"[3]

既然一般的以及科学的（例如数学的）方式不能把握赫拉克利特所说的智慧或者大道，那么哲学的运思就是一种特殊的面向存在的思。这种面向存在的思的方法论不是荷马的传唱诸神和英雄的叙事方式，也不是数学或者其

---

[1] D42，见于《西方哲学原著选读》上卷，第27页。
[2] D83，见于《西方哲学原著选读》上卷，第25页。
[3] D115，见于《西方哲学原著选读》上卷，第23页。

他自然科学描述经验对象的方法论。哲学之思在赫拉克利特而言乃是辩证地运思，因为辩证地思想不把事物单纯地思考为某个方面，而使得事物本身或者其所是（存在）呈现出来。辩证法使我们看到一个事物历经时间而呈现出来的诸面向，它把事物放在时间的河流中呈现，把事物呈现为时间中的事物，呈现为该事物的系列。"人们不能两次踏进同一条河流，它散又聚、合又分"[1]；"太阳每天都是新的，永远不断地更新"[2]。但是事物在时间中的流变又能够守住它自身的所是，这就是在时间河流中那恒常的一，那经历了时间并在时间的表象中反复地呈现其为一的，在事物诸种呈现中即始终以其自身为其呈现的实在的，正是时间河流中所有事物的表象的恒常原理，"压榨器里的直纹和曲纹是同一条路"[3]，而"智慧只在于一件事，就是认识那善于驾驭一切的思想"[4]。辩证法正是这种运思的智慧，它把事物把握为它在时间中的诸种呈现，把握为事物系列，又在它自身所表达的诸种系列中看见那始终支配着它自身的所是即存在。辩证法是通往存在的道路，是将存在揭示为时间河流中的表象的诸形象，是一种使得事物的连续性呈现成为事物本身的表达。

赫拉克利特的哲学有一种客观性的表达形式，其哲学内涵却又始于对客观性的主观呈现。赫拉克利特的哲学仍然是一种理性的哲学，"爱智慧的人必须熟悉很多很多东西"[5]。在这一点上，它迥然区别于尼采和海德格尔所评论的生存论冲动。赫拉克利特始终认为逻各斯是呈现思想的唯一力量，只不过他在逻各斯里面看到的是事物呈现自身的激情，以及这种激情与生成、正义、斗争、死亡之间严格关联的特性。哲学的任务在于把握事物的呈现。赫

1　D91，见于《西方哲学原著选读》上卷，第23页。
2　D6，见于《西方哲学原著选读》上卷，第23页。
3　D60，见于《西方哲学原著选读》上卷，第24页。
4　D41，见于《西方哲学原著选读》上卷，第26页。
5　D35，见于《西方哲学原著选读》上卷，第26页。

拉克利特也意识到寻求客观知识的哲学丧失了哲学的命运感,"一个人怎能躲过那永远不灭的东西呢?"[1] 哲学面向客观知识的时候也必须面向存在,存在是知识的界限,也是知识的根源。"在圆周上,终点就是起点。"[2] 这样,哲学的呈现始于知识却止于命运,而知识需要以存在为命运,唯其如此,才能得到有关其自身的界定,这是秩序的辩证含义,也是哲学应该把握的。赫拉克利特以理性的精神却将理性置于一个本身具有终末论结局的思想背景中。

二 巴门尼德:存在

巴门尼德是南意大利爱利亚学派的代表人物。他的思想可以追溯至塞诺芬尼,一位吟游诗人。塞诺芬尼批评当时的神话和民间宗教,后者认为神具有人的情感和属性。塞诺芬尼则嘲笑说以此而论,假若马、牛和狮子也有手的话,它们画出的神一定像马、牛和狮子。他们有关神的看法都是渎神的,事实上,神既不是人的样子,也不是其他任何事物的样子。神是一个整体,他作为整体在看和听,静止不动,用心灵感知事物。神的本体是球形的,是思想和心灵的总体,是不朽的存在。巴门尼德的许多思

---

1 D16,见于《西方哲学原著选读》上卷,第23页。
2 D103,见于《西方哲学原著选读》上卷,第24页。

想也都采用这样的表述。大概因为如此,虽然塞诺芬尼和巴门尼德没有直接的师承关系,亚里士多德还是认为他们存在思想的传承。亚里士多德认为巴门尼德是从塞诺芬尼的这些批评中,得到他的基本思想即"存在"以外没有"非存在"。[1] 当然巴门尼德更为深刻,他以严格的论证阐释了存在的主题,存在自此成为西方思想史的中心。巴门尼德的追随者爱利亚的芝诺和麦里梭从不同方面提出论证,证明巴门尼德存在论的正确性。芝诺提出反对多和反对运动的论证(二分法、阿基琉斯追不上乌龟、飞矢不动和运动场),麦里梭则更细致地讨论了存在的永恒性、无形体性和无限性。

赫拉克利特是爱利亚学派的论敌,他应该比塞诺芬尼年轻却比巴门尼德年长(或者同时代)。他们论战的核心是"存在"是静止抑或运动。赫拉克利特主张万物流变不息,爱利亚学派则认为存在静止不动。赫拉克利特虽然没有明确提出哲学应该以存在为研究对象,然而他的哲学充满了存在意识。巴门尼德是明确提出哲学以存在为研究对象的第一位哲学家,此前的塞诺芬尼则仍然以散文的方式叙说神是不变的球体,还没有提出存在的观念。巴门尼德的存在观念,如同泰勒斯所谓的本原学说,为希腊思想乃至于西方思想做了奠基性的工作。存在的观念并不与本原等同,从本原的观念中也引导不出存在的原理。这意味着巴门尼德在自然哲学之外明确地提出了一种新的研究对象,正是巴门尼德的存在之思使得哲学获得了更清晰严谨的规范。

这个现在普遍称为存在的希腊文 eimi,其实是系词"是"。现在有不少国内学者认为应该译为"是"。本书还是沿用传统的译法,采用"存在"的翻译。巴门尼德说人们的认识分为三种。第一种是存在者存在,它不可能不存在,这是遵循真理的路径;第二种是存在者不存在,这个不存在必然存在,走这条路的人什么都不会学到;[2] 第三条是认为存在者和不存在者同一又不同

---

[1] 亚里士多德,《形而上学》986b8–30。
[2] D4,见于《西方哲学原著选读》上卷,第31页。

一，一切事物都有正反两个方向，他们的心中不知所措，被摇摆不定的念头支配。[1] 巴门尼德显然认为赫拉克利特是第三条道路的代表者，认为不分是非的群氓才会持这样的观念。不存在者存在根本不可能，他告诫人们要远离这条研究的路径。

然而什么是巴门尼德所谓的存在，或者说什么是他所谓的存在的真正含义呢？这仍然涉及对存在的翻译。如果把 eimi 译为"是"，巴门尼德的思想可能就比较容易理解，虽然在语句上显得"荒谬"。巴门尼德说只剩下一条研究途径，就是"存在者存在"，换个说法就是只存在一条路径即"研究'是'"，而我们不可能研究"不是"。需要注意的是，"不是"没有独立的词根，[2] 因为它以"是"为词根。"不是"或者说"非存在"以"是"（存在）为词根，意味着研究"不是"依然以"是"为前提，也就是说要研究"不是"，还是得先研究"是"。这就可以理解巴门尼德所说的不存在者（不是者）存在根本不可能，因为纯粹的"不是者"应该与"是"（存在）没有关系。然而在谈论任何事物时，这些或者这个事物都已经"是"这个事物了，即它或者它们已经有它们的"所是"了，如果这个事物根本就没有它的"所是"，那我们根本无法谈论。我们谈论事物正是从它的"是"（存在）开始。因此，研究"不是者"（不存在者）根本不可能。

巴门尼德为哲学的"一元论"做了强有力的论证。在人类思想史上，出现过几种论述"本原"的思想模式。与一元论同时出现的是二元论和多元论。多元论强调世界本原于多个源头，二元论认为世界有两大源头。二元论对一元论的挑战最大。二元论的著名代表是以后的摩尼教和诺斯底教，它们认为世界有两大本原，分别是善的存在者和恶的存在者。善的存在者是人类世界善的原因，恶的存在者是人类世界恶的原因，人类世界是善恶两个存在

---

[1] D6，见于《西方哲学原著选读》上卷，第32页。
[2] 参看陈村富的论述，见于《希腊哲学史》第一卷，第598页。

者争夺的场所，因此人类世界有善有恶，有福有苦。巴门尼德的一元论则坚持认为世界本原于"存在"（是），并为此提供了强大的逻辑论证。首先，没有人可以言说"不是"的存在者，人的言说都与"是"相关，因为凡言说就意味着有所规定。从逻辑的角度说凡有所规定，就是指出了这个事物的"是"，因为"规定性"就是"是"。而如同巴门尼德所说，任何言说的人或者寻求规定性的人，就不会有人追求对自身的"不公正"，因为对自身"不公正"会导致自身的"是"的否定。没有人会否定自身的"是"，因为一旦否定自身的"是"，就导致自身的"死亡"，实际上"死亡"也是一种"是"，一种与"生"相对的"是"，是"生"的"不是"。人如果自身都不想做到与"生"相对，那就更不可能去谈论那绝对的"不是"。绝对的"不是"意味着不呈现为言说，也就是说"无法呈现"。因此"不是"不存在，任何人们所以为的"不是"都相对于"是"，"不是"（非存在）是以"是"（存在）为前提的，"不公正"以"公正"为前提，"恶"以"善"为前提。

既然并不存在所谓的"不是"（非存在），那么人们日常生活中所谈论的"不是"（非存在）又是什么？巴门尼德以为人们所谓的非存在（不是）乃是相对的"不是"，是分有了"是"的"不是"，不是严格意义上的"不是"。这个相对意义上的"不是"也就是巴门尼德所批评的第二条道路即意见之路。"意见"这个语词与"现象"相关，因为希腊文的意见 doxa 指外显的形象，意见就其辞源来说是以外显的形象为表达的内容。而现象只是一个事物的"所是"的呈现，这种呈现具有时间性，用芝诺的论证说会表现为运动的假象，由此，意见所获得的并不是事物的"所是"或者"真是"。即使如此，巴门尼德说，还是要研究意见，"意见尽管不真，你还是要加以体验，因为必须通过彻底的全面钻研，才能对假象作出判断。"[1] 研究意见，是为了区分现象中所

---

[1] D1，见于《西方哲学原著选读》上卷，第31页。

呈现出的"是"与"是"本身之间的关联。一方面,透过意见表达的现象的"是"只是"是"的表象,是"是"的某种形式,甚至可能是"是"的假象,而不是"是本身";另一方面,这种意见的"是"又依赖于"是"本身。透过钻研这两者的关系,可以使我们的心灵注视"是",离开"不是"(非存在),从而行进在思想的道路,"要用你的心灵注视那遥远的东西,一如近在目前。"[1] 思想是真正能把握"存在"的力量,它注视"存在",如同人的感知觉呈现那些现象,把现象呈现为意见。因此"思想"与"存在"同一,唯有思想才能把握事物的"真是",也唯有"思想"才能够引导人们离开幻觉之路,离开"非是"的道路,享受神明的福祉。

巴门尼德清楚地呈现了希腊哲学即将要展开的理智主义的轮廓。他认为思想是唯一能够真正把握"存在"的道路,人们必须彻底解除由感觉而来的对"真是"的遮蔽,方能够展示物体世界和人的世界的真实性。思想之路也是真理之路,因为求"是"也就是求"真"。思想透过求"真",而达到对事物之"所是"的探求。哲学的责任在于规避意见所引导的生活道路,规避感觉所引导的生活歧途,完全遵循理性指引而生活。在这方面,巴门尼德和赫拉克利特是共通的。生活和生命行进在理性所驾驭的共同原理之中,理性造成共同体的命运。

附 精深阅读导引

一 有关第一节的精深阅读

1. 学界有关泰勒斯研究的争论,可以参阅梁中和:《理解"第一哲人"泰勒斯的四种路径》,《四川大学学报(哲学社会科学版)》2013年第4期。

---

[1] D2,见于《西方哲学原著选读》上卷,第31页。

关于泰勒斯及米利都学派是否创立了科学这一问题的讨论，可参阅 David J. Furley and R. E. Allen (eds.), *Studies in Presocratic Philiosophy*, Vol. 1(New York: Humanities Press, 1970)中 Cornford, Kirk, Popper 等人的文章，有关争论的总结可参阅 Lloyd, G. E. R., "Popper versus Kirk: A Controversy in the Interpretation of Greek Science." *British Journal for the Philosophy of Science* (1967): 21-38.

Kahn 就米利都学派对自然哲学的贡献做了详细分析，参看 Kahn, C. H., *Anaximander and the Origins of Greek Cosmology* (New York: Columbia University Press, 1960)。

2. 关于毕达哥拉斯及其学派的一般研究可参阅 Burkert, W., *Lore and Science in Ancient Pythagoreanism* (Cambridge, Mass., 1972)。

毕达哥拉斯学派与柏拉图的关系研究也是一个重点，可参阅 Horky, Phillip Sidney, *Plato and Pythagoreanism* (Oxford University Press, 2013). Lloyd, G. E. R., "Plato and Archytas in the seventh letter." *Phronesis* 35.2 (1990) 159-74. Bluck, R. S., "Plato, Pindar, and Metempsychosis." *American Journal of Philology* (1958): 405-414.

3. 对于恩培多克勒，学者们一般更关注他的循环动力论，一些学者提出了四阶段的循环论，参阅 O'Brien, D., *Empedocles' Cosmic Cycle* (Cambridge, 1969). Graham, Daniel W., "Symmetry in the Empedoclean cycle." *The Classical Quarterly* (New Series) 38.02 (1988): 297-312.

另一部分学者有不同看法，参 Solmsen, F., "Love and Strife in Empedocles Cosmology." *Phronesis* 10 (1965) 109-48. Long, A. A., "Empedocles' Cosmic Cycle in the Sixties." in Mourelatos (ed.), *The Pre Socratics* (Garden City, NY, 1974) pp: 397-425.

4. 研究阿那克萨戈拉的著作可参阅 Schofleld, M., *An Essay on Anaxagoras*

(Cambridge, 1980).

有关努斯的讨论见 Laks, A., "Mind's crisis: on Anaxagoras' Nous," *Southern Journal of Philosophy* 31 suppl. (1993) 19–38. Lesher, J., "Mind's Knowledge and Powers of Control in Anaxagoras DK B12," *Phronesis*, 40 (1995): 125–142.

在阿那克萨戈拉的要素与混合的问题上，学者们也有分歧。一些学者认为基本要素就是相反的事物，所有事物都可以还原为相反的基本事物。参 Inwood, B., "Anaxagoras and Infinite Divisibility," *Illinois Classical Studies*, 11 (1986): 17–33. Vlastos, G., "The Physical Theory of Anaxagoras," *Philosophical Review*, 59 (1950): 31–57.

一些学者则持不同观点，参 Lewis, E., "Anaxagoras and the Seeds of a Physical Theory," *Apeiron*, 33 (2000): 1–23. Graham, D. W., "The Postulates of Anaxagoras," *Apeiron*, 27 (1994): 77–121.

还有一些人（比如 Schofield）则走了一条"中间道路"。

5. 原子论者的一般研究可见 Furley, D. J., *Two Studies in the Greek Atomists* (Princeton, 1967)。

原子论者的"碰撞"问题引起一些学者的兴趣，参 Kline, A. D. and C. A. Matheson, "The Logical Impossibility of Collision," *Philosophy* 61 (1987) 509-15.

对上文的回应见 Godfrey, R., "Democritus and the Impossibility of Collision," *Philosophy* 65 (1990) 212-17.

还有重量问题，参见 O'Brien, D., *Theories of Weight in the Ancient World*, Vol. 1 *Democritus, Weight and Size* (Paris/Leiden, 1981). Furley D. J., "Weight and Motion in Democritus' theory," (Oxford Studies in Ancient Philosophy 1 (1983), 193–209. Sedley, D. N., "Two Conceptions of Vacuum," *Phronesis* 27 (1982) 175–93.

二 有关第二节的精深阅读

1. 一些学者将赫拉克利特与现代思想（尤其是维特根斯坦）相关联，参 Stern, David G., "Heraclitus' and Wittgenstein's River Images." *The Monist* 74.4 (1991): 579–604. Shiner, R. "Wittgenstein and Heraclitus: Two River-images." *Philosophy* 49.188 (1974): 191–197. Gallagher, Kenneth T., "Wittgenstein, Heraclitus, and 'The Common'." *The Review of Metaphysics* (1981): 45–56.

另外还有 Waugh, J., "Heraclitus: The Postmodern Presocratic?" *The Monist* 74.4 (1991): 605–623.

柏拉图与赫拉克利特主义的问题参 Kirk, Geoffrey S., "The Problem of Cratylus." *American Journal of Philology* (1951): 225–253. 对此的回应参 Allan, Donald James, "The Problem of Cratylus." *American Journal of Philology* (1954): 271–287. Kahn, C. H., "Plato and Heraclitus," *Proceedings of the Boston Area Colloquium in Ancient Philosophy* 1 (1986) 241–58.

2. 关于巴门尼德著名的"两条道路"的诠释，宋继杰概述了西方学界的三种研究进路，参宋继杰:《逻各斯的技术：古希腊思想的语言哲学透视》（清华大学出版社，2013年）第1章。

持实在论观点的有 Burnet, J., *Early Greek Philosophy* (London: 1920). Cornford, F. M., *Plato and Parmenides* (London, 1939).

持观念论者的有 Vlastos G., "'Parmenides' Theory of Knowledge," *Transactions and Proceedings of the American Philological Association* 77 (1946), pp. 66–77. Long, A. A., "Parmenides on Thinking Being," in J. Cleary (ed.), *Proceedings of the Boston Area Colloquium in Anicient Philosophy* 12 (New York, 1996), pp. 125–115. Sedley, D., "Parmenides and Melissus," in *The Cambridge Companion to Early Greek Philosophy*, ed. Long, A. A. (Cambridge:

1999), pp. 113-133.

当代的英美学者大多采用语义学路径,但他们的具体论证并不相同,参 Owen, Gwilyrn EL., "Eleatic Questions," *Classical Quarterly* (1960): 84-102. Kahn, C. H., *Essays on Being* (Oxford: Oxford University Press, 2009); Furth, Montgomery, "Elements of Eleatic Ontology," *Journal of the History of Philosophy* 6.2 (1968): 11-1; Mourelatos, A. P. D., *The Route of Parmenides*, *2nd ed.* (Las Vegas: Parmenides Publishing, 2008).

第二章 苏格拉底和智者

在苏格拉底之前，希腊社会文化的中心主要出现在希腊殖民地米利都、爱菲索、萨摩斯和南意大利等地。公元前五世纪初，希腊文化和政治中心开始向希腊本土汇聚，雅典成为地中海的教化之地。以此开始，雅典将出现西方思想史上最伟大的哲学家苏格拉底、柏拉图和亚里士多德。即使是亚里士多德之后，雅典城邦已经衰落，哲学家们仍将继续汇聚于此。伊壁鸠鲁的花园学派、基提翁的芝诺的斯多亚学派、皮浪的怀疑学派以及斯彪西波接任校长的学园派，都延续了雅典哲学传统直到公元前一世纪。再之后，由于罗马帝国朱利安皇帝的大力支持，公元四世纪时雅典的哲学和教育得到某种程度的复苏。可以说，自公元前五世纪后到中世纪前夕，雅典教化了整个地中海。它所展开的文明探索的深度以及影响的广度，都为其他文明所无法比拟。

雅典文明之花绽放之前，希腊殖民地就已经有出色的文化成就。公元前五世纪的前半叶，由于两次希波战争，一方面希腊的小亚细亚的殖民地例如米利都被波斯摧毁，另一方面雅典领导希腊联盟所获得的经济和政治的优势转化为文化成就。希腊文明在希腊本土主要是雅典达到鼎盛。希腊殖民地的思想家和哲学家纷纷到访雅典，既使得雅典成为地中海文明活动的中心，也催生了雅典本土的思想家。那些由殖民地到雅典的著名思想家有阿那克萨戈拉和智者，而智者运动在把雅典文明催向成熟这一点上至关重要。智者是指希腊出现的第一批收费教师，最著名的有普罗塔哥拉和高尔吉亚，他们都不是雅典本地人。普罗塔哥拉是阿布塔拉人，高尔吉亚是雷昂底恩人，他们都在公元前五世纪活跃于雅典。苏格拉底的绝大部分对话以及柏拉图一生著作中的主要部分都在与智者论战。显然，在苏格拉底和柏拉图看来，智者在雅典的活动威胁了雅典的城邦，柏拉图更把他们看成是真理的敌人，威胁到真理的呈现。因此，智者运动对于理解雅典的哲学，至少对于理解苏格拉底和柏拉图至为关键。

苏格拉底、柏拉图和智者运动的关系至少构成了雅典哲学活动的前半部分，后半部分则是亚里士多德和柏拉图哲学的关系。我们固然不能够说苏格拉底和柏拉图思想的主题仅限于智者的话题，而实际上智者的话题确实要小得多。然而智者运动隐藏着一种令苏格拉底和柏拉图深感不安的危险，这种危险既可能影响雅典城邦，也影响了苏格拉底和柏拉图对真理是否能够被言说以及如何被言说的深度思考。只有显明了智者运动的"危险"，才能够有说服力地展示苏格拉底和柏拉图为何选择另一条"危险"的哲学道路。如果把智者的哲学看成是"相对主义"之于"真理"的危险，那么同样，苏格拉底和柏拉图则选择"绝对主义"，同样也会威胁到"真理"。智者们或许并不是有意以知识论的方式去表达他们的相对主义，他们更像是在尝试一种哲学实践，那就是满足青年人充分展示其政治理想的教育。苏格拉底则把所有的教育方式以及所有相关的说服活动，都看成是哲学的事业，在形式上也类似于智者。透过苏格拉底的这种更高层次的对智者的批评，人类思想开始形成哲学的典范，这就是在柏拉图对话录中所达到的理智至上论，全方位地展开了有关人类福祉及其命运的思考。可能是透过柏拉图的震撼人心的真诚的思考以及数千年来对柏拉图哲学途径的依附，人类思想也被送入一种真正的"险境",这就是柏拉图用以展示政治、伦理和价值的潜在的绝对主义。

第一节　智者

一　智者的修辞观念

现今有关智者的文献主要保存在柏拉图的对话中。由于柏拉图终生都反对智者,人们对他所记录的智者思想的客观性抱着怀疑的态度。柏拉图至少有四篇对话《欧绪德谟篇》《高尔吉亚篇》《普罗塔哥拉篇》和《智者篇》都以智者为讨论对象。在前三篇对话中,除《欧绪德谟篇》描述智者欧绪德谟兄弟玩弄概念的荒谬之举外,《高尔吉亚篇》和《普罗塔哥拉篇》都以苏格拉底和智者的对话为内容。三篇对话都讨论修辞学,可见智者的职业是教授修辞学,修辞学在智者的教育活动中占据重要分量。《智者篇》是柏拉图晚期的作品,把智者作为对象来解剖,对智者进行定义。柏拉图虽然不是从智者的修辞学入手,却是以他所谓的辩证法来揭示智者的诡辩,显示智者所谓的修辞学的生产性乃是混淆存在和非存在。从中可以看出,智者所谓的修辞学的主题与存在论相关,还可以看到智者试图在修辞与存在之间建立起思想关联,这使苏格拉底和柏拉图感受到它对城邦和青年人思想上的威胁。

智者是当时的学术明星,高尔吉亚和普罗塔哥拉在雅典时,雅典的青年子弟争相追逐。《普罗塔哥拉篇》形象地描述了年轻的希波克拉底凌晨就来找苏格拉底的场景,请他引荐并希望看到普罗塔哥拉的辩论技艺。这位希波克拉底称即使倾尽所有财产,他都愿意跟随普罗塔哥拉学习。这些盲目的青年到底要跟智者学习什么呢?智者们当然不会宣称他们只会修辞学。如果这样,他们就只是语言学的某个部分例如雄辩术的教师,他们宣称他们乃是智慧的握有者和教导者。这才是真正令苏格拉底和柏拉图不安的地方。我们都知道雅典是一个民主社会。在这个社会里有两个场合令人注目,那就是在公民大会上或者政治上有所作为，以及在法庭上赢得辩论。举凡在这两个场所能够得到公民赞同，都会被承认为是城邦的智慧者。智慧与城邦密切相关，智慧也与政治密切相关。要获得公众的认同，必然需要出色的说服能力。修辞学的本质如高尔吉亚所认为的乃是说服，在雅典的公民生活中占有突出地位。一般而言，一个有说服力的人，即一个有雄辩能力的人，人们不会只认为他具有口才，还会认为他拥有出众的智慧。因为有这样的智慧，才可能成为治国的专家。由于这种公共活动以及公众的认可，修辞学和智慧之间似乎具有一种特殊关系，修辞学似乎成了智慧的来源。

　　智者们所谈论的智慧，是所谓的政治智慧，即与城邦或者其他公共空间例如法庭相关的说服能力。在大众看来，智慧似乎与说服能力直接相关，说服是修辞学的本质。[1]说服能力指一个人可以令聆听他的人跟随他，说服力仿佛来自于话语，修辞学以话语为活动的实现形式，[2]就如赫拉克利特所说话语或者逻各斯乃是一种尺度，一种具有公共性内涵的聚集力量，它使得凡聆听它的人都因它而聚集，而凡聚集的就是因它而造成公共性。话语既与聚集相关，也表明话语的公共性本质，即话语所内含的智慧具有表达为城邦治理及面向众人辩护的力量。在智者而言，他们的修辞技艺正是要把话语的这种聚集力量显示出来。既然修辞学能够充分体现聚集的力量，而且实际上成功的修辞学家如高尔吉亚和普罗塔哥拉确实做到了让雅典年轻人趋之若鹜，那也确实可以说明修辞学显示了城邦政治的品质，显示出了政治的共同体意识。因为如同亚里士多德所论述的，政治学与城邦的事务在词根上内在相关，那么当智者们来雅典教导年轻人修辞学时，也是要教导他们成为政治家。普罗塔哥拉说，他所从事的职业正是政治，修辞学正是一门政治的技

1　Plato, *Protagoras* 453a, see in Edith Hamilton and Huntington Cairns (eds.), *The Collected Dialogues of Plato*, Princeton University Press, 1987.
2　Plato, *Gorgias* 450c, see in Ibid.

艺，要把雅典的青年人教导成良好的公民。[1] 既然如此，智者们就能够教导治理城邦的智慧，修辞学的运用体现的是智慧的品质。

智者把修辞学视为一种技艺（不同于苏格拉底把修辞学视为一种奉承）蕴含了丰富的假设。由于修辞学是一种技艺，而技艺在希腊人看来合乎好，就如鞋匠拥有做鞋的技艺能够做出有品质的鞋，同样修辞学家拥有技艺就能够说出合乎好的话语。而技艺能为所有人习得，只要人们愿意学习。它不属于天赋这一类知识，而是后天的习得。透过学习，人们能够获得技艺，透过习得这种技艺，人们获得好评。修辞学的技艺并不仅仅在于说话说得好，还在于说"好"的话，就是有德性的话语，使人按照德性说话，训练人的德性。这样，修辞学的训练也是德性的训练。由于在希腊，德性是共同体的观念，因为任何的德性都包含着按"好"与他人缔结和联合的想象，修辞的德性也表现为理性共同体。智者给出了有关修辞学的两层辩护。一方面，修辞本身乃是以话语为中介合乎好地聚集人，修辞本身是一种共同体的形式；另一方面，修辞本身具有好的目的性，它表现为诸德性的训练。智者们断定人可以透过修辞训练培养德性，透过说服使任何人都具有德性，而不会只是某一部分人具有好，其他人则不具有好；也不是某部分人具有比较多的好，而某部分人具有较低等的好。智者并不认为好是分等的，也不认为人在学习好的过程中会有分等。他们用这种好的平等观念来理解政治及其城邦的社群性。

二 智者的政治观念

智者认为社群来自契约，这是以修辞学为根基。他们假设如果每个人都受到好的修辞学训练，他们就都能够充分运用语言的说服功能，都能够充分

---

[1] Plato, *Protagoras* 319a.

地展示语言的公共性,那么政治就可以在任何一个个体身上得到充分表达,社群也就在彼此的说服中得到延伸并呈现其内涵。虽然柏拉图在《欧绪德谟篇》中以非常夸张的方式讽刺欧绪德谟智者兄弟语言用法上的混乱及其毫无定规,但是它也确实表达了智者语言学的政治维度及其假设,这就是基于语言的训练才能够得到赞同。由此公共性并不是一个由上而下的定义,而是透过彼此的限制所共同生成的力量。智者非常明确和认真地展示这种思想的城邦假设。普罗塔哥拉以寓言的方式讲述了他对人类社会的组织形式与语言的关系,他以为人类社会的最初的组织就是体现在语言的组织形式之中。他说厄庇默忒斯把各种能力分给动物使得它们能够生存于自然界中,又分派动物不同的食物使它们有相应的食物,他却忘了人类同样需要生存的装备,然而此时他已经没有可分配的东西。普罗米修斯为了救人就只有从赫淮斯托斯和雅典娜那里偷来技艺和火。人类虽然可以生活下去了,然而由于缺乏政治智慧,分散居住,没有城市,也就容易被野兽吞食。他们虽然聚居起来,由于缺乏政治智慧,聚居起来的人们相互残杀,彼此吞食。宙斯为人类担忧,深恐他们毁灭,就派了赫耳墨斯把尊敬和公正带给人类,用以建立城邦的秩序。这就是友爱,友爱使城邦成为可能。

普罗塔哥拉提到了城邦或者说政治智慧中最重要的两方面即尊敬和公正。公正关涉城邦的公共性,是希腊思想家们反思和讨论的话题。柏拉图和亚里士多德都把政治和伦理的主题聚焦于公正,而他们对于公正的不同理解也构成了他们对政体的不同理解,智者们也是如此。他们对公正的普遍性的理解不同于柏拉图和亚里士多德。智者们认为宙斯要求赫耳墨斯把公正赐予所有人,也把尊敬赐给所有人,而政治智慧遵循的正是公正和节制的原则。普罗塔哥拉以为所有人都拥有公正意识,这是一种公民德性。如果某个人不拥有公正,那么他就不是人。这种人皆具有公正之心,这种自然主义论调肯定和美化人的自然普遍性,自然法的核心含义是公正。人在政治的禀赋和权利上没有区别。正如公正是人的天赋，那么公正也必然能为每个人正当地行使，因为每个人都可以透过学习行使公正而公正地对待别人。这样人就从中学习节制并获得尊重。这里所谓的尊重，是从荣誉来说的。普罗塔哥拉以为荣誉是政治的基本内容。基于公正是人自然禀赋的观念，每个人都可以透过学习实施公正。既然每个人都可以学习公正并实施公正，那么每个人就都可以是治国者。

智者的哲学有两个主要观念：一是每个人都具有公正和荣誉的观念，每个人所具有的公正和荣誉都是同等的。这个观念的前半部分为柏拉图和亚里士多德所认同，也有他们自己更具体的阐释，而后半部分则遭到柏拉图的激烈批评。二是公正和荣誉的建立以语言的运用为其前提，这意味着修辞学训练在城邦治理中据有重要地位，而学习修辞学乃是政治学的重要环节，甚或可以说是政治学的主要内容。柏拉图自然坚决反驳智者的这个论题。本节的重点在于说明智者的相关论题，即基于以语言和修辞为政治的核心观念，在于把个体的主体性作为政治的中心，政治及其政治的主体城邦乃是在个体主体得到充分运用的基础上建立起来的，这意味着民主制度是最好的政治；还意味着他们反对任何个体在城邦中占据绝对地位，因为个体都必须依赖于语言的运用，而语言运用以说服为基础，而不是以所谓的某个威权者的命令为基础，个体在彼此关系中的相对性正是政治的绝对性，也正是城邦的绝对性。智者透过语言的高位确定了个体的重要性，表现了他们的政治相对主义和认知的相对主义。

智者的哲学既是相对主义的，也是感觉主义的。如普罗塔哥拉所说，人是存在者存在的尺度，也是不存在者不存在的尺度。按照智者的语言中心主义，它并不关注事物是否真实存在，也不考虑人们的言说是否能够达到对事物的真实呈现，它要达到的是彼此的说服，这种说服基于每个人都有的天赋的公正感和荣誉感，完全凭着语言将对方置于相关性中。真实性透过言辞的相关性达成。在这个意义上,真实性在于一个言说者的言说能否成为一个聆听者的言说,而修辞学的全部技艺及其价值就表现于此。智者不认为这会导致真实性为少数人垄断,因为当大家都学会了修辞学,众人就具有同等程度的言说能力,使得言说成为一种商谈,每个人都可以以他自身为出发点了解相关的善恶。因此,真实性在智者哲学中并不最重要,言说公正才最重要。正因为如此,智者的哲学相对主义会支持政治的民主形式。在这个意义上,智者似乎指出了所谓的政治生活或者说城邦的某个被柏拉图主义所掩盖了的真实性,即政治生活并不是以真实性为起点,然而在其结果上却透过言说上的彼此的揭示将真实性呈现了出来。如果说柏拉图是要寻找真实性并把真实性作为政治和城邦的起点,那么智者却是透过修辞学指出个体的绝对性,指出任何个体都可能呈现真实性。

第二节 苏格拉底其人及其哲学

苏格拉底(公元前469年–前399年)是希腊哲学的命运,也意味着西方思想所要开启的命运。哲学不再是单纯的知识探究,它是一种生活的技艺,是与公民责任和担当相关的技艺,苏格拉底视之为神谕。后世的哲学家如犬儒派、斯多亚学派和怀疑派则把哲学的运用看成是世界公民的边界。苏格拉底代表着哲学的雅典模式的开始,柏拉图和亚里士多德将在政治共同体的意义上阐释哲学生活的延伸,犬儒派和斯多亚派则将在自然共同体的意义上继续演绎哲学的生活。从苏格拉底开始,哲学的生活成为古典哲学的典范,成为古典哲学典范的核心含义。在这种意识的驱动下,希腊自然哲学和存在论哲学的诸主题、智者们带来的挑战重新得到凝聚,形成思辨的洪流,成为柏拉图的哲学主题。

一　哲学家公民

苏格拉底是雅典的公民，他的一生也尽显一个公民的职责。他早年经历雅典的盛世，晚年却目睹了雅典的衰落。城邦的变迁引起苏格拉底的思考，并把它演变成一场社会活动，即向雅典人不断地发问德性的含义。他的发问里面自然有着政治的品质，有着政治学的含义，虽然他的德性之问似乎开始于个人的道德教育。然

而苏格拉底追问的是公民的德性，即作为城邦主体的人的德性，而不是自然人的德性，不是在讨论一个人的私德。苏格拉底中年曾作为一名重装步兵参加伯罗奔尼撒战争，表现出一个城邦保卫者的勇敢。在公元前424年德立安战争中雅典溃败时，他撤退时表现出的沉着使得四散逃命的战友稳定情绪顺利撤回。这充分表现了苏格拉底所谓的德性即共同体的含义，因为勇敢不是一个人的德性，它与其他人相关并把其他人也教化为勇敢者。这样的德性就是共同体。在其晚年，他如牛虻一样找雅典人讨论德性和国家的治理，唤起雅典人的反思，以期重聚雅典共同体，也同样体现了德性的共同体特质。本节主要讨论苏格拉底的德性观念，呈现苏格拉底所指向的与共同体相关的哲学思考，他的学生柏拉图将把它发展成为政治学的主题。

苏格拉底的哲学命题始终围绕着城邦的复兴展开。重振雅典城邦的关键在于尽公民的责任，苏格拉底本人亲身实践哲学的公民品质，他的哲

学也充分显示了哲学的公共性。希腊思想家意识到哲学或者知识本身要体现公共性。哲学家不是祭司，祭司所拥有的知识是秘密的、私人性的和神圣性的，这种知识具有封闭性。哲学家则活跃在人间并以人间的事务为对象。希腊所经历的从宗教到知识的过程，实则经历了由私密性秘传到公共性精神的深刻变化。泰勒斯这些哲学家发展出一种透过理性及教育可以实现的知识传递，他们把这种知识探究作为任何人都有权获得的内容。而赫拉克利特对逻各斯的诠释使得理性更具开放性。赫拉克利特所谓的逻各斯的基本意思有话语、尺度、理性、空间和比率等。话语、尺度和理性都包含公共空间的意思，或者说都指向空间的可沟通性和可分配性。话语之成为话语，在于让别人听懂。这样话语不只是个体的品性，而具有对他人的相关性。而理性则是话语系统中达到沟通的有效方式，人们固然可以用信仰沟通，可以用情感沟通，也可以用动作沟通，但是在所有沟通方式中，最清楚明白也最不容易引起误解的，或者最容易消除误解的，仍然是透过说理，理性能够最大限度地把个体包括到共同体之内。理性是最大限度的公共空间。透过赫拉克利特和早期自然哲学家的阐释，可以清楚地看到希腊思想家对知识和哲学的理解，就是扩展出知识的可传递性和对群体的可关联性。

苏格拉底把知识的公共性落实在个体和城邦的关系上，努力展示个体身上的城邦属性，展示个体身上的共同体原则。这是苏格拉底所理解的哲学的公共性。

二 公民的德性

苏格拉底主要讨论一个公民应具有何等德性，以及如何使公民获得这样的德性。在这个意义上，苏格拉底的哲学是一种教育学，是指向公民培养的教育学，或者说苏格拉底的哲学是一种公民教育。苏格拉底的主要论敌是智者,他与智者们辩论修辞学和公民教育的主题,提出谁是真正的公民教育的专家,谁能够真正担当起公民教育。在这个意义上,苏格拉底的哲学又是一种实践哲学,是一种更广泛意义上的政治哲学。

苏格拉底自称为雅典的"牛虻"。这种自我称谓显示了苏格拉底思想活动的公共性,即苏格拉底是作为某种类型的"智者"活跃在雅典的各种场所。如同智者一样,他也热衷于与有为的青年交流,指引他们从事政治活动。然而他确实也与智者存在某些差别,尤其是当智者宣称他们拥有青年们所希望学习的全部智慧,是智慧的真正拥有者时,苏格拉底则自称"无知"。他所谓的智慧是知道自己无知,这种自述并非没有故弄玄虚之嫌。从色诺芬的《回忆苏格拉底》和柏拉图早期的以苏格拉底为主角的对话录来看,苏格拉底都没有获得有关德性例如勇敢、自制和友爱等的结论。但从另一方面看,苏格拉底似乎又是有意地反智者之道而行。既然智者自称是智慧的拥有者,那么实际上的智慧者苏格拉底则反讽地自称为"知道自己无知"。当智者在教育上做加法运算时,苏格拉底却努力地做减法运算。但是这种减法运算并不是消极的负的构造,而是对已经握有的观念的反思。减法运算并没有削弱真正的知识,它让真知在与智者们所谓的知识的辩论中呈现出来。

苏格拉底所谓的"自知无知"是其哲学的核心原则。他的其他哲学命题例如"认识你自己"、辩证法、美德即知识等,都应该从"自知无知"进行理解。如上所述,"自知无知"既是苏格拉底对智者的强有力反击,以无知来对抗并且解构智者们的"全知",以"无知"的智慧来解构智者的肯定一切和生成一切的智慧,也应该承认"知道无知"体现了苏格拉底哲学的真诚。"知道无知"这样的智慧来自于两方面的考察。它是苏格拉底从与雅典人和外邦人如智者们反复诘难中所获得的经验。作为牛虻的苏格拉底试图从雅典的名流和普通人那里获取治国的智慧,想了解谁是真正懂得治国的人。在他看来,治国者应该像鞋匠懂得做鞋那样有着专门的知识,像鞋匠做鞋那样有着清晰的技艺的界定,然而当苏格拉底质询雅典的政治家时却发现他们并不能够满足他对于智慧的探求。同样,他也想从民间去寻找那些治国知识,结果失望而归。苏格拉底所谓的"自知无知"的"知识"则有着明确的界定,这就是"治国的知识"。苏格拉底试图从雅典的政治家和普通民众那里获取治国智慧,然而他们都不能够给出准确的说法。苏格拉底以此劝告雅典人不要自以为知道治国。

与"自知无知"相关的是美德即知识。这两个命题之间看起来冲突。美德即知识似乎认为美德可知。如果美德可知,"自知无知"就不能够成立,因为美德是治国知识的重要组成部分。《理想国》把个体灵魂的理性、欲望和激情与城邦的哲学王、民众和卫士三部分相比,视德性实为治国知识的中心内容。因此,如果美德即知识,那么自知无知就不能成立。然而无论是依据柏拉图早期的对话,还是色诺芬的《回忆苏格拉底》,苏格拉底都没有得出美德的知识。苏格拉底使用美德即知识这样的一个命题似乎是对智者的否定,而不在于引出所谓的正面的定义。当他与年轻人讨论勇敢时,他指出他们关于勇敢的定义只是某些事情或者行为是勇敢的,而非讨论勇敢本身。这种以某种所谓的自身,即柏拉图以后所谓的理念,来批评讨论者辞不达意的做法,颇像现代西方马克思主义者的否定的辩证法。苏格拉底似乎在用一个其实本身无法得到指明的绝对观念来否定其他有所肯定的具体观念,例如他用勇敢本身否定勇敢乃是牺牲自己的生命去救自己的同胞这样的结论,导致勇敢这种德性无法定义。如果这样,苏格拉底的"知道无知"就与其辩证法所指向的"否定方面"有关。

三 苏格拉底的修辞术

苏格拉底辩证法的否定方面,指向社群建构的肯定内容。智者们以修辞学自夸他们知道一切智慧,并能够传授一切智慧,把他们自身肯定为智慧的代表者,使得雅典的有志青年趋之若鹜。苏格拉底的辩证法是对修辞学的诊疗,透过对智者们修辞学的腾挪闪避的技艺紧追不放,让智者们黔驴技穷。《高尔吉亚篇》和《普罗塔哥拉篇》均是如此。

《高尔吉亚篇》的主题是"作恶者是否不幸?"这指向公正的议题。高尔吉亚本人并没有在对话中一直出场,代表高尔吉亚出场的是波卢斯,他主张善是权力,而拥有全部权力的是僭主,由此得到"僭主拥有全部的善"的结论,这也意味着僭主最幸福。苏格拉底则认为僭主是最不幸的人,作恶却没有受惩罚的人要比作恶受到惩罚的人不幸。苏格拉底的观念显然与智者针锋相对,看起来也违背常识且令人震惊。我们这里不讨论这两者观点的对立,而只须指出苏格拉底如何以辩证法对抗修辞学,以他的看似违背常识的观念驳倒波卢斯的常识。

为了反驳波卢斯,苏格拉底先区分身体和灵魂,然后指出身体和灵魂对应于不同的技艺,这些照顾着身体和灵魂的技艺有四种:体育和医学照顾身体,立法和正义照顾灵魂。现在把注意力集中在照顾身体的技艺上,苏格拉底说,体育和医学这两种技艺容易被美容和烹调假冒。美容假冒体育,烹调假冒医学,它们以外在的魅力欺骗人们。修辞学也如此。它以其所谓的传授智慧并且握有智慧的外表假冒辩证法来欺骗人们。修辞学把不同的东西混而为一,把多作为一使用,辩证法却要分清混杂的一,看出多的真相。辩证法对抗修辞学,后者透过综合法把多混而为一;前者则是分析法,从一中查看夹带的"私货"。辩证法用分析法对抗修辞学的综合法,这即是辩证法批评修辞学的"否定"方面。这也就可以理解苏格拉底为什么不断强调要用短的语言进行讨论,讨论之先还要对存在物进行分类,对概念进行分类。而苏格拉底把这种分类的语言称之为几何学家般的语言,[1] 透过显示语言数学般的精

1　Plato, *Protagoras* 453c.

确性，呈现智者们所运用的语言的歧义性。

苏格拉底把用来与智者进行辩论的辩证法形象地称为助产术。这个说法除了据苏格拉底所谓得自他母亲的职业之外，还包含其他复杂的意思。助产术接引胎儿降临人间，它是引导新生命的技艺。助产术与新生命相关，构成有关辩证法的隐喻。辩证法引导新知识的降临，新知识不在于其新奇，而在于它的真实。新知识必须是真知识，求知也就是求真，求知也就是求是。所谓的求真，就是探求一个事物的所是，就是能够真实地呈现这个事物的描述或者说定义。助产术之谓辩证法的隐喻所指，乃在于它要接生下一个活泼的生命，一如它要传递真实的知识。在这一点上，苏格拉底和智者们尖锐对立，旨在指出智者思想的虚假。当智者们说凡学得修辞学即能够知道一切时，苏格拉底就指出了修辞学的虚妄。因为当我们描述一个事物时，我们是要去描述一个事物的所是。一个事物的所是不可能是另一个事物的所是，例如一头猪的所是与一个人的所是完全不同。我们不可能透过知道一头猪的所是，即透过对一头猪的定义来知道对一个人的定义。修辞学所谓的一就是一切的智慧，违背了知识乃是求真，知识的技艺乃是指向真理的原则。原因在于，智者们的修辞学包含了歧义性。当智者们说一就是一切事物，当他们说公正就是强者的利益时，他们是在利益和正义之间造成混淆，给公正这个词带来歧义。他们认为公正是好的，利益也是好的，就把公正和利益相等同。当他们这样论证时，歧义就开始主导了修辞学的逻辑。诸如此类的进一步探讨，就越来越引导人离开公正原则，用所谓的强者的利益取代公正。语义的歧途正是修辞学所借助的路径，辩证法则要检查修辞学所谓的语义混乱，帮助人们确定语义的真实性，明确语义所描述的真值。就如同助产术引导产妇排除生产过程中的各种混乱和危险，顺利生产一样。

助产术还可以理解为一种治疗术。在医学上，助产术还包含着诊疗的功能。例如透过产前检查，确定胎儿位置、健康状况以及孕妇的状态。就此而论，助产术包含了医学的各个环节，达到健康生育的目标。在苏格拉底而言，辩证法显然包含了概念运用及推理的全过程。苏格拉底并不排斥长篇演说作为真理之陈述的路径，他自己不乏长篇演说的能力，如《会饮篇》中的独白以及在《斐多篇》和《申辩篇》中的雄辩。因此，辩证法与修辞学的区别并不在于语言篇幅的长短，而在于演说本身的精确。一种更严格的语词本身的逻辑要高于充满隐喻或者夸张的言说方式。苏格拉底的辩证法是要恢复语言本身的逻辑，而这个逻辑的关节点在于其语词之间本身的不矛盾性。辩证法试图达到言说的不矛盾性，而辩证法在被运用来检查对方的言说时则在于发现其言说的矛盾性。在这个意义上，辩证法乃是一种诊疗，即发现对方语言的矛盾及其冲突。

在讨论公正以及德性是否可教的问题上，苏格拉底都努力证明对方言辞的矛盾属性，而言说者本身恰恰又没意识到。正由于他们本身没有意识到他们是在言说一个虚假的东西，辩证法作为语言的助产术就是要诊治持某个观念的人，告诉他们怀的是假胎，是把非存在混入存在之中，不能够达到对于德性及其他知识的真实把握。因为矛盾意味着自己反对自己，意味着虚假。辩证法要求严格推论。然而苏格拉底本人经常依赖于并不严格的类推，例如他会举例说鞋匠的技艺是做鞋，那么政治家的技艺是什么？他希望透过这样的方式引导人们去理解定义作为技艺，乃是各有其对应的对象，达到相应的对象。在实际的语言运用过程中，人们却经常运用技艺达到错误的对象。辩证法则是要杜绝这种语言的错误约定。

因此，苏格拉底的助产术像是哲学的某种隐喻，意味着哲学规范开始出现。一方面，哲学表现出它的实践指向，即面向观念的诊治，面向健全的思想，面向美好的生活。基于希腊人的基本观念即"存在就是思想"，人的存在也就是人的思想，对思想的诊治也就成了哲学的关切。而对于思想的诊治主要在于诊治人的观念及其运用，因为对观念的误用会导致错误的推论和判断，既造成对于周围的生活世界的误判，也造成对生活世界与我们构造关系之间的误判，更导致我们对于自身生活的误判，使我们生活在虚假之中。哲学的助产术正是为了矫正我们生存的虚妄，能够始终与真理为友，与真实性为伴。这也就是苏格拉底所说的，"你们要听真理的，不要听苏格拉底的。"人作为真理的传言者，并不是说他握有真理，而在于指出真理探寻中所存在的虚妄和错误的路径。助产术正是这样的一种路径，它指出观念路途中荆棘丛生的误区，显示出真正的道路。另一方面，助产术也意味着观念思维是哲学的本质。哲学乃是使用观念进行思考并且运用观念进行把握的话语方式，它不是一种经验的原则，它不是要用经验作为思考的有效性。在希腊式的哲学思维里面，思考的有效性和通达真理的道路乃是观念之路。助产术要建立这种观念之路，或者说建立观念与实在之间的关系。这为苏格拉底、柏拉图和柏拉图主义所坚持，直到今天仍然奠基在人类思想的道路之中。

附 精深阅读导引

一 有关第一节的精深阅读

1. 国内新近出版的智者总论可参看吉尔伯特·罗梅耶-德尔贝，《论智者》（人民出版社，2013年）。关于智者与修辞学的问题，早在十九世纪后期就有学者指出修辞学几乎构成了智者的全部活动，参见 Sidgwick, Henry. "The Sophists." *Journal of Philology* 4.8 (1872): 288–307. 晚近的讨论可见 Cole, A., *The Origins of Rhetoric in Ancient Greece*（Baltimore: The Johns Hopkins University Press, 1991）. Schiappa, Edward. *The Beginnings of Rhetorical Theory in Classical Greece*（New Haven: Yale University Press,

1999). Kennedy, George. *The Art of Persuasion in Greece* (Princeton: Princeton University Press, 1963). Woodruff, Paul. "Rhetoric and Relativism: Protagoras and Gorgias," in A. A. Long, ed., *The Cambridge Companion to Early Greek Philosophy* (Cambridge: Cambridge University Press, 1999) pp.290-310. 还可参看宋继杰:《逻各斯的技术:古希腊思想的语言哲学透视》(清华大学出版社,2013年)第2章对高尔吉亚的相关分析。

2. 普罗塔哥拉是最著名的智者之一。有关"人是万物的尺度"的论述中的"人"的分析可参看罗梅耶-德尔贝的概述。对于风的感觉相对主义的看法,学者们也有不同的解释。有些人认为风本身既冷又热(这也是柏拉图的解释),参见 Cornford, F. *Plato's Theory of Knowledge*(London, 1935). 有些学者则认为风本身既不热又不冷,当我感到它冷或热时它才会呈现出冷热,参见 Guthrie, W. K. C. *The Sophists* (Cambridge, 1971). 还有学者指出不存在一种共同的风,只有个人的呈现为冷或热的风,参见 A. E. 泰勒:《柏拉图:生平及其著作》(山东人民出版社,1996年)。

二 有关第二节的精深阅读

1. 所谓的"苏格拉底问题",即当我们说"苏格拉底"的时候,我们指的是谁。Vlastos 的研究堪称典范,他的基本结论是,早期柏拉图对话反映了历史上苏格拉底的观点,参看 Vlastos, Gregory, *Socrates, Ironist and Moral Philosopher* (Cornell University Press, 1991). 尽管他有无数的反对者,学者也基本都要从 Vlastos 的范式入手,参看 Kahn, C.H. "Did Plato Write Socratic Dialogues?", *Classical Quarterly* NS 31 (1981): 305-20. Graham, D.W. "Socrates and Plato", *Phronesis* 37 (1992): 141-65. Kraut, R. "Review of Gregory Vlastos Socrates, Ironist and Moral Philosopher", *Philosophical Review* 101 (1992): 353-8.

2. 苏格拉底的德性论引起学者们的争论，尤其是著名的"美德即知识"的论述与技艺的关系，以及苏格拉底在《普罗塔哥拉篇》中的论证和立场。一些人指出苏格拉底在《普罗塔哥拉篇》中的坚持由于与他通常的观点不同，甚至可以说是一种失误，参见 Brickhouse, T.C., and Smith, N.D. *Plato's Socrates* (New York: Oxford University Press, 1994). Guthrie, *Socrates*, (Cambridge: Cambridge University Press, 1971). 而 Vlastos 和泰勒等人则反对这个论证，并不承认有这样一种失误。此外，学界对《普罗塔哥拉篇》中关于善的定义以及是否可教的问题也有不少讨论，参看 Irwin, T.H. *Plato's Moral Theory: The Early and Middle Dialogues*（Oxford: Clarendon Press, 1977）. Vlastos, "Socrates' Disavowal of Knowledge", *Philosohical Quarterly* 35 (1985): 1-31. Beversluis, John. "Does Socrates Commit the Socratic Fallacy?". *American Philosophical Quarterly* (1987): pp.211-223.

3. 关于苏格拉底的助产术或者说诘问法（elenchus）。从柏拉图的对话录中，Vlastos 概括总结出了一般的方式，参 Vlastos, G. "The Socratic Elenchus", *Oxford Studies in Ancient Philosophy* 1 (1983): 27-58. 对于苏格拉底与智者的区别，可参看 Nehamas, Alexander. "Eristic, Antilogic, Sophistic, Dialectic: Plato's Demarcation of Philosophy from Sophistry", *History of Philosophy Quarterly* 7 (1990): 3-16. Benson, H.H. "A Note on Eristic and the Socratic Elenchus", *Journal of the History of Philosophy* 27 (1989): 591-99. 学者们对苏格拉底通过助产术所获得的结论也有不同意见。一部分人指出苏格拉底诘问法中对话者的几个前提是错误的，参见 Kraut, R. "Comments on Vlastos", *Oxford Studies in Ancient Philosophy* 1 (1983): 59-70. Nakhnikian, G. "Elenctic Definitions". in Vlastos, G. (ed.) *The Philosophy of Socrates: A Collection of Critical Essays*（Garden City, NY, Doubleday, 1971）: 125-57. 另一些学者则认为苏格拉底只是通过诘问法说明对话者的逻辑不一致，参见 Stokes, M.C.

Plato's Socratic Conversations, Drama and Dialectic in Three Dialogues (Baltimore, Md., Johns Hopkins University Press, 1986). Benson, H.H. "The Problem of the Elenchus Reconsidered", *Ancient Philosophy* 7 (1987): 67-85.

第三章 柏拉图的哲学

就思想精华的意义上说，希腊哲学是雅典哲学，雅典哲学的精华又是柏拉图哲学。虽然亚里士多德自成格局，然而在古代思想界，柏拉图及柏拉图主义一直是持续到中世纪中期的哲学主流。柏拉图建立了哲学的典范，它不仅是哲学的希腊典范，也是哲学作为严格意义上知识的典范。在柏拉图之后的古代哲学，要么继续阐释柏拉图的思想例如中期柏拉图主义，要么成为一种具有不同精神气质和思想内容的新柏拉图主义例如普罗提诺，要么透过批评柏拉图建立具有自身内容的新传统例如亚里士多德和希腊化哲学，要么把柏拉图哲学运用在基督信仰脉络以表达基督教神学例如东方教父奥利金、卡帕多西亚教父和西方教父奥古斯丁的哲学。柏拉图是整个古代思想的脉络。

柏拉图哲学主题繁多，论述细节颇多意味深长的况味，可以一再诠释，似有解释的无限可能。赞同柏拉图哲学观念的人固然可以看见自己的柏拉图，批评柏拉图哲学观念的人也从批评中依照柏拉图演绎自己的思想。因此，很不幸的正是，在某种意义上，并不存在一个"客观的"柏拉图。本章也并没有打算给出一个"客观的"柏拉图，而是试图呈现一个"色彩丰富"的柏拉图，一个透过哲学的知识典范所呈现的精神谱系。如果本章对柏拉图所思所想背后的关怀和忧戚有所呈现，如果能够对那位深悉人类生存险境后仍然保持乐观精神的柏拉图有所呈现，那么也就达到了目的。

第一节　柏拉图哲学的一般主题

一　哲学走向典范

柏拉图之前的希腊思想家似乎都在为柏拉图的出场做着预备，就如柏拉图之后的西方思想家在为柏拉图做注脚一样。哲学，在柏拉图那里，真正成为一种典范。这包含了许多含义。首先，在运思方式方面，哲学确定了方法论原则，这就是辩证法，一种基于纯粹观念的思辨。其次，在主题方面，哲学涵盖了人类作为知识共同体的方方面面，包括形而上学、政治哲学、伦理学和自然哲学等等。哲学巍然而成为知识之树。最后，哲学又是一种生活方式，就其本质而言，哲学乃是践行观念的生存活动，知识与德性之间并不存在截然的二分。柏拉图为哲学所确定的这些内容，成为后世哲学家可供选择的主题，然而没有思想家能够离开这些主题还能从事哲学。

柏拉图之前的希腊思想家有着深刻的"片面"，柏拉图则有着"全面"的深刻。柏拉图之前的哲学家包括苏格拉底在局部领域很深刻，那时的哲学主流是自然哲学。泰勒斯的米利都学派、恩培多克勒、阿那克萨戈拉的元素学派和德谟克利特的原子论学派，他们在对于万物形成、宇宙演化的过程的分析上，不乏迄今仍然影响现代人宇宙观的深刻猜想。他们根据对自然的论述，扩展出有关人类社会形态的描述，成为自然哲学及社会自然观的重要思想根源。至于柏拉图之前的存在论哲学家例如毕达哥拉斯和巴门尼德，则把人类思考的对象一下子提高到难以超越的层次，对数学的理解以及对存在的把握，成为后世西方思想几乎无法挥去的两大主题。苏格拉底对人类生活处境的深刻洞见，即人总是处在无知的险境之中，处在以无知为知道的真诚的自欺中，被一再指出是人类文明之根源于傲慢和愚昧的洞见，简直无人能出其右。然而所有这些深刻的"片面"无法为人类提供真正的指南，无法成为人类数千年来并且为将来的更多千年提供持续的激励思辨的力量，因为文明能够以其为出发点的必须是一种完整的知识，必须首先是完整的洞见，无论这种"全面"的深刻是全然的荒谬，还是局部的荒谬。人类需要有一个标杆，一个可供全面批判的标杆，或者可供借鉴的标杆。或许在现代读者看来，柏拉图的对话看起来如此不可接受，然而甚至柏拉图的谬误都比我们自视为的正确离真理更近。这正是柏拉图哲学之所以为典范的原因。所谓典范者，是指它是一个出发点，是一个正确的思索和错误的思索都以之为思索起点的出发点。柏拉图之使哲学走向典范的正在于他获得并建立了哲学必须从他开始才有的那种规则。

柏拉图确立了哲学的基本含义，也使哲学成为所有知识的基础。柏拉图使得哲学从单纯的自然研究扩展为所有知识的研究，这所有的知识既包括自然知识和思维知识，也包括社会共同体的知识，并依据社会共同体建立起有关个体的理解。因此柏拉图所谓的哲学涵盖所有知识之基础，出于以上原因，它为所有种类的知识建构提供了理性的导引。在这所有种类的知识中，共同体知识又是所有其他知识的重心，或者说柏拉图对知识的理解包含了共同体意识。所谓共同体，就柏拉图而言，指的是城邦。柏拉图从一个自足的城邦观念看待知识的呈现及其构成，并为此提供严格的论证。这也就不难理解为什么柏拉图的对话录都以伦理和政治为主题，因为无论伦理还是政治，都是以共同体建构为对象。伦理学考虑的公正、勇敢、自制和智慧，或者是从他人的方面涉及自我，或者是从自我的方面发展出与他人的关系，而种种关系都是为了使社群有序。政治学从公正的角度考虑秩序建构的天赋和利益原则，一个好的共同体需要体现天赋的差等。政治学和伦理学都从秩序原则确认知识的特性。或者说，知识乃是表现秩序的命题，体现利益的特性。形而上学则从知识的基础塑造理性推演的逻辑，而这种层面的思考，在柏拉图看来，正是理论数学的知识。在这个层面上，前苏格拉底哲学的另一传统即数学和存在论成为柏拉图哲学的基石。

柏拉图为哲学确立了明确的方法论，这也使哲学成为知识典范的重要框架。哲学的方法论是形而上学。苏格拉底虽然也曾用助产术称呼其哲学方法，虽然也曾使用辩证法的名称，然而苏格拉底的辩证法是一种减法运算。苏格拉底善于"否定别人的观念"，却很少建构出"一个观念的世界"，其原因在于苏格拉底所谓的辩证法是一种诊断法，即他针对别人观念的反复盘问和质疑，引出别人观念中所隐藏的或者说未曾显现出来的矛盾，达到对于观念疾病的治疗。然而苏格拉底本人很少提出对于某个观念例如智慧、明智和友爱等的定义。如果根据学者们的意见，把柏拉图的早期对话归在苏格拉底的名下，那我们会发现苏格拉底其实非常失败，因为任何对话都没有结论而告终。这正说明苏格拉底的辩证法乃是一种否定的方法，当然他是从观念内部的逻辑形成对于观念的否定。单纯否定的方法不可能建构一种知识，因为单纯否定的方法乃是引向知识的虚无。然而这并不是哲学家探究的目的，因为哲学是要建构一个观念世界。正是柏拉图使得辩证法不仅保留了其减法的特征，更表现出减法只是加法运算的开始，正如批评乃是更好的更健全的善的开始。柏拉图的辩证法的加法运算在于他的理念论。所谓的理念论当然非常复杂,但可以确认的一点是,理念论乃是建立起观念之间联系的运算方式。例如针对五个范畴"是、同、异、动和静",如何建立起它们的结合关系,哪些观念之间可以结合?[1] 唯有概念之间的结合,才会有对世界的构造,柏拉图的哲学王正是用公正的理念建造理想的城邦,然而苏格拉底甚至无法得出公正的定义,也就没有办法来建造理想的城邦。柏拉图指出公正乃是在理性、激情和欲望之间的平衡并以理性为主导。透过对公正的理解,确立秩序原则。哲学王用理念建造城邦,他代表理性,处在统治阶层;卫士则代表激情,保卫国家的安全;一般的平民则代表欲望,他们提供国家的基本供应。这种对于观念的运算的结合方法,成为政治学的思考路径。柏拉图的辩证法把加法运算运用在观念关系之中,使哲学得以成为知识的典范。

  柏拉图不仅把辩证法作为哲学的独特方法论以区别于其他知识的探究形态,更在于他把辩证法理解为"看"的方式,论证这种"看"(即理智直观)是通达真理的道路。辩证法是通往实在之路。希腊哲学家们一开始就注意到,从认识论上讲,人们把"看"放在优先的位置,把"看"放在听、嗅、触摸等感觉的优先位置。这主要是因为"看"与对象的呈现之间表现出全面和立体的联系,事物主要也是透过这种显像的形式成为知识的来源。希腊哲学对于视觉系统的重视,是其视觉艺术如雕塑、建筑等艺术特别发达的原因之一。柏拉图更注意到,"看"的理解不能仅限于肉眼的观察,这会把人限制在事物的表象及其外部呈现上。正如希腊哲学家早就观察到的,任何现象世界即我们肉眼所见的世界都是流变的、不稳定的和终将消逝的。以此而论,我们肉眼所看见的东西自然也受到对象的限制,其所呈现的知识不具有基础性

---

[1] 参看柏拉图《智者篇》从236e开始的讨论。

的地位。因为所谓的基础知识必须既是其他知识门类的前提，也是具有充分持续性的知识形态，或者说它必须本身具有永久性和不变性。哲学要追求去"看见"内在一致的存在，后者是其他知识的基础。这种知识不是透过肉眼的看见所能获得，既然如此，它就必须透过与肉身相对的理智之眼才能够获得。辩证法正是对理智之眼的表达。人除了用肉眼去把握事物，或者说除了用印象去把握事物之外，也用观念来把握事物。例如我们用"红"的观念来把握各种类型及具体事物之上的"红色"，我们用"人"的观念来把握所有不同种类和不同个体的人。辩证法能够用单一的观念去把握复杂事物的集合和整体，这同样是一种"看"事物的方式，看到所有不同的人都是人，而由此所获得的看见不因为某个具体的人的消失及离去而失去关于人的知识。辩证法提供了对知识的更确定和持续的把握方式，是一种更高级的"看"的模式。

理智直观高于肉眼观看，辩证法高于具体科学探讨事物的方式，理论科学高于实践科学。柏拉图确立了人类思想的知识排序：理论科学乃是所有知识的顶石，是最高知识。虽然现代社会基于多元和平等的知识原则，会对这种知识排序持批评态度，但是今天我们仍然会区分所谓的基础学科和应用学科，仍然以不同的方式沿用了柏拉图及希腊哲学有关知识的观念。理论科学指的是哲学形而上学、数学和物理学等，实践科学则包括政治学、伦理学以及其他应用学科，在此之下的则是技艺的知识。希腊人有关知识的上述分类，正是基于辩证法作为理智直观的观念，基于不同学科的探索方式（看的方式）与其获取知识的路径及其有效性所进行的讨论。数学是仅次于哲学的知识，因为数学如同柏拉图所谓的乃是运用理智的技艺，它完全借助于符号进行思维。然而数学的符号性仍然要借助于前提和假设，它所谓的公理和定理乃是一种假设，只不过这种假设符合思维的经济原则，能用以阐释其他知识。数学所运用的理智之"看"，依然借助于借设，而辩证法的理智之眼则没有任何前提,也不使用假设。[1]再次的则是天文学或者说狭义的物理学,它观察在我们头顶之上的事物即星空,尝试去分析星体之间的数学关系及其构成要素。这种知识的获得不仅运用数学,也借助于数学的假设,还要受限于具体事物例如太阳、月亮和星辰的特性,受限于人的肉眼及相关观察工具,其知识状况更趋不确定性。柏拉图以知识确定性为标准,为人类知识谱系排序,论证哲学作为知识的高贵性和基础性,确立哲学为所有知识的典范。

自柏拉图开始,哲学形成其典范。从研究方法来说,辩证法成为知识探究的严格路径;从思想对象来说,形而上学成为知识的顶石,自然哲学、政治哲学和伦理学等也成为人类知识谱系的成员;从思想目标来说,它追求美好的生活,建立人类的福祉。柏拉图为西方哲学确定了知识的基本规范,是希腊轴心文明的成熟形态。

二 哲学作为诗学

当我们说柏拉图为西方哲学确立了典范时,并非是说柏拉图哲学的形式和内容与近现代哲学相等同。无论在形式上还是思想选择上,柏拉图哲学都明显具有古典的特征,充满古典的魅力。这就是柏拉图哲学的诗化特性。柏拉图的对话处处体现着诗的美,无论就其对话的语言美学,还是就其对话的具体结构来说,都有丰富的诗学特质。以柏拉图早中期对话《游西弗伦篇》《申辩篇》《克里同篇》和《斐多篇》为例。这四篇对话浑然一体,堪称哲学时代的希腊新悲剧。《游西弗伦篇》是苏格拉底申辩之前的序曲,在庭审之前展开关于敬虔这个主题的对话。诚然整个对话的起因是公正问题。游西弗伦的父亲无意中把帮工置于死地,游西弗伦为了实施他对公正的理解,到雅典

---

[1] 柏拉图,《理想国》511a-d,张竹明、吴斌和译,商务印书馆,2002年。

法庭控告他的父亲犯了杀人罪。然而在与苏格拉底的对话中,这个主题转变成了敬虔问题,或者说柏拉图认为公正问题的基础是敬虔。既然实现公正乃是正义之神的要求,那么游西弗伦敬听神的话语实现公正是否是一种敬虔,或者在什么意义上它是一种敬虔?这个主题在《申辩篇》中得到进一步发展。苏格拉底被控以两大罪名:败坏青年和亵渎神灵。其中最大的指控是苏格拉底不敬虔,苏格拉底的辩护也主要围绕他是如何敬虔于神,守护神交给他的职责,即像牛虻那样服务于城邦。正是出于对神的敬虔,他用毕生精力,不顾家庭,不置产业,致力于城邦的公正。《克里同篇》继续讨论公正的主题。在这个场景中,克里同及苏格拉底的其他朋友已经为苏格拉底充分考虑好越狱和流亡的准备。克里同想说服苏格拉底越狱逃走,然而透过对话,苏格拉底迫使克里同承认,无论是就面对雅典法律还是冥间的法律而言,越狱都不符合公正。苏格拉底向克里同证明,他留在狱中,接受死刑判决,而不是逃离雅典,才真正合乎公正,也合乎神意。《克里同篇》的死亡话题又成为《斐多篇》的主题,成为有关死亡与美好生活的主题。苏格拉底向他的朋友们证明,美好的生活不是死亡所能够胜过的,或者说美好的生活胜过了死亡,而只有敬虔的人才可能拥有这种胜过死亡的美好生活。这四篇对话一气呵成,被称为柏拉图对话的"新悲剧"。就其结构组织来说,主题编织交相辉映,对话的人物纷纷出场,有着明显的个体特性,例如游西弗伦的自信、雅典人的容易激怒、克里同的厚道和忠诚、狱中谈话诸人的哲学的欢欣和面对苏格拉底将要离开他们的痛悼,交织成为一幅奇异的场景,成为足以胜过莎士比亚的雅典戏剧。

柏拉图的对话,尤其是柏拉图的早中期对话呈现出的诗学风格,并非单纯是形式上的美学,也是一种哲学的美学,这就是我们所说的柏拉图哲学的诗学特性。与单纯的悲剧美学风格以呈现命运的力量不同,柏拉图的对话则要呈现理性的美,以及这种美对于命运的反抗。不同于希腊悲剧和抒情诗,柏拉图哲学诗学在于真理的绝对性以及它之于人们生存的理性化活动。希腊悲剧例如俄狄浦斯、普罗米修斯、阿加门农等都是以呈现命运为主题，表现在命运的驱压下人们如何依然能够高贵地生活，活出人的尊严，透过情感和理性的交替编织呈现人类生存的美学。柏拉图或者说哲学显然不满足于这种对人的高贵的呈现方式，哲学要从命运手中夺回自己生活的幸福。在悲剧中，人的生活有高贵却没有幸福，现在哲学诗学不仅要求高贵，同时还要求幸福。这正是哲学诗学对于悲剧诗学的转向，也是哲学的求真而善与悲剧的险境求善的不同思想方式。柏拉图的新悲剧很好地阐释了这种哲学美学。从《游西弗伦篇》到《斐多篇》，我们所看到的并不是希腊悲剧中人的被动性，例如俄狄浦斯完全是在无知状态下承受命运的悲惨，从人的消极自由表达尊严的力量。然而柏拉图笔下的苏格拉底则是主动选择了险境，是一种积极的自由。苏格拉底在法庭上的辩论足以说明这一点。如同苏格拉底本人所说，他完全可以委曲求全，把妻子儿女带上法庭哀哭向雅典法庭寻求同情，[1]他也完全可以在判他有罪的情况下向雅典人说软话以求轻判，但他断然放弃所有这些可能，而要尽哲学的责任，守护哲学赋予他的岗位，继续为一个公民的责任作毅然的辩护。他显然知道这样下去等待他的是死亡，然而他确信有比死亡更美好的东西值得他去信守。这是一种责任，更是一种自由，一种理性的自由，以至于苏格拉底的朋友们指责说是他自己选择了死亡，即选择了自杀，《斐多篇》也称之为哲学的自杀。然而正是在这里，柏拉图给出了其对话的诗学，一种完全不同于悲剧的诗学，一种连死亡都不能剥夺的自由，一种哲学意义上的不朽。

不朽是柏拉图哲学诗学之眼。《斐多篇》讨论灵魂不朽，灵魂的不朽在于灵魂的自由，《会饮篇》则以理性的迷狂（柏拉图式的爱情）阐释不朽的追

---

[1] 柏拉图,《苏格拉底的申辩篇》34d，见于王太庆译《柏拉图对话集》，商务印书馆，2004年。

求。《会饮篇》给出了不朽的观念。柏拉图说人其实都追求不朽,追求不朽的冲动支配了人的活动,只是人们通常没有意识到而已。例如人追求传宗接代和生育子女,内蕴的正是追求不朽的冲动,追求的是身外之身,追求的是身体的连续性和传承性。人以此达成有关其自身的身体对于时间的超越,尽可能地到达时间的终点,维持其自我的绵延。再例如人们写作也是追求不朽的方式。以写作追求不朽,已经超出了传宗接代这种透过身体追求不朽的层次,它试图在思想层面获得超越性,建立写作者自身的思想后裔,使得自己的思想成为后世生活的观念。柏拉图指出,这两种不朽的追求并不真正能够表达美的不朽,也就是说不能够表达美本身。美本身不是在任何事物的外部,它既不是身外之身,也不是思想之外的思想。美本身乃是灵魂沉醉于美之中,而沉醉于美之中的灵魂有自由降临其上。[1]《会饮篇》描写了这种自由的不朽或者说灵魂的不朽,指出真正的美不是借助于任何有形体的事物进行呈现,也不是借助于任何看起来具有时间长度的思想传承来表达美,美于柏拉图而言就是灵魂所充盈的绵延,是灵魂已经完全地沉醉的自由。《斐多篇》和柏拉图的新悲剧显然充满了这种自豪,它是一种急切的向往,一往已经降临在此世的盼望。苏格拉底说学习哲学就是训练自己对死亡的经验,即对于有形体事物的正确理解,这正是理性的精神。对于有形体事物的理解,既包括对权位、名誉和财富的理解,也包括对身体的理解,这些东西带给人们的通常是更多的恐惧,例如害怕失去权力、名誉和财富,或者害怕死亡,然而哲学训练了一种自由,一种不再具有害怕的自由,一种不再依赖于身体(包括财富等)的自由。不朽是柏拉图哲学诗学对理性自由的恰当呈现。

  从某个角度讲,诗学和哲学是两种不同的体认典范。哲学使用理性认知,以逻辑和论述为知识的经纬;诗学属于审美,是对于美的情感性感知和

---

[1] Plato, *Symposium* 208a–209d.

直接触动。在这个意义上,哲学与诗学是对抗的。前者倾向于理性、线性和刚性,后者则倾向于感性、曲折性和柔性。柏拉图《理想国》第三卷明显地显示出哲学与诗学的这种对抗,关于诸神的情欲和情绪的表达必须删除,否则诗人将被逐出《理想国》。换言之,诗学应该被逐出理性的世界,因为合乎理性秩序的理想国,只容许理性为生活立法。若其如此,我们又凭什么说柏拉图的哲学是有着清晰的诗性色彩,或者我们凭什么说柏拉图的哲学容纳诗学,甚至在其有关形而上学的顶石即不朽的主题上,毫不避讳地接纳诗学呢?因为柏拉图不过是用诗的辉煌意象表达理性的秩序之美,而不是用诗或者文学取代理性,也不是用诗来偷换理性。即使《会饮篇》确实用感性的美学语言描述理念世界的形而上之美,柏拉图都仍然是为了呈现秩序之美的辉煌。只不过柏拉图想要指出感性里面包含冲破语言的教条和逻辑的那些动感特性,恰到好处地表现了理性的结合力。若以这样的眼光来看待《斐多篇》的灵魂不朽主题,也可从中获得印证。苏格拉底努力论证音乐和谐先于器乐的物质性,先有音乐之美,然后才有器乐所能够弹奏的音色之美。器乐的破损不能够毁去音乐的和谐。那些形体性的物质形式并不全然能够呈现音乐本身的美,从而美本身是需要以基于物质的器材同时又不限定于器材的方式得到呈现。音乐的最高形式理性(表现为数学)与感性表达互补,哲学与诗学都是对于理性之美的不同呈现,它们是对理念秩序的不同呈现,而不是两种相互替换的美。

柏拉图对话录的哲学与诗学的有趣的、双重的、精彩的关系,说明柏拉图并非单纯地持现代意义的哲学观念。自近代以来,哲学更多地是职业性的、知识性的和认识性的,更多属于观念活动,以观念活动的探索编织自我意识。然而柏拉图的哲学活动还没有向着彻底的观念化转向,或者说还没有实现完全的观念化。柏拉图是一个深受希腊悲剧、神话和抒情诗影响的哲学家,他能够写作出色的悲剧、神话和诗歌。从柏拉图不少对话的结尾都可以看见他那约束不住的诗情的冲动,例如在《斐多篇》结束处苏格拉底讲述来世的美好家园,《会饮篇》借阿里斯托芬表达诙谐但寓意深刻的"人球"与爱情的神话传说,[1]《理想国》第十卷勇士厄洛斯所经验的正义之神的审判过程,都是以诗学的方式呈现哲学的目光所向。在这些方面,柏拉图都表现出一种诗意的冲动,这些对话之前的理性讨论最后都要化作或者都可以化作一种寓意的转述,哲学的理性与精神的寓言和诗学之间乃是可以转化的关系,或者说诗学以一种更容易进入灵魂并且实现灵魂教化的方式达到哲学的使命。柏拉图以这种转换的眼光看到理性所关联的战栗,乃是一种回荡在诗性之中的灵魂的吟咏。也正是在这里,柏拉图塑造了一种不同于现代的单纯知识论意义上的哲学解释,使得古典哲学纵使穿越千年,其真理之音却依然不绝如缕。

三 哲学和修辞学

苏格拉底,柏拉图的老师,其哲学的主要活动表现为与智者们的论辩。柏拉图早期的重要对话《普罗塔哥拉篇》和《高尔吉亚篇》记载了苏格拉底与两名重要的智者普罗塔哥拉和高尔吉亚及其他人的辩论,《欧绪德谟篇》虽然并不是重要的文献,却在丑化智者方面非常着力。《申辩篇》中苏格拉底自称雅典人把他视为智者,一个原因是阿里斯托芬在《云》这篇喜剧里把苏格拉底讽刺为一个上天入地的智者。柏拉图其他对话的主要对话者例如《卡尔弥德篇》的格里底亚和《理想国》的色勒叙马赫也都是智者,其晚年的重要著作《智者篇》更是以智者的存在学说为讨论对象。由此可见,柏拉图对话的终生敌人是"智者"。智者之成为论辩的选项的重要原因是他们倡导修辞学,以修辞学作为哲学的方法。诚然,柏拉图自己也使用修辞术包括隐喻

---

[1] Plato, *Symposium* 191a–192e.

等,然而他认为修辞只是表达方法,而不是哲学方法。哲学方法是求知,是探求真知,是以真知说服人,而不是如智者以修辞学迷惑人。哲学和修辞学的关系构成柏拉图对话重要且始终的主题。

修辞学把非存在表述为存在,使非存在获得存在的影像,把学习者引入错误之路。《智者篇》非常严肃地讨论了修辞学的"存在幻象"即"非存在"。《泰阿泰德篇》讨论了两个比喻,一个是鸟笼说,一个是蜡像说。[1] "鸟笼说"指两类鸟例如麻雀和斑鸠养在同一个笼子里,由于它们外形相似,还由于凭印象认知事物的不可靠性,人们抓麻雀时很可能误捉斑鸠,这种抓错鸟却自以为真的,就是以非存在替代存在的把握方式。"蜡像说"则指人的印象如同蜡像,因为时间的流逝,原先的印象会模糊,就如同蜡像由于它柔软和磨损,容易变得不清楚,导致人们混淆不同印象,造成错误的认识。

柏拉图既从哲学知识论的角度批评印象论,也从知识论角度批评修辞学。错误认识就是引起混淆的认识,把一个存在者的印象混淆为另一个存在者的印象,因此错误是透过印象的错误把握造成的错误呈现。我们都知道应该避免这种错误。智者们却刻意造成错误的相关性,他们所谓的修辞学正是相关性混淆的根源,智者们是错误相关性的美容师。智者们说一是多,多是一,根源就在于他们在多之中制造一的相关性,尤其是在多之间制造彼此混淆。举例来说,智者们把公正定义为强者的利益,为了达到这个结论,他们在论证中把对于强者的利益与对于被统治者的利益相混淆,因为无论贵族制、民主制还是僭主制,他们在制定法律时,都制定对自己有利的法律。如果说贵族制制定的是对于贵族有利的法律,民主制制定的是对平民有利的法律,僭主制制定的是对僭主有利的法律,那么毫无疑问,有利的就是公正的。

1　Plato, *Theaetetus*, 193c–d.

既然僭主、贵族、平民是实际的掌权者，也就是强者，那么显然强者是公正的。柏拉图以为色勒叙马赫的这个看法是对公正本身与经验世界那些看起来公正的印象的混淆，因为经验世界的公正形式未必就是公正的，它们只是公正的影像而已，本身就掺杂了错误的东西，有非存在混入存在。正因为这种混淆，就无法肯定我们是否认识到正确事物。智者们处处使用修辞学制造出似是而非的定义，以为他们只要认识到某个事物就能够掌握对于所有事物的知识，把人引入歧途。

柏拉图则视修辞学为辩证法的对立面，指出正是由于修辞学造成了非存在即虚假和错误，辩证法则是通往真理之路。柏拉图批评修辞学，是要借此揭开人类命运的秘密即虚无感的根源。通常而言，有两种意义上的修辞学。亚里士多德、西塞罗、贺拉斯和昆体良这些思想家都会认为修辞只是一种文学手法，是文章构造的技艺，思考句子构造的方法。在这个意义上，修辞学是必要的，也是行文的基础，可以造成语句的美感。柏拉图批评的是哲学修辞学，是另一种意义上的修辞学。他用哲学修辞学专指智者所谓的哲学教育。智者们以为凡接受智者哲学教育的人们，都可以获得说服人的智慧，而且他们所获得的智慧是一种美德。也就是说，智者们认为他们的修辞学是智慧、德性和真理的技艺。

柏拉图要反对的是后者，他用鸟笼说和蜡像说，指出修辞学造成非存在。在柏拉图之前，巴门尼德已经非常有力地论证了非存在的不可言说，因此言说非存在的不可能，因为凡言说非存在的必然包含存在。既然对非存在的言说不可能，那么为什么柏拉图又说修辞学言说非存在呢？这成为从苏格拉底到柏拉图苦苦思考的哲学主题。在《智者篇》中，柏拉图终于提出一个观点，即非存在并非完全不存在，它仍然与存在相关，但它不是真实地呈现了存在的印象。因此非存在不是不存在，而是指对存在的错误呈现。修辞学是错误呈现存在的方式，因为智者们的修辞学用"多"指代"一"，用"存在者"指代"存在"，用一个"具体的人"指代"人"本身。在前一种情况下，人所获得的只是一个具体事物的印象；在后一种情况下，人所获得的却是知识本身。智者们用"印象"代替"知识"，导致了对事物的错误认识。这就是所谓的修辞学造成"非存在"。

总之，修辞学至少有三个层次的含义。第一个层次就是智者们的修辞学，他们用这样一种言说方式，用语言构造一个与存在本身相悖的世界，也就是说，它虽然关联于存在，却与存在相反。这个所谓的非存在是以存在之名所造成的虚构的世界。智者的哲学教育是向着虚构的印象进行思考的方法，而修辞学是虚构的根源。教青年人这种构造虚假知识的方法，才真的败坏雅典的青年一代，造成雅典的衰落。批评智者的修辞学，事关雅典城邦的未来。第二个层次则是诗人的修辞学，这在《理想国》第二、三卷有清楚的表达，柏拉图细致地分析了这种修辞学的危害。诗人们往往用一些所谓的忧伤、煽情的语词形容诸神，造成青年心灵的困惑，不利于培养勇敢的心，造成他们不敬神，腐蚀青年的德性，因此需要删改这些败坏青年的诗歌章句。柏拉图没有批评这类修辞学是虚构的学问，他主要从德性伦理的角度批评修辞学的不当使用。第三类修辞学则是柏拉图所倡导的，就是所谓的哲学修辞学即辩证法了。《智者篇》把辩证法描述为二分法。柏拉图以为使用二分法可以清楚地区分存在者与非存在者，把虚假的事物从真实的事物中驱逐出去，这样就能呈现真实。辩证法是排除了虚假表象的逻辑方式，是通往真实和真理的言语之路，是真理的方法。

四 哲学和教育学

哲学的本质主要表现为教育。苏格拉底以守护哲学和教育青年为使命，他的罪名之一却是败坏青年，或者说是以哲学教育败坏青年。柏拉图所有著作都以对话的方式展开，不仅使用文学的写作方法，也把哲学论证展示为教育的过程，或者说柏拉图以为论证的展开即是教育，因为对话式的论证是让对话者与引导者共同展开其解除心灵困惑的进程，而教育即是透过心灵启蒙除去无知造成的困惑、情感上的迷雾，以脱离欲望的迷宫。柏拉图对话体著作的特殊性即在于此，它使得论证成为一种对于聆听者的引导，并且以论证来确证论证者是否到达真知。由此而言，柏拉图也把教育看作一种自由的表达，而哲学本就是自由之事。柏拉图使用对话体方式展开其哲学思想，是要让那些对话者充分表达其对于思想和观念的理解，穷尽某一思想和观念的诸种可能。这就是康德所说的理性或者启蒙，因为理性就是要让人们自己使用理性并且看到这些用法的幽暗和可能引起的谬误。柏拉图也是如此，他试图穷尽每个观念的可能，例如公正可以被解释成契约式的，也可以被解释成强权式的，还可以被解释成民主式的，也可以被解释成君主式的。柏拉图透过对话体方式，使得论证尽显其理性的逻辑和构造。因其对话的自由，才有教育的成效。教育以自由及展现自由的论证为基础。

柏拉图的所有对话都在彰显理性教育，展示观念世界的历险。早期对话主题比较单一，透过讨论各种具体德性，让雅典人意识到人自以为的"知"其实是无知，意识到心灵的遮蔽，也获得自己在具体德性上的规训，造就勇敢、友爱、自制和公正等。中期对话的教育学更具综合性，例如《会饮篇》以爱神为主题讨论美、不朽、悲剧和喜剧，涉及文学、审美和人类生存等主题；《理想国》更是一篇百科全书式的对话，在公正的主题下涉及优生优育、新闻、报刊和出版审查、政体优劣及演变、心理学、教育学和神话等主题。晚期对话除了《法律篇》外，又回到单一的主题，探讨形而上学知识，构造政治和伦理哲学的知识基础。虽然柏拉图的对话录在主题和文学性上历经曲折，然而其对哲学的教育理解却始终如一，教育是要去除心灵的遮蔽，使哲学成为自由的学问。《理想国》尤其清晰地呈现了哲学的教育功能。

柏拉图所谓的教育指的是心灵转向。近代以来，人们容易把心灵的转向理解为心理的变化，原因是近代以来的知识模式把灵魂视为心理，把内在的人解释为某种心理活动的人。然而柏拉图所谓的"灵魂"并非是心理学意义的描述，它指的是"内在的人"，相对于人的身体或者身体的人而言，它是一个内部的人，一位真正的自我。柏拉图显然是主张心身二元论的，他的哲学论点也会透过身心关系进行表达。柏拉图式的教育是要由身体状态的或者倾向于身体状态的自我转向内在的、理性的自我。所谓身体状态的自我，既是指人的身体的独特性所造成的形态的可识别性，也指当灵魂迷恋于身体的或者说外部事物的状态时，后者被欲望主导所表现的自我的物欲，寻求物质的满足。柏拉图笔下的苏格拉底要引导人们从对物质的关注回归真正的自我，回归理性和真善的秩序。在这个意义上，柏拉图把哲学教育理解为灵魂的皈依。

柏拉图深切体会到哲学教育的极端不容易，因为首先世界的普遍物欲倾向就会让哲学的灵魂窒息死去。《理想国》第六卷形象地描述了"哲学之死"。柏拉图说我们不妨设想这样一个洞穴，绝大多数的人都在呐喊着金钱、物质等欲望的幻象，这些声音撞击岩壁造成的回响震耳欲聋，使人们听不见别的声音，听不见不同于物质欲求的灵魂的声音。在这种情况下，即使有些人天赋异禀，有寻求真理的渴求，也已经窒息于疯狂的呐喊。[1]《理想国》第七卷的洞穴描写是对"哲学之死"的更细致呈现，柏拉图竭尽文学的笔力，描写物质性生活世界的昏暗。此时不仅灵魂已经彻底认不出真实的事物，就连肉身都已经承受不了对有形事物真实性的分辨。纵观柏拉图一

---

[1] 柏拉图，《理想国》492b–d。

生的对话，愈到晚期，他对灵魂迷失的痛苦就愈加失望甚至于绝望。如果说早期柏拉图的对话还有些许乐观，对哲学的治疗还抱着一丝希望，那么愈到晚年他对于欲望引力的描述就愈加迫切。最后一部著作《法律篇》甚至已经用"乱坟岗"来惩罚那些贪婪的灵魂。因为古人相信灵魂不朽，此世的逝去并不意味着人就可以安息，因此善人那不朽的灵魂拥有神明一样的自由，恶人的不朽的灵魂拥有的是永恒的悲惨。若一个灵魂被葬在乱坟岗而不能够葬于家庙，只能说这样的灵魂已经到了人神共弃的状态，这样的灵魂就将如同以后的奥古斯丁所说的处在永恒的悲惨之中。柏拉图及其柏拉图主义者本来都还抱着某种程度的乐观主义，即他们相信灵魂终将会得到不朽之神的护佑，《法律篇》却以极度的悲愤描述灵魂贪欲的无法拯救，由此可见柏拉图的绝望。

然而无论如何，柏拉图还是希望藉着哲学教育使灵魂皈依。《理想国》第六卷和第七卷或许都抱着一丝侥幸的心理，认为或许有一些灵魂依然渴慕那不朽的真理，他们出于污泥却依然保留着灵魂对真理那无法败坏的爱。柏拉图的洞喻描写说，在那些洞穴囚徒中有一个人可能由于幽禁他的锁链的脱落，能够实现身体的转身，让只能够凝视昏暗之境的眼睛慢慢适应亮光，最后至于能够凝视那洞外的太阳，觉醒的灵魂逐渐地获得强健的自我，终得以见到真理本身。柏拉图以为这就是哲学教育过程，它帮助人逐渐摆脱昏暗的经验印象和意见，走向真理。[1] 他用许多篇幅来描述灵魂的皈依，即灵魂最终得以脱离身体对他的囚禁，因为这身体就恍惚如同那囚禁灵魂的洞穴。人的灵魂囚禁在身体之中过久，灵魂就只能适应微弱的光芒。柏拉图也用哲学是学习死亡这样的观念描述灵魂所要经历的旅程。哲学乃是学习死亡，既是说灵魂要能够控制身体，不受身体的羁绊；同时也指灵魂摆脱欲望对理性的控

---

[1] 柏拉图，《理想国》521c。

制，使理性能够真正控制其他两个部分即激情和欲望。哲学教育要让灵魂重获敏锐的视力，首先是能够重新看见事物的真实性，再者是重新看见无形体事物的真实性。哲学教育既是对于真理的获得，也是对于自我的深刻规训，使人生活在真理的光照之下。

哲学的本质是教育，目的是建立内在的人，建立基于理性并且使生活合乎理性秩序的人。这观念未必符合现代人的想法，然而这恐怕仍然是人类获得美好生活的重要的思想选择。柏拉图深悉其中的艰难，苏格拉底的死在他的思考中折射出的复杂性，无论如何评价都不为过。一方面，柏拉图感觉到哲学被世俗世界无情抛弃的痛苦，感受到哲学在世俗世界所受的凌辱；另一方面，他又感觉到唯有哲学才是对教育的最好诠释，也只有哲学教育能够使灵魂重获自由。柏拉图终生都没有放弃哲学的救赎之路，终其一生都在努力地试图说服并且以不同方式说服人们应该学习哲学，去接受哲学的生活方式，看见哲学生活中人类真正的福祉。

五 "逃离"

柏拉图哲学兼具"出世"和"入世"两个层面。当柏拉图讲哲学的治疗时，是在呈现这个世界的不幸和悲惨，逃离现象世界成为哲学的目的，呈现"出世"的诉求。透过哲学的描述，柏拉图一方面告诉人们现象世界的流变性和不稳定性，另一方面也努力指出人们所应该逃离的方向（永恒的理念世界）。理念世界是"隐者"的家园，现象世界则因其流变，因存在物的暂时性，成为人们栖居之所，而其自身则积累着冲突和有限性。从洞穴出走，正是要逃离存在的有限性，逃离现象世界留给灵魂的诸善的冲突，以至于失去生命的光华。然而希腊人是战士的民族，若用尼采的话说则是热血的战士，即使风烛残年的时候也是如此，况且柏拉图这样的哲学家还要救垂垂老去的城邦于衰亡，"入世"就必然会成为"出世"的"对立面"。

哲人虽然此心要逃离世界,然而芸芸众生在不幸世界等待光照于黑暗,就如康德所谓的,或许他自己不需要宗教的上帝,然而他的仆人老兰培需要。由是哲人的怜悯成了哲人的疾病,最终成为哲人无法逃离的哀恸。因此之故,柏拉图的哲学充满张力,却也因着这种张力,哲学的责任尽显无遗。

哲学以教导"逃离"为主要责任。身体和世界是囚禁灵魂和人的两大锁链,公元二、三世纪的新柏拉图主义者普罗提诺曾给出柏拉图主义的这一经典隐喻:人是戴着金色锁链的被囚禁者。这锁链就是人的身体和生活的世界。所谓身体,于柏拉图而言,是由质料构成的形体之物,少有理性的光辉,也会削弱理性所带来的善的福祉。身体不是人的真实存在物,身体必然遭受分解的命运,身体性存在会把人带入虚无。而生活在虚无之中乃是一种沦落,一种不再有所依凭。身体本身也会带来冲突,或者说身体的有限性必然会造成冲突。当一个人依赖于身体并且以身体为生命的本真时,人也就必须得承受有限性存在的匮乏。凡匮乏都包含恶,人得承受这自身生命的恶。显然恶违背了人生活的愿望,也就不会是理性的目的。既然所有人都是为了追求美好的生活即幸福,而幸福是要避免不幸,那么把人的存在理解为身体性存在,也就没有合乎善地理解人的存在。人这样一种存在并不依赖于身体,相反人需要逃离身体性的存在,才会有美好生活。

因着"逃离"身体这个主题,学者们认为存在着所谓的"柏拉图的难题",即柏拉图是否赞成"自杀"?要回答这个难题,自然要先回到柏拉图所描述的苏格拉底身上,讨论苏格拉底是否是"自杀"。在《斐多篇》中,苏格拉底的两位对话者格贝和辛弥亚指责苏格拉底"自杀",把他们和其他朋友们像孤儿一样抛在这个世界。这指责看起来是有道理的,因为苏格拉底至少有两次机会可以免于死亡。第一次是在苏格拉底为自己做无罪辩护时,只要拿到三十篇就可以免于被判有罪。在被判有罪后,只要第二次辩护不激怒雅典人，就可以轻判。苏格拉底却以真理之名继续挑战雅典人，愤怒的雅典人才判了苏格拉底死罪。苏格拉底还有一次可以免于死亡，时机出现在《克里同篇》。克里同是苏格拉底的老朋友，也是雅典的富翁。他告诉苏格拉底，他和他的朋友们已经买通狱卒，已经为他找好逃亡到外邦的路线，为他准备好了逃亡的资金，敦促苏格拉底逃走。苏格拉底则透过公正主题的讨论，说服克里同逃跑是不公正的选择。格贝他们指责苏格拉底自找死亡，批评苏格拉底为了自己逃离这个世界而抛弃他的朋友们。如果这个指责正确，那么"逃离"的主题就造成了柏拉图的"自杀"哲学。这似乎可以解释苏格拉底的"哲学是学习死亡"的命题，换言之，哲学是训练"逃离"的技艺。[1]

如果这个理解准确，那么显然苏格拉底精通逃离的技艺，以至于尼采批评苏格拉底或者说柏拉图的哲学是一种削弱生命力的死亡哲学，透着一股虚无主义的腐臭。苏格拉底的朋友们，则依然没有学习到逃离这种技艺（试问这个世界上又有几人真能够掌握这种技艺呢？），在将要失去苏格拉底时，他们觉得自己成了孤儿。这也是苏格拉底临死之前对朋友们说的，"我无法使格黎东（克里同）相信，那个谈天说地、体察入微的苏格拉底就是我。朋友们，他认为我就是将要死掉的人，问起怎么埋我！虽然我长篇大论地说过，我服毒之后就不再跟大家在一起，要去享受你们所知道的快乐和幸福，可是他似乎以为这只是鼓励大家、鼓励我自己的空话。所以我要请你们为我向格黎东担保，担保的内容与他向我的判案法官提出的相反，他担保我不会逃走，你们要担保我死时不会赖着不走，而要前往彼世，使他对此比较宽慰，看到我的身体焚化或埋葬时不太悲痛，不以为我受到可怕的待遇。"[2]这是多么悲喜交集的场面。一面是从容逃离的苏格拉底，另一面是深受苏格拉底教

1　柏拉图，《裴洞篇》（常译为《斐多篇》）82d-83c，见于王太庆译《柏拉图对话集》，商务印书馆，2004年。
2　柏拉图，《斐洞篇》115D-E。

导却仍然未能理解或者学习到逃离技艺的朋友们；一面是死亡根本威胁不到的真正的善者，另一面则是对死亡将带走伟大而亲密朋友的恐惧。哲学竟然将死亡的福祉呈现为恐惧的活动。

　　柏拉图也为苏格拉底的自杀式逃离辩护，《理想国》的洞喻描写了"逃离"洞穴之后，解放者返回洞穴。柏拉图认为当一位从洞穴中逃离出来的人看见真实的太阳（那光明和真理）的象征后，他会回到洞穴之中解放他的同胞。也就是说，"逃离"洞穴的人并不是出于对此世的恐惧，他们恐惧的是他们不能看见真理，恐惧不能享受真理的自由。如果这真理的光在这逃离者生根，并且通常而言，逃离者会意识到那在洞穴之中的同胞同样是其自身的共同体的一部分，如果不能够协助他们逃离，那么他自身也并没有完全真正从洞穴中逃离出来。逃离者并非单纯为出世而逃离，他们为真理而逃离。现在真理中包含一种命令，它来自于逃离者对公正的理解，即如果不能够把逃离者自身所享受的公正用到那依然被困于洞穴之中的同胞，那么他的逃离也就不能算是公正，换言之，他本身依然生活在不公正中。在这里，"逃离"并不具有厌世的含义，向着真理逃离是为了看见真理，而看见真理的逃离者回到洞穴乃是公正必不可少的部分，即使他回到洞穴告诉人们他们的生活不过是影子，是不值得过的；即使在这种情况下，他自己有可能被视为洞穴中的异端而被处以死刑，然而逃离者依然出于公正的一般原则得回到洞穴。因此"出世"不是为了一个人的福祉，是为了公共的福祉。在这个意义上，苏格拉底坚守公正者并不真的是自杀，而是一种有福祉的生活，是不朽的事业。既然苏格拉底式的逃离是为了共同体的善好，就不能说是自杀。

　　这就显见柏拉图所谓的逃离乃是出世-入世的复调。没错，苏格拉底的"哲学式自杀"是对世界和身体的否定，后者构成对于灵魂的遮蔽，使得生活未经反思就被错误地予以实行。然而，"哲学式的自杀"，或者说教导"哲学式自杀"的人并不教导身体的死亡，而是解除身体支配下灵魂的死亡状态。

哲学式自杀则要使"死魂灵"复活,使灵魂过反思的生活。对柏拉图来说,一个真正不被死亡捆缚的灵魂,才会毫不恐惧于身体的死亡。它不仅要召回它自身的不朽灵魂,还要召回其他灵魂的不朽。这两者共同构成共同体,缺少哪一部分都会使公正有所缺失。公正是整体之事,逃离也必是人类共同体整体的逃离。哲学家的命运即在于此,即使他没有死在他生活的洞穴,也会倒在他看见真理之后返回洞穴向人们传讲真理的那个时刻。逃离正是这么一种吊诡的存在,凝聚着柏拉图的理想主义情结,是理想主义者所必须承受的命运的悲歌。

六 哲学生活与政治生活

在柏拉图的哲学式逃离中,显然存在哲学生活和政治生活的张力。柏拉图意识到这个致命的困惑,即逃出了洞穴的人,凭什么要回到洞穴之中?柏拉图说逃离者是被迫回到洞穴之中。如果逃离者不愿意回归洞穴,就说明逃离者并不优先考虑回归洞穴是他的义务,当然也不是他的责任。柏拉图把逃离者重新回归洞穴称为政治性回归,因为回归洞穴是为了拯救城邦中的同胞,是为了共同体的幸福。而政治,如同亚里士多德所定义的,就是建立共同体的幸福。一个贤人统治者得到的是荣誉,荣誉是最高的外部的善,因为荣誉比其他外部的东西例如财富、权力来说更具有公共性。然而即使荣誉是最高的外部的善,为荣誉而生活也是可悲的,因为如亚里士多德所证明的,荣誉是别人给的。别人可以给政治家荣誉,当然也可以拿走荣誉。今天可以誉满天下,明天完全也有可能谤满天下。真正的智慧者绝不可能追求荣誉,因为追求荣誉的人不可能有真正的幸福。这当然也是柏拉图的观点。在《斐利布篇》中柏拉图讨论快乐和幸福的区别时,强有力地论证了快乐永远都不可能如同幸福那样自足,荣誉所承载的快乐感里面可能包含着某种程度的自足,然而它与幸福的自足感的一步之隔也是千里之遥。就此而论，政治生活如果是以荣誉为目的，那么它所拥有的显然并不是真正自足的生活，也不属于至善。如此而论，政治生活绝不是逃离者的最优考虑。

这不是说政治生活不是哲学智慧的一部分，也不是说政治生活可以与哲学相割舍。柏拉图认为人是整体的存在，每个个体都是整体，不同的人是人的不同整体。具体的人是对于人的理念的模仿，人的理念有所分别地呈现在具体的人的形象之中，造成具体的人，犹如月影万川。如是而论，每个人的活着也是所有个体人的活着，人与人之间互为整体。每个人既是他自己又是其他人，当人理解到他是整体的人，是人的理念时，他就可以既为理念而活，也为所有其他个体的人而活。这种双重理解可能会冲突，因为当一个人觉得他"为理念而活"时，他向上攀登；当一个人觉得他需要"为其他人而活"时，由于其他人大多生活在较低下的处境中，他也就要向下生活。当然可以说这两种生活都是高贵的，就其都是高贵的生活而言，两者是统一的。然而也得承认就生活的具体方式而言，两者却有不同。"为理念而活"是要逃离此世，是哲学式生活；"为其他人而活"则是政治的，是把自己关联于他人，是社群性的，是要留在此世。就此而言，政治生活和哲学生活相冲突，但它们确实表现了人生活的双重特性。柏拉图意识到，人的政治性也是人存在的要素，政治生活虽然未必是首要选择，却是必然现实。逃离者虽然不优先考虑政治生活，却又必须考虑政治生活。

政治生活对哲学逃离者而言显然有不可承受之重。一方面，哲学的逃离者需要把理念的或者说天上的福祉带给依然生活在洞穴中的人们；另一方面，逃离者显然也知道担任这种解放者的角色几乎是无法完成的任务，须以生命为代价。他从自身逃离洞穴的痛苦中已经知道，让洞穴中的人们逃离出来就必须要让他们先承受痛苦，而举凡世人，他们都趋乐避苦，更不要说让他们主动承受痛苦。没有人会放弃那习惯了的痛苦却去承受不习惯的痛苦。

所谓习惯的痛苦已经是灵魂的麻木，它已不会再感受痛苦了，或者甚至可能他自以为是快乐。一个解放者却必须要让人们主动地去承受痛苦，这意味着双重的痛苦。那些被解放者或者说被强制逃离者也一定会把双重的报复施加在解放者身上，解放者通常承受的就是死亡。当哲学逃离者回到洞穴时，死亡已经是他的命运。诚然，"为其他人而活"是逃离者身上的一方面，然而毫无疑问却又与他不朽的追求相矛盾。如果这个逃离者选择回到洞穴过政治的生活，那么如同柏拉图所说那必然是他被迫的结果，即他迫使自己选择政治的生活。

这看起来像是一个吊诡的选择：逃离者主动地强迫自己回到洞穴。[1]无论如何，这种主动意义上的被动性并非完全的自由，而是受限制的自由。只有哲学生活才拥有不受限制的自由，即完全主动状态下的自由。哲学生活一方面是主动地向着理念而生活，另一方面理念的生活不会有对自由的威胁。这与政治生活不同，政治生活里面包含了对自由的威胁，因为政治生活中包含了那些习惯了洞穴的人的种种激情和欲望，使自由受激情和欲望的控制。然而为理念而活并且生活在理念中的人，他已经与理念为友，如同《智者篇》所谓的他是诸神的朋友。诸神是不朽的，不朽的诸神没有激情和欲望，自然也就不处在激情和欲望的支配之下，而激情和欲望会导致人越来越俗世化，越来越面向死亡，越来越被囚禁于洞穴。哲学生活使人挣脱了激情和欲望的支配力，而让理性完全做主，或者说理性完全主导了激情和欲望，不再有死亡的影子。没有死亡阴影的生活即是自由，只有哲学生活才能够完全实现人的主动性和人的自由。

柏拉图的哲学（某种程度上也包括亚里士多德的哲学）一直处在哲学生活和政治生活的张力之下，他也确实想在这两种生活之下突围而出。就柏拉

1　柏拉图《理想国》519d。

图终生的抱负而言,他选择了政治生活,虽然他也一直推崇哲学生活高于政治生活,然而从他对话录的写作看,政治的理想和践行都是其写作的归宿。从他早期有关诸德性的讨论到中期对话的集大成者《理想国》,可以看到柏拉图以一篇政治性的对话总结了他早期的主题。他中后期有关知识论、宇宙论和形而上学的讨论,也是以一篇汇总性的对话《法律篇》为收尾,而《法律篇》也是一篇政治学著作。柏拉图虽然推崇哲学生活,却也清楚并且确信,哲学的任何观念或者哲学的享受,都一定会归结于政治的实践,一种对共同体的担当。若没有担当,这自由或许就失去了情怀。

七 柏拉图哲学的精英主义

柏拉图哲学假设了一个"解放者",他是成功逃离洞穴和现象世界的人,是哲学王,是城邦的教化者。以此为前提,柏拉图反思个人生活和城邦政治,实施灵魂的教化和城邦的建构,肯定个体性差别成为柏拉图城邦政治的基础。在洞穴世界中,有率先并成功逃离的人,也有不能承受逃离之痛苦的人,因为逃离蕴含着痛苦,情绪会对理性产生强烈的反抗。在成功逃离的人中,有些人如同火光照亮其他逃离者,也有人是护卫逃离的勇士。在逃离过程中,人们呈现出不同的禀赋,而人的禀赋的最大差别是其智性。柏拉图认为人的智性差别是个体的最大差别,城邦政治的首要任务也就是要厘清个体差别,建立有差别的社会共同体。此即为城邦的秩序。

一个好的城邦以理智为秩序,一个好的政体也是以理智为主导的制度。理智的人位于城邦的顶端,他们知道不同人的理智能力和禀性,也知道他们应处在什么样的社会阶层最合乎他们理智的善,发挥他们的理智能力。次等理智程度的人也在合理的位置实施城邦的利益,他们能够保护城邦的安危,维持城邦的稳定却不构成对城邦的威胁。显然这部分人的理智能力表现为理解能力和执行能力。他们不是城邦的决断者,而是城邦决断的执行者。再次的人,他们所具有的理智能力缺乏公共性,他们只表现为他们的制造能力,是一种技艺的决断。例如他们知道今年鞋子的销量、款式和合适的价格,知道市场的需求量等,以此获得财富和必须的生活用品。人们的差等源于他们的不同理智程度,当然他们都具有某种程度的理智能力。理智能力由高到低的过程也就是由抽象到具体、由普遍到特殊的过程。理智程度越高的人越能够使用概念处理事务,理智程度低的人只能够用印象和经验处理事务。[1] 用概念处理事务的人,他们能够把握住事务和事物的全部;而用印象和经验处理事务的人,他们只能够把握住事务和事物的具体方面,受这个具体事物的控制。人的差别表现为他身上的普遍性程度的差别,越能够显示出普遍性的,越能够用概念来处理事务的,越适合于领导城邦。

城邦的领导者或者说哲学王身上具有双重特性。一方面,他们用他们的普遍眼光说服其他人跟随或者听从普遍性的命令,虽然这些被统治者未必一定能够理解普遍的观念,但他们仍然知道普遍性命令对国家的益处。他们需要培养起对于普遍性或者命令表示尊敬的态度,因为他们明白他们自己并不具有充分理解普遍性的能力,因此他们表现出对领导者的服从。这也可以看出柏拉图对苏格拉底所谓的"知道无知"的运用。人民要知道自己的无知,基于对知识者的尊重而追随哲学王。这就是人民所应当具有的实践理性。因此,一般人的实践理性表现为对哲学王的尊重,对其他人的尊重和对自己的尊重,这也是被统治者应有的德性。另一方面,人民也要在具体的技艺方面运用他们的理智,这不是实践理性,而是实用理性。人民需要运用这种理性能力实施物质创造,提供国家所需。因此无论哲学王还是其他人民,他们都因社会阶层的责任使用理智,使得国家协调有序。

《理想国》按照天赋理智以及运用理智能力实现人的分等。具有较高理

---

[1] 柏拉图,《理想国》534a。

智能力的人,自然也更能够接受教育并获得知识,他们能够用概念、理念把握事物,掌握事物的整体,看见城邦的公共福祉。他们具有教化人的能力,是教化者。在能够接受教育的人中,也有一部分人善于掌握某一部分的能力,例如知道服从、懂得自制、勇敢作战,这样的人可以成为国家的卫士。还有一部分人,则能够使由之,不能够使知之,这部分人就是从事具体劳动的人,他们只适合用印象和经验把握事物,如果让他们知道须用高级理性才能够学习的东西,那么他们不仅学不懂,而且一知半解,以至于成事不足败事有余,甚至不服从理性的统治。柏拉图并不认为这是愚民政策。当我们使用愚民政策这个词的时候,我们是说统治者把错误的东西教给被统治者。柏拉图并没有这样看,他只是说他们应接受他们能够接受的东西,因为如果他们接受的是超出他们能力的东西,对他们并不好。就如对一个孩子讲一个暴力的故事并不一定会使他们厌弃暴力,有时候可能更会激起他们的残暴感。统治者不让被统治者知道一些事情也是为了被统治者的好,愚民政策则是说统治者愚弄老百姓是为了统治者他们自身的好。国家只能够由精英来统治,因为唯有他们才知道什么是真正对国家的好,他们甚至比被统治者更了解什么是适合于被统治者的好。

这种精英主义的观点尤其表现在柏拉图的中晚期对话中,从《理想国》《政治家篇》到《法律篇》都包含这个基本立场,并且逐渐强化了精英主义的色彩。《理想国》明确了社会分层并且限制社会层级的流动,所谓"龙生龙,凤生凤,老鼠生儿打地洞"。社会按照金银铜铁分层,其后裔也需要遵守这相同的层级和秩序。当然柏拉图并没有说人生而知之,而是强调那些"金"阶层的后裔具有能够知道"金"并且成为"金"的能力。教育仍然最重要,然而教育也需要分层。柏拉图精英主义的最激进部分就是教育的分层,不同的人接受不同的教育。《政治家篇》继续持这样的立场,以法律为纬,德性为经,城邦是由德性和法律织成的经纬。如果说法律代表的是横向秩序,那么德性表示的是纵向秩序。纵向秩序（德性）是法律的根源，因此德性高于法律。法律须师法德性，具有最高德性的人不受法律约束。法律是那些有德性的人为不能够理性地探求的人提供的简单俗世的原则，德性之人则早已经超出了法律的限制。最晚的《法律篇》把德性政治的这种优先原则发展到极致，为柏拉图的精英主义做了定论。

第二节　德性论

一　德性可教吗？

柏拉图哲学分为早中晚三期。学者们通常认为理念论是柏拉图对话分期的标准。柏拉图早期对话例如《游西弗伦篇》《拉刻斯篇》《高尔吉亚篇》等还没有明显的理念论思想，记载的主要是苏格拉底的思想，它们探讨各种德性（勇敢、友爱、智慧、公正）的定义，通常没有结论而告终。因此，柏拉图早期对话的核心是"德性是否可教？"柏拉图中期对话则有理念论思想，论述了什么是理念、德性作为理念以及它与治国的关系，尤以《理想国》《政治家篇》为代表。柏拉图晚期对话则反思了中期对话的困难，尤其意识到理念间的关系、理念与现象世界的关系都存在论证的巨大漏洞，晚期著作主要集中在知识论和形而上学的讨论。若以此观之，柏拉图早期对话似乎与中晚期对话没有多大关系，即使以理念论作为柏拉图思想发展体系的线索，早期对话似乎与中晚期对话也没有多大关系。

然而这显然不可能，一个伟大的思想家不可能存在思想上如此巨大的脱节。那就说明我们以理念论的形成、发展和定型为线索描述柏拉图哲学思想存在问题，需要从另外的角度去考虑柏拉图不同时期对话间的关系。柏拉图早期对话看起来像是纯伦理学的，当然这是一种基于公民视野的伦理学。当苏格拉底带着诸如谁是真有智慧者的问题在街头巷尾与人讨论哲学时，他自始至终自觉意识到他的公民身份，是一个雅典公民。作为公民的苏格拉底与单纯地作为求知者的苏格拉底会有什么不同呢？作为公民的苏格拉底在考虑公正和智慧这些德性的时候，他优先考虑的是他的城邦，考虑到共同体，有着他生存的深刻关切。然而如果是作为一个社会科学家的苏格拉底，他就可能纯粹是出于知识的好奇。这意味着柏拉图早期对话的德性论有浓厚的政治性。亚里士多德在《尼各马可伦理学》中说，"伦理学是政治学的预备"，这话完全可以运用在柏拉图的早期对话与中晚期对话的关系上。当然，亚里士多德这个说法存在着一个逻辑上的问题：似乎存在着一种不具备政治内涵的伦理学，而它是政治学的前提。如果亚里士多德的话可以作这样的理解，柏拉图显然不会同意，因为柏拉图的看起来是"纯粹"伦理学的早期对话已经具有了政治学的意图。然而如果说柏拉图早期对话主题是伦理学的，并且这种伦理学主题的讨论为柏拉图中后期政治学主题的对话做了预备，那么亚里士多德的说法很可以适切地用于描述柏拉图不同时期的对话关系。

我们可以从伦理学为政治学做预备的角度理解柏拉图早期对话与中晚期对话的关系。早期对话所主要涉及的"德性是否可教"的问题其实与中晚期对话密切相关，如果"德性可教"，那么所有人就都是可教的。如果所有人的德性都可教，那么所有人就都可以治国，民主制就应成为柏拉图政治学的首选，因为柏拉图认为德性高于法律，法律源自于德性。然而如果"德性不可教"，或者说如果这句话改成"并非所有德性都可教"，那么情况就完全不同。比如说，勇敢这种德性可以教给某些人，不能够教给其他人，那么我们就得承认并非所有人都适合当国家的保卫者；如果自制可以教给某些人，不能够教给另外的人，那么我们就不能够盲目地信任其他人。如果德性不可教，如果某些人只具有一种德性，而另外的人具有其中几种德性，也有可能有些人具有所有德性，那么我们就得说那些具有所有德性的人理应成为国家的统治者，具有其中几种德性的人可以成为辅助者，只具有一种德性的人可能就只是某个行业的从业者。由此而言，柏拉图早期对话"德性是否可教"问题，实则与中晚期对话休戚相关。

可见，柏拉图的对话集是整体性很强的作品，其哲学各部分（伦理学、政治哲学和形而上学等）也是有机性很强的主题。哲学的这些部分并不是单独的知识，而是哲学之树的花、枝和叶，它们展示了哲学作为生命之树的力量。在柏拉图早期对话中，"德性是否可教"这样的问题并没有明确的结论，虽然柏拉图本人或许（应该说肯定是）主张德性可教，然而整个对话还是处在开放的探索之中。柏拉图似乎也还没有找到切实的方法来说服与苏格拉底对话的人接受德性可教，或者说柏拉图还没有找到令苏格拉底本人信服的论证，这也是公元前四世纪之后的怀疑派为什么把柏拉图早期对话中的苏格拉底视为先驱的原因。在怀疑派看来，柏拉图早期对话中的苏格拉底对于同一个观念提出了两个对等的论述，例如对"德性是否可教"这个主题，既对德性不可教给出了强有力的论证，也对德性可教给出了强有力的论证，并且这两个论证似乎具有同等的逻辑力量，因此怀疑派认为苏格拉底否定任何形式的独断论。

然而柏拉图本人不可能真的认同怀疑派的看法，他的中晚期对话已经找到了解决任何论题都有正相反对论证力量的"论证"，这就是他的理念论，强调有一个高过现象世界的理念世界，一个高过流变的本质，一个处在时间之上的永恒，而哲学当以理念世界、本质和永恒为研究对象。这样柏拉图就得到了一个结论：所谓的德性是理念的知识。一旦人获得理念知识，他自然既能够用之于现象世界，也能够教导生活在现象世界中的人。因此，他明确地给出了德性可教的思想。一方面把"德性是否可教"作为单独的命题抽离柏拉图对话整体进行讨论是没有意义的，但另一方面也得同意柏拉图本人在这个方面是有过困惑的。即使在中晚期对话，他仍然有过困惑。然而中晚期柏拉图的困惑不是"德性是否可教"，他已经确信无疑。中晚期柏拉图所困惑的是那个所谓的理念知识到底是什么，或者说理念本身的关系到底是怎么样的，因为这也是德性作为知识的前提。

德性如果不可教，那么善好就不能够作为人类生活的前提，人类也就只有生活在虚无之中，而人是不可能在虚无中生活的。德性可教是哲学作为教育学的前提。真正的问题实则也不是德性是否可教，而是谁是德性的教化者，是柏拉图所描写的哲学王还是智者们？这才是问题的实质。作为德性教育者的哲学王或者智者，涉及谁是强者的问题，柏拉图早期对话并没有解决这个问题，一直到柏拉图的中晚期对话，当伦理学过渡到政治哲学，当个人德性过渡到城邦德性，当公民践行转入到城邦治理时，这个问题才会得到确切的回答。因为如果只把德性视为个人的，哪怕这个个人是一个公民的个体，毕竟他依然是个体的。如果他只是单独的个体，他就会无法构成相对主义和无限循环。一旦进入到城邦或者国家层面，德性论的相对主义层面就会被削弱，整体层面或者说公共方面就会得到涌现。在此前提下，"德性是否可教"才能够得到回答。因此，当《理想国》第二卷把个体只是作为类比城邦的起点时，柏拉图实际上是用城邦来定义德性的共同体，解决德性的教化、谁是德性的教化者这样的问题。显然，德性的教化者乃是哲学王。

二　敬虔

在柏拉图的德性论中，很少有学者会注意到"敬虔"。学者们通常关注的是柏拉图所谓的四大德性即公正、智慧、自制和勇敢。如果他们还会提到其他德性，最多会提到友爱和明智（审慎）。很少有人会注意到敬虔这种德性。然而《游西弗伦篇》《申辩篇》《克里同篇》《理想国》的第二、三卷都语关敬虔。《游西弗伦篇》的主题就是敬虔，叙述的是游西弗伦状告其父，其父因无意中置仆人于死地应受责罚。苏格拉底与游西弗伦的对话从公正开始，进入到公正这种德性的基础即敬虔，进而探讨什么是对神的敬虔。《申辩篇》的两大主题——青年教育和敬神也落实在敬虔的主题。苏格拉底声称，他之所以几十年如一日不断地如牛虻一样叮咬雅典人，是由于他听从了神谕，因为神交给他的责任是守护哲学的事业。他没有犯梅雷多那些人所指责的亵渎神灵罪，恰恰相反，他忠诚地执行了神的命令，是敬虔的人。《克里同篇》则紧接着对神公正的主题，论述敬虔是公正在世界上得以实施的基础，这像是回应了《游西弗伦篇》的主题。《理想国》第二、三卷则指责诗人和文学家们并不敬虔，他们以各种方式让青年对于神灵产生误解，导致青年心灵败坏。这四篇对话的相关卷章可以互参，其相关的主题就是敬虔。

敬虔是一种特殊的德性。不仅它自身本就是德性，它还是其他德性的基础。如果没有敬虔，或者说如果没有宗教，其他德性存在的合理性就会成为巨大的难题。因为如果我们要求某个人具有公正、勇敢和自制这样的德性，我们就会被人追问我们凭什么可以要求别人公正、勇敢和自制。一般来说只能有两种解释。一是基于契约原则，契约又根源于推己及人。任何人都不希望自己受伤害，或者说不希望自己的利益没有得到正确对待。按照推己及人原则，所有人如果都不希望自己的利益受损害，那么就需要达成协议，做到分配公正。另一种是基于整体原则，即所有人都是整体的一部分，凡伤害其中一部分的，也伤害了整体。既然没有一个人愿意伤害自己，那么人也不应该伤害整体的某一部分。凡伤害部分的，也伤害了整体；凡伤害整体的，也伤害了他自身。

柏拉图持整体主义的观点，强调人们的相互关联。[1] 然而柏拉图没有止步于此，他还指出了整体主义背后的宗教前提。人之所以被称为是整体，是因为他们都是神的后裔。有些人可能是太阳神的后裔，有些人可能是爱神的后裔，有些人可能是波塞冬的后裔，但追本溯源，所有人都是宙斯的后裔。就其源头和生活的相关性来说，人是整体。既然我们因着神成为一个整体，那么神就是这个整体的主导原则，我们自然首先应该听从这个主导原则。凡听从这个主导原则的就具有敬虔的德性，因为敬虔指的是一个人与一个高于他的存在者之间的关系，敬虔这种德性的特殊在于它体现了人与在他之上的存在者的关系。透过敬虔呈现出来的德性，是一种绝对命令。其他德性依据这种命令获得合法性。

这也是《理想国》进一步讨论公正之前要先讨论敬虔的原因。学者们常用哲学与文学的对抗概括《理想国》第二卷和第三卷的主题，因为这两卷要把诗人逐出《理想国》。柏拉图批评诗人用不适当的文字描述神性和神，例如《荷马史诗》描述阿佛洛狄忒和阿瑞斯偷情被赫淮斯托斯用计捉住，诸神则环绕着他们嘲笑他们；再例如《荷马史诗》到处有诸神之间使用阴谋诡计明争暗夺的故事。这些篇章使得神如同人那样不堪，甚至比人还低贱。由于希腊人向有荷马教化了希腊的说法，那么此种史诗教化下的青年如何能够有敬虔的德性呢？如果他们没有敬虔的德性，又如何能使城邦有德性呢？如果城邦没有德性，那么雅典何以能够成为地中海令人尊敬并且强大的城邦呢？并不是哲学不教导人敬畏神，而是诗人和文学家在教导青年不敬畏神，是诗人和文学家在败坏青年。《理想国》第二、三卷像是苏格拉底"申辩"的继续。败坏青年的原因是不敬畏神，而不敬畏神是由于诗人，也是由于一般的雅典人对诸神的错误叙述所致。可见，哲学不是在对抗文学，哲学是在对抗文学

---

[1] 柏拉图，《理想国》368c-e。

对神的不敬畏；哲学家也不是在故意地惹怒雅典人，哲学家是在挑战雅典人并不真正敬畏神，因为他们不知道什么叫作真正的敬畏，就如游西弗伦不知道什么是敬畏的定义一样。由于敬畏被放在公正之前讨论，如果说《申辩篇》要求的是人间公正，那么人间公正是以谨守神的诫命为前提，也就是以敬虔为前提。宗教感或者说敬虔是德性的基础。

　　柏拉图没有阐释敬虔这种德性的具体内容，他的讨论更像是描述性的，而非定义性的。在《游西弗伦篇》中，苏格拉底与游西弗伦的辩论是解构性的，否定了游西弗伦和一般人对神的看法，《理想国》则是要否定诗人们对神的看法。由破而立，破中显立。虽然柏拉图没有直接"呈现"神的观念，然而其关于神的看法却也显示其中。像游西弗伦这样的普通雅典人，他们认为敬虔就是敬重神所喜欢的，不敬虔则是做神所不喜欢的。他们会认为给神奉上祭祀就是做神喜欢的事，做一些神所满意的事就是敬虔。《理想国》第二卷则记述了诗人们对神的情绪的描写，虽然不是从祭祀的角度显示神的特性，然而与普通雅典人没有区别的是，诗人们持神人同形同性论的观点。人有追求名誉和满足欲望的特性，神也如此；人有各种情绪的特征例如喜怒哀乐，神也具有。雅典人把这种对神的特性的尊重视为敬虔，然而柏拉图说这是对神的亵渎，雅典人则把批评神人同形同性论的苏格拉底视为不敬虔。[1] 雅典人和苏格拉底的对立能够说明柏拉图所谓的"敬虔"，就是敬虔并不是透过现象世界的可见仪式所呈现的，敬虔甚至不是仪式所能涵盖的。那么敬虔是什么？敬虔既然不是从现象、物体、形象和仪式中寻找，那就应从非形体存在中寻找。非物体性的只有理性，因为理性把人从现象世界中抽离出去，欲望和激情这样的东西则把人投入形体性世界。既然如此，敬虔就是一种理性活动。当柏拉图在理性和敬虔之间建立关系时，他并不是把理性视为单纯逻辑和判断的工具，而是把理性视为"好"。在人的各种欲求形式中，唯有理性

---

[1] 柏拉图，《理想国》388c。

以好为目的，敬虔正是体现出人对于好的顺服。柏拉图用敬虔这种德性呈现理性的目的性。

敬虔作为一种宗教性德性并不违背理性，而是显出理性的特殊内涵即目的。敬虔是以好为目的的活动。由于敬虔顺服好，敬虔的人在生活中就能够始终追求好、合乎好、按照好活动。敬虔是令生活指向好的理性活动，是让判断不离开其目的的德性。敬虔为其他德性确立了基础，因为无论公正、自制还是勇敢这些德性，它们都以好为目的，人们的理性活动始终聚焦在好的观照之中。

三 德性的秩序和知识的实在

在讨论了敬虔这种特殊的德性后，柏拉图为德性排序。敬虔不是对人的德性，敬虔是人对神的德性。在这个意义上，敬虔没有被列入德性的排序。所谓德性秩序，是指人对于城邦、人对于他人和人对于他自身的秩序。柏拉图首先考虑人与城邦的关系所要求的德性，因为古典思想认为人不是单个的人，人是复数的形式，或者说任何人都有复数的形式。人的复数形式表现为任何个体的人都内蕴共同体属性。在柏拉图而言，任何单个人都是城邦公民，他的共同体属性就表现在他的公民性上。苏格拉底认为他是雅典的公民，受神的嘱托要履行公民的责任，因此他把自己作为单个人的生命和作为单个人的属性例如荣誉置之度外，他的责任是要让雅典人意识到他们并不真正懂得政治和公民的责任，后者成为他自我意识至关重要的身份。这是柏拉图所说的德性。当柏拉图谈论德性时，德性是一种对于他人的意识，是把他人包含在自身意识中的意识，是把城邦作为自我意识的最大外延的意识。柏拉图所考虑的德性都源自共同体。如果说存在许许多多德性例如公正、勇敢、自制、友爱和明智，那么德性的重要性依据于德性的共同体程度，对德性的外延作广延式排序，就是德性的排序。

何种德性排在何处位置与该德性所关联的共同体外延最为相关，该德性愈在德目表的靠前位置，就愈能体现出共同体的特性；如果该德性排在德目表的靠后位置，则表明它体现共同体的外延较小。以公正和勇敢为例。公正和勇敢是两种德性，表现了与共同体的不同关联。公正这种德性涉及共同体的所有成员，与共同体的命运相维系，也与所有公民的福祉相维系。公正这种德性与共同体具有共同外延，由于共同体要求所有成员都必须公正，那么公正的外延就是共同体的外延。勇敢这种德性则并非如此。在共同体成员中，有勇敢的人也有胆怯的人，有英雄也有懦夫，也有中间状态的人。勇敢的德性与卫士共同体相关，也就是说只与共同体某部分成员相关。这也意味着勇敢这种德性的外延并不涉及所有公民。以此类推，友爱这种德性甚至无关乎城邦，它更像是志趣相投和情感相引的人的共同体，相当的"小众"，外延也就更小。自制则是最小外延的共同体范畴，因为它只要求一个人对他自身的共同体关系，它的外延是个体的人自身。德性的外延显示了德性的相关性程度。相关性程度越高的德性，共同体的维系度就越重要，在价值排序上也就越靠前；相关性程度越低的德性，其个体性层面也就越突出，在价值排序上也就越趋后。

从知识层面来说，越靠前的德性，其普遍性程度越高，其知识的表达形式也就越一般和越抽象。因此，德性的高位与知识的抽象相关。《理想国》把公正这种德性置于最抽象的知识范畴，是哲学王的德性（正如勇敢是卫士的德性），在知识上属于理念世界。要想获得公正这种德性，就必须经受从具体到抽象的知识探索，经历十年教育。先进行音乐和体育训练，再进行天文学等具体科学的教育，接着是几何和算术的培养，然后才是辩证法。辩证法是纯粹使用概念进行思考的知识，公正也是如此。[1] 由于它是德性中最普遍

---

1 柏拉图，《理想国》519d。

和一般的，排在其他德性之前，因此对公正这种德性的思考不能够依赖于友爱和勇敢。友爱和勇敢甚至可能违背公正，如同亚里士多德所说越友爱的朋友往往越不公正。既然如此，公正作为知识就不是在经验的范畴之下，而是在最抽象的概念范畴下运用经验。

可见，德性排序与知识的一般性和普遍性直接相关。柏拉图认为一般性程度越大和普遍性越高的知识，其真实性也越大。这是德性论背后的知识论原则，也可以说是善与真的关系原则。如果说德性以善为目的，那么知识以真为目标。向善的追求就是求真的冲动，越向善也就越求真。在柏拉图而言，知识的真实性是分等的。越靠近具体事物的真实性，就越受到那个事物以及处境的影响。以鞋匠对于做鞋工艺的知识为例。鞋匠肯定掌握做鞋的知识，例如什么样的设计节约成本、什么地方可以找到好的原料、鞋的尺寸应该如何等等。掌握这样的知识，是做好一双鞋的前提。他所掌握的这种知识自然是真实的，然而也要注意他这种知识的真实性非常特殊，唯其如此，他的技艺也最容易受影响，因为真实性越具体，受限制也就越具体，技艺的限制也就越具体。材料、价格、市场需求、他的年龄（比如老花眼加剧）都会影响到他原先建立起来的关于鞋子的真实性认识，也影响到其制鞋的质量。因此越是经验知识，真实性就越弱，因为其真实性越容易受影响。而德性不能随境地和经验的变化而变化。一种被称为勇敢的德性，在任何地方和任何时候都会被称为勇敢。如果在某个地方被称为勇敢，在另一个地方被称为怯懦，那么我们不能够称这种品性为勇敢。一方面，柏拉图的德性论是非处境性的和非经验性的，是人的"先验性"的；另一方面，它完全依据于概念的真实性。

由经验（现象世界）而来的真实性（实在性）总是受到很大限制，容易造成对与此经验相异的经验（现象世界）的错误看法，也会造成他们对非经验世界的错误看法。仍然以制鞋技艺为例。一个雅典鞋匠的制鞋技艺受雅典人的生活、风尚、制鞋程序所限制。如果有人给他看莫斯科这寒冷之地的鞋子，或者如果有人告诉他不同于雅典制鞋技艺的技艺，他可能会认为这不正确，因为不合乎他所获得的制鞋知识。也就是说，任何经验的（现象世界的）知识，其适用性、确定性和真实性都有限，它们彼此排斥，很难普适，这就是经验的有限真实性。在他看来正确的知识很可能在其他地方不正确，或者他会用他自以为正确的知识排斥其他人经验中的正确知识。在这种情况下，他们所获得的经验的确定性包含着巨大的不真实性。还有，鞋匠当他用制鞋中获得的知识为支点评价抽象的知识例如天文学、数学和哲学时，也更容易抱偏见。他们会以为数学不外乎是制鞋的尺寸，天文学只是神话，哲学讨论的是幻影。他们就会如洞穴里的人那样对普遍知识进行排斥。而柏拉图，其实所有从事理论科学研究的人都会说，理论演算比现实所观察到的更接近事物本身，就如相对论所计算出来的光线弯曲比率要比艾丁顿的测量结果更准确。理论知识由于不受实际测量过程和经验因素的影响，它会更准确，越接近真实性或者越接近真理的知识就越可能是理论知识。越理解数学知识的、越能够掌握理念知识的，其所看到的事物的真实性也就越强，他们能够真正把握事物的实在性。

　　知识的实在性之争的背后涉及的是看世界的方式之争，或者说是两种"看"的方式之争。从理论看现象世界，就如从顶峰看整座山脉，能够看清楚不同的侧面，看到整座山的结构和岩石分布，然后决定采用哪条行走的路径。而从经验（例如鞋匠）去看整个知识山脉，就如在山脚去看整座山，最多看清他居所附近的区域，既看不清楚稍远的区域，更看不清顶峰，自然也很难找准行走的路径。这是柏拉图不断追问谁是真正治国者的原因。谁是真正的治国者呢？当雅典公民大会中的鞋匠、农匠和商贩等议论国事的时候，他们真的知道在讨论什么吗？他们的讨论真的可以是治国的知识吗？在柏拉图看来，他们看到的不过是自己很小范围的生活，他们所知道的只是实用理性即制作某些工具时所运用的知识，他们怎么可能知道理论理性？他们根本不会使用理论理性。理论理性指的是概念思维，用超越了经验限制的方式把握事物，从而才能真正地把握住事物整体。在柏拉图看来，只有这样的人才能够真正知道上山和下山的路，那上山和下山的路就是治国之道。而治国之道具体地说就是德性，例如只有他们才真正明白什么是公正。唯有最具普遍性知识的人才能够明白什么是公正，因为公正就如一个人在顶峰所看到的，他知道上下山的路径，知道全山的脉络和纹理，知道岩石的分布，知道如何使整座山保持完整。这就如同一个治国者，他知道一个国家的秩序、社会各阶层的安排以及有序运作。这种对国家的整体理解就表现为统治者的公正德性，因为公正这种德性最具整体性，能对所有事物做出合理的排列。公正作为德性与最普遍的知识即辩证法相关，理念知识是顶层知识，公正对于治国者最重要，因此，知识实在性程度最高的理念对应于统治者的最重要德性即公正。

由此可以理解柏拉图所谓的德性即知识。德性的秩序与知识的实在性存在对等关系，具有什么样的知识也就处在什么样的德性序列。当一个人具有理念的知识，具有那些不变的、本质的知识时，他所把握到的是整体的、超越于现象的，也是能够把握住现象流变的德性。如果说经验是流变的世界，那么具有这种理念世界知识的人就能够支配世界的流变。当统治者用公正支配和安排流变时，公正作为最广外延的德性也处在秩序的顶端。卫士们学习几何学和算术知识，懂得如何运筹帷幄，知道如何排兵布阵，这使他们具有勇敢的德性。勇敢处在德性的第二序列。至于其他人，他们需要依据知识的实在性控制住自己不伤害人，也不伤害自己，当他们具有这种知识时，他们是自制的人。

四　公正初论：对神公正和对人公正

在柏拉图的德目表中，公正排在首要位置。公正是治理城邦的德性，是一个统治者的德性。如果统治者没有公正的德性，他就可能会是僭主、寡头或者暴民。公正这种德性除了指向城邦外，还包含与神的关系。在这方面来说，公正表现了与敬虔这种德性的关系，也表现了公正作为德性的复杂内容。也就是说，当柏拉图谈论公正时，不仅谈论对人的公正，还谈论对神的公正。人们很容易忽视柏拉图的对神公正的内容。这方面之所以重要，是因为只有依据这方面，公正对于统治者才有约束力。柏拉图拒绝契约公正，公正不是人们自由博弈的丛林法则，不是商谈的结果。柏拉图不认为一般人具有了解公正的能力，他认为只有智慧者或者贤人才能够真正了解公正。公正是一种智慧，来自神的教导。在这个意义上，公正才能够约束统治者。对神公正是公正的第一层含义。

《克里同篇》专门讨论过"对神公正"。《克里同篇》记录了苏格拉底被雅典法庭判处死刑后等待执行期间的一段对话。在被判死刑到死刑执行，苏格拉底等了一个月左右。这是由于苏格拉底被判死刑后，雅典城邦每年一度派往岱洛岛的朝圣船刚刚离港。按雅典风俗，朝圣船回到雅典之前不得执行死刑。苏格拉底的老朋友克里同得知朝圣船即将抵达雅典后，知道这才是苏格拉底逃生最后的机会。忠诚的克里同及其朋友们为苏格拉底准备了越狱计划，前提是要说服苏格拉底逃离雅典。这天清晨，克里同很早就来到狱中，买通狱卒进入监狱。在昏暗的灯光下，他看见苏格拉底一如平时那样甜美地安睡。在灯光映照下，苏格拉底醒来，克里同接着展开游说攻势。他先是指责苏格拉底不顾他的朋友们和家人，也不顾雅典城邦的利益，草率地冒犯陪审团，以至于雅典人判他死刑。他告诉苏格拉底他和他的朋友们已经准备好了越狱计划以及苏格拉底流亡国外的准备，敦促苏格拉底离开雅典。苏格拉底没有听从克里同的建议，他从两种公正说服克里同越狱不合乎善的选择，自己留下来承受死刑才是正确的选择。

苏格拉底所谓的两大公正就是对人公正和对神公正。苏格拉底首先讨论了对人公正的原则，这是人间的法律原则。苏格拉底说雅典的法律体现雅典人的意愿，如果苏格拉底没有征得雅典人的意愿就离开雅典，这是不正当的。因为这意味着苏格拉底的越狱行为颠覆了雅典法律，而推翻一个国家的法律就是推翻一个国家，因为当法律不受尊重，雅典人和城邦就不可能得到尊重。[1] 如果这个国家的法律和城邦不能得到尊重，那么这个国家肯定会垮掉。因此，在对人公正的层面上，苏格拉底如果越狱，就不合法律的精神，违背了雅典人的意愿。关键在于，苏格拉底本人认同雅典人的意愿。苏格拉底的父母选择在雅典结婚生子，选择在雅典抚养苏格拉底，选择在雅典教育苏格拉底。苏格拉底成年后，他也选择在雅典结婚生子，还选择为雅典服兵役，他甚至没有离开过雅典，说明他深爱雅典城邦。按照雅典的法律，苏格拉底在生活的任何阶段都可以选择离开雅典，然而他没有。这说明他接受雅典法律，跟法律签了约。现在雅典判处苏格拉底死刑，如果他选择离开雅典，那么他也就违背了自己的意愿。如果苏格拉底离开雅典，那么他不仅对雅典人不公正，对他自身也不公正，因为他不仅违背了雅典人的意愿，也违背了他自身的意愿。苏格拉底以非常诚挚和感人的语气说："对于盛怒中的祖国必须尊敬、服从、谦逊，有过于对待父亲，如果不能说服，就只有惟命是从，叫吃苦就吃苦，毫无怨言。"[2]

退一步说，即使苏格拉底可以用指责雅典人不明是非为他自己辩护，这仍然并不是公正的辩护。由此苏格拉底提出了对神公正的话题。对神公正高于人间法律和道义，这种道义将在阴间成为法庭审判席的语词。如果苏格

---

1 柏拉图，《格黎东篇》(也译作《克里同篇》) 50b，见于王太庆译《柏拉图对话集》，商务印书馆，2004年。
2 柏拉图，《格黎东篇》51B。

拉底觉得雅典法律有欠公正而选择逃离雅典的话，那么苏格拉底不只是在违背雅典的法律，而且违背雅典法律所得以制定的道义，即神的公正。如果苏格拉底违背神的公正即道义，那么苏格拉底就再也不可能为他自己申辩，因为此时他失去了在神面前的公正。相反，如果苏格拉底没有违反公正，他在阴间仍然可以为他自己辩护，因为阴间法律不会对苏格拉底生气；如果把阴间法律视为阳间法律的兄弟的话，那么阴间法律可以补偿他公正。那种公正才是最终的道义，是永恒的公正。苏格拉底总结说："亲爱的朋友格黎东（克里同）啊，我仿佛听到了这些话，就像哥汝班祭司听到神笛一样，如雷贯耳。"[1] 这里所谓的道义的公正就是对神的公正。

现代读者或许会批评苏格拉底所提出的对神公正，因为现代人恐怕不会从有神论角度审视这一层次的辩护。然而，一方面我们当然应该把这一辩护放在古典希腊的语境中，另一方面也得注意，即使不是在有神论语境下苏格拉底这一层次辩护的正当性。有神论辩护可以转化成现代道义论。道义论从公正辩护中阐释出法律公正背后的本体原则，这就是目的原则，或者说理性的、义务的原则。人任何时候都必须学习履行义务。如果说权利一定需要理由，那么某些义务则是绝对命令，它可能毫无理由可言。对神公正正是绝对命令表达在人生活中的最初方式。

五 公正再论：个体和城邦

公正既是城邦的德性，也是个体的德性。当柏拉图从法律层面讨论公正时，他已经清楚公正这种德性是个人和城邦之间最有交集的德性，或者说公正是个人身上最具城邦特性（社群特性）的德性。《理想国》全篇以公正为讨

---

[1] 柏拉图，《格黎东篇》54D。

论主题，也是从个体和城邦的类比讨论公正，这意味着像《克里同篇》这样的对话主题在柏拉图的中晚期对话中得到了进一步展开。公正说到底就是秩序，公正这种德性就是为了建立秩序。然而什么样的秩序才能够合乎城邦公民所渴求的"好"或者善呢？这却是一个引起争论而且似乎不会有结论的辩论。有些人认为满足自己对财富的渴求是好的，也有人认为权力是好的，还有人认为满足性冲动是好的，当然也有人认为追求荣誉是好的。然而所有这些好有时候是对立的，有时候虽然能够协调，也可能只是暂时的。在柏拉图看来公正的城邦不应该存在冲突，好的城邦永远和谐，理想国是一个不会冲突的共同体。由此而论，有关"公正"的讨论就成了政治伦理的重要话题。

由于城邦事务比较复杂，组成人员和社会阶层众多，如果直接讨论共同体的公正就会裹挟太过复杂的辩论。为求简化，柏拉图以个体类比城邦，先讨论个体的公正，再讨论城邦的公正，让个体公正成为讨论城邦公正的预备。个体的公正旨在建立个体的秩序，个体的秩序则是让个体的欲求和活动始终符合和满足善好，即以善好为对象。柏拉图引入一种心理学模式，认为人的灵魂包含理性、激情和欲望三方面。相对于身体而言，灵魂是内在的人，身体是外在的人。对于柏拉图来说，人的秩序表现为内在的秩序，这样的人能够始终按照善好选择。如果这人不能够按照善好选择，他就会成为多头怪兽，因为灵魂很可能受欲望驱使，也可能受激情驱使。当灵魂受欲望驱使时，人所欲求的是利益；当人受激情驱使时，人所欲求的是名声或者说荣誉。欲求利益的人，会追求财物，不断地扩展他自身欲望的满足，贪欲无度。追求荣誉的人固然要好过求利的人，然而他们也完全有可能为求名而求名，置真正的善好于不顾。欲望和激情的欲求之所以不能够成为人的真正善好，是因为它颠覆了灵魂的秩序，有悖于公正原则。

就个体而言，要维持灵魂的秩序就需要让理性保持统治地位，由它来控制欲望和激情。希腊哲学所理解的理性与近代以后的理性观念差别较大。近代理性观念是工具性的，通常被解释为计算和判断能力。近代思想谈论一个人有理性时，是指这个人有计算利益的能力，能够选择对他自身而言是好的活动。希腊哲学则认为理性并非是工具性的，或者说工具性只是理性的附属功能。理性是目的性，理性就是善（好）。当希腊哲学说某个人有理性时，是说这个人总是能够合乎善（好）而生活。他人生的结果是"好"的，能享受幸福。有理性的人的选择（即对善的选择）造成了他的善（好）这个目的。这样的人一生都不会受恶的伤害，例如苏格拉底，他是一个有理性的人，他的选择由于始终合乎善（好），就没有受到恶的伤害。或许马上就有人说，苏格拉底分明被人诬告，被雅典人处死，这岂非已经受到恶的伤害？柏拉图的回答则是否定的，因为即使苏格拉底被处以死刑，他仍然没有受到恶的伤害。所谓受恶的伤害，是说如果苏格拉底的灵魂受恶支配，不合乎善（好）时，才会受恶的伤害。然而苏格拉底没有，他坦然无惧地接受死亡，深信死亡之后有更大的福祉。苏格拉底享有的是一种连死亡都不能够剥夺的自由。是的，有一种自由，就连死亡这种最大的恶都没有办法剥夺，更不可能有恐惧、焦虑、羞耻能够容身于他的灵魂。这样的生命是有福的，这样的灵魂由于受理性支配，能控制住欲望，使激情不成为欲望的煽动者，使他的选择合乎目的，使任何选择都与善为邻。理性的生活，是合乎善的秩序的灵魂，拥有公正的生活。

柏拉图把个体的公正类比运用到城邦，用它阐释城邦的秩序和公正的关系。柏拉图也认为城邦具有灵魂，这是城邦的公民所普遍渴求的善好。然而公民们渴求善好并不意味着他们懂得善好，就如一个人渴求善好的生活并不一定懂得善好，公民们对于善好有不同的意见。有些公民可能认为高福利是善好，如苏格拉底这样的公民则会称这样的雅典是匹跑不动的肥马；有些公民可能认为每个人享有提出动议国事的权利叫作善治；另外一些人则会批评说并非所有人都懂得治国之道，让那些不懂治国之道的人评论国事，有害于国家的利益。柏拉图认为正如个体的灵魂有理性、欲望和激情，城邦的灵魂也有理性、激情和欲望。城邦的理性灵魂是那些看见过真理的人，他们知道真正的道义和普遍的善，也能够把普遍的善最普遍地运用在所有人身上。这样的人能够真正地缔造公正的秩序，他们是统治者或者说哲学王。城邦的欲望灵魂是铜铁阶层，这些人只懂得耕作、制鞋和打铁，他们的灵魂无休止地被那些有形体的事物所支配，他们所寻求的也是那些有形体的事物。他们的灵魂寻求的是欲望，因为欲望寻求有形体事物，由于有形体事物有时间性和变动性，它们不断到来又不断丧失，灵魂也就不断经历到来和丧失，而灵魂也就始终匮乏。如果任由这样的灵魂支配城邦，那么这个城邦也会处在匮乏之中。处在匮乏之中的城邦绝不是善治的城邦，它将把城邦拖向毁灭的深渊。[1] 城邦的激情灵魂则是指卫士阶层，他们追求荣誉。如果欲望灵魂用荣誉激发他们，他们会助纣为虐；如果理性灵魂激发他们，他们则可以捍卫国家。如果城邦由理性灵魂（哲学王）统治，而欲望灵魂和激情灵魂服从理性灵魂，这个国家的秩序就合乎善好，是一个公正的制度。柏拉图认为这样的制度就是君主制和贵族制。如果城邦由欲望灵魂统治，激情灵魂助纣为虐，理性灵魂被驱逐出去，那么这个城邦不会有公正的秩序，僭主制、寡头制和民主制都属于这样的恶政。

柏拉图是一个精英主义者，主张精英统治。这本没有问题，实际上现代世界也是某种形式的精英统治，国家总统和元首也都是国家的精英。问题在于如何发现精英，或者说谁会是精英的发现者？又如何能够保证精英始终做

---

[1] 柏拉图，《理想国》415c。

到公正？柏拉图给出的理由未必充分。他认为透过类似于人事部门的层层选拔，透过漫长的教育，通过各个社会阶层和职业的历练，可以把精英如同沙里淘金一样发掘出来。然而如果一个城邦是由一些人的识别能力确定的，那么显然这个城邦维持公正性的可能面临危机。一方面即使最精英的人也未必完全值得信任，另一方面由于这些人高于法律之上，那么就很难说存在适用精英的公正。在这种情况下，谁保证精英们能够始终秉承公正原则？如果精英们不能够维持公正，那么公正又如何能够得到实施？这就如一个最有理性精神的人，他也未必能够每时每刻都维持理性，使之不受激情和欲望的挑战。一个最精英的人或者人群，也未必没有懈怠的时候，而激情和欲望则会伺机而入，好的政体则会倾覆。柏拉图显然也明白精英政治废除公正原则的风险，他倾一生的才智去筑防波堤，使城邦规避残蚀的风险，但他从没有想过要放弃精英主义的思路。

六 公正三论：秩序和差等

柏拉图所谓的公正是有差等的秩序。柏拉图认为人有差等，因为人的天赋本来就有区别。有的人适合做农民，有的人适合做工人，也有人适合当兵，还有人适合做统治者。这就是柏拉图所谓的金银铜铁理论。有些人生来就是黄金族，有些人生来是白银族，也有些人生来是铜铁族。柏拉图甚至提出他自身的"遗传"学说。黄金族生下的后裔也会是黄金族的，白银族生下的会是白银族，铜铁族生下的还是铜铁族。柏拉图也承认某种"变异"的存在，白银族有可能生下含金的后裔，铜铁族也会有类似可能。在这种情况下，负责为城邦选拔人才的（"组织人事部门"）就得把他们从各自的族裔中提升到黄金族或者白银族，不然的话，那些含金的白银族或者铜铁族和那些含银的铜铁族就会在他们自身的阶层中不服从于其所属的秩序，因为他们的天赋超出了他们所属的阶层，不能够发挥他们的能力，他们会觉得较低的阶层对他们不公正，导致变乱。[1] 所谓的公正，就是实施差等。一方面，各人应当各得其所，应当合乎其理性运用的限度；另一方面，他们又能够准确地认识他们自身，使他们的德性与他们的自我认知相符合。

这种柏拉图式的社会分层学说，显然基于天赋观念论，也表明人在某些方面的不可改变性。确实，柏拉图会说教育能改变某些人或者某个人，但这是他们天赋范围内的改变。假如一个人生而为铜铁族，是说他在天赋中有一种良好的实用理性能力即擅长实用性的、技艺性的园艺，然而他仍然有可能成为一个好的园艺师，也有可能成为一般甚至成为差的园艺师，成为什么样的园艺师取决于他的教育。如果透过教育让他发展出实用理性的能力，那么他会成为良好的园艺师；如果没有给予他教育，他可能就糟蹋了他的天分。教育带来的改变是天赋限制下的改变。教育不能够改变他的天分，教育只能够发展他已有的天分。这是柏拉图社会分层学说的前提。教育要适得其分，不能够把统治术教给低层的人，因为他们不具有天赋；如果他们获得统治术教育，那么他们不能够真正依据王道统治，反而是用欲望统治。这样，城邦崩溃的日子也就不远了，所谓"铜铁当道，家破人亡"。

有些学者把柏拉图这种差等的公正原则称为强者政治论，我并不认为这是准确的。柏拉图本人否定强者政治论。在《理想国》第一卷中，苏格拉底驳斥了主张强者政治的色勒叙马库斯。当然我们可以辩护说色勒叙马库斯是由于把强者公正单纯理解为"利益公正"，而柏拉图主张"理性差等公正"，柏拉图不过是另一版本的强者公正论者而已。需要解释的是，在"强者公正"这样的语词中，是只有强者才可以是公正的化身，公正本身则没有得到真正的说明。柏拉图所要说服的不是"强者"，他要说明的是"公正"。如果说柏拉图是主张强者公正，反而会掩盖柏拉图讨论公正的目的。其次，强

---

[1] 柏拉图，《理想国》415a—c。

者公正所包含的一个意思是，唯强者公正，即公正方永远只是统治者这个强者，然而从柏拉图的社会分层学说看来，每个阶层都有其公正原则。卫士这个阶层符合公正原则的是勇敢，劳作者这个阶层符合公正原则的是实用理性。统治者的公正原则就是公正。强者公正不足以说明柏拉图公正概念的完整性。柏拉图所谓的公正完全建立在理性差等的观念之上，因为天赋有差等，人的知道能力也就有差等。要让那些不同天赋的人在不同的阶层中充分展示出来，才能符合善好。如果某个人追求善好，那这个人达到了对自身公正。在这个层面上，柏拉图的差等理论可以称为"理性公正""天赋观念公正"或者"贵族公正"。柏拉图认为人的真正的高贵就在于他充分地展示他所具有的理性能力，按照这种理性能力行事为人。若把人身上的理性的高贵性发挥出来，则这个人就是高贵的。甚至以耕作为业的人也可以是高贵的。自然，他们所获得的荣誉要低于统治者，但是如果我们只把荣誉视为外在的善，那就不是柏拉图所重视的。

在差等的秩序中，公正本身没有差等，差等是相对于公正主体而言的。无论统治者、卫国者还是一般公民，他们都服从于公正。统治者不能够违背公正原则，他们只是比卫国者和一般公民更知道什么是适合于整个国家福祉的公正，统治者本人也要受普遍公正原则的约束，一如卫国者和被统治者一样。一般公民与统治者的区别只在于他们知道普遍公正的差别，统治者限制一般公民对于治国的普遍公正原则发表看法，或者说告诫一般公民他们并不真正知道普遍公正，他们所知道的是他们自身的技艺，他们应满足于他们生活的实用理性并服从于连统治者都要服从的普遍公正。统治者和其他公民在公正原则上只有知道的差等，而不是实践公正的差等。

柏拉图讨论差等公正的目的是要确定谁是真正知道公正的人，确定谁是治国者，从理性层面建立公正，从智性能力方面寻找统治者。雅典时代的希腊文明已经不同于阿加门农和阿基琉斯时代，后者代表的是部落文明，强者以勇敢者或者自然力的强大形象出现，以英雄的形象出现。对于阿加门农时代的人们而言，勇敢这种自然力是最重要的德性。雅典则是希腊理智和理性鼎盛的时代，这一时期的城邦共同体趋于复杂，城邦组织也远为精致。人对于城邦的组织不再依赖于种族和家族的基本单位，而主要依赖于文化以及人所受的教育。统治者必须具有说服他人的能力，他们所赖以说服他人的不仅是修辞能力，而且在于知道什么是适合于整个城邦的公正。统治者的最重要的德性不再是勇敢或者说勇力，而是人的理性和理智。人所受的教育能够帮助他理解城邦，建立强有力的国家。公正不再首先与勇敢相关，而是与理性或者与对公正的知识相关。这也是柏拉图的差等公正与强者公正的根本差别。在阿加门农式的强者公正论中，强者阿加门农本身可以不受公正的约束，他高于公正之上，公正只适用于平民，然而柏拉图的强者公正论则适用于统治者。以此而论，柏拉图的精英主义有其现代的价值。因为柏拉图式的公正并不赞同民粹主义式的公正，它要求保护精英的天赋能力，认为这是国家的基石。至于如何充分发挥平民的理智和理性，如何看待平民的公正，柏拉图做得还远远不够。

七 友爱

柏拉图主要讨论了公正、智慧、勇敢和自制四美德。除公正之外的其他三种德性，前面已经多少有所涉及。柏拉图也讨论过例如明智和幸福等德性，这里我们选择柏拉图早期对话中的友爱德性。这是因为友爱虽然在柏拉图的德目表中不占主要位置，却在其后思想家例如亚里士多德、伊壁鸠鲁、奥勒留和奥古斯丁的思想中成为主题。透过展示柏拉图的友爱德性，多多少少可以看出古代德性论的某些传统及其衰落痕迹。

柏拉图在《吕锡篇》中讨论了友爱，但是令我们现代读者失望的是，通篇讨论友爱却没有给出友爱的定义，也没有解释什么是友爱。这是柏拉图早期对话的一贯风格，通常都"无疾（结论）而终"。即使如此，我们仍然可以看到柏拉图对友爱的某些看法，或者可以看到柏拉图的"无疾而终"所可能包含的假设和逻辑缺陷。此外，这篇对话的叙事方式也可能独一无二，它以苏格拉底的讲述为始终。柏拉图的其他对话通常要么是第三人转述，要么由柏拉图直接作为陈述者，然而这篇对话却是由苏格拉底作为第一陈述人。再次，柏拉图所谈论的友爱指的是"同性的爱"，而不是一般意义上的友情，柏拉图之后的古代作家讨论的友爱则是现代意义上的友谊。这篇对话从吕锡和梅内格森诺这对情人的友爱开始讨论。

友爱始于朋友关系。在朋友的观念中，有爱者也有被爱者（准确地说，朋友不仅是爱者和被爱者，而且两个应该都是爱者，表现出互爱的欲求）。这样就出现了几种逻辑的可能性。第一种，爱者爱被爱者。在这种情况下，爱者是否与被爱者之间就有友爱呢？因为被爱者很可能不爱爱者，甚至恨爱者。我们可以说爱者认为他与被爱者之间有友爱，但被爱者不认为他们之间有友爱。如果友爱是双方的，那么单方的爱不是友爱，因为被爱者不爱爱者，不认为存在互爱。第二种，爱者的爱得到了被爱者，那么他们相互之间应该具有友爱？苏格拉底又设计了三种逻辑的可能性，并逐一检查它们是否成立。[1]

1. 同类的人之间会成为朋友。首先要排除坏人，坏人之间不可能成为朋友，因为坏人虽然同类，但是坏人相聚得越多，相互伤害和妨碍的敌意就会被激发得越强烈。这可以由坏人的特性得到推定，所谓坏人就是使坏的人，就是他忍不住要使坏。如果这样，坏人碰上所有人都要使坏，而使坏的

---

[1] 以下参看柏拉图,《吕锡篇》212a 以下。

人之间相互敌视,他们成不了朋友。可见,同类的人之间成为朋友,指的是同类的好人。同类的好人会成为朋友,是因为好人是对别人做有益事情的人,那么这样的人会成为朋友。然而,好人是自足的。要注意柏拉图对"好"(善)的理解,凡是善的都是自足的。如果这个"好"不自足,它就有所缺乏,缺乏不是好的。如果好人需要朋友,而需要意味着缺乏,那么他就不是好人了。可见,所谓同类的好人之间存在友爱是不确切的。而且日常生活中,好人似乎还相互敌对。例如陶工与陶工之间相互竞争,歌手之间也如此。说友爱存在于好人之间是不确切的。

2. 相反的人之间会成为朋友。相反的人指一方缺乏,另一方富足。缺乏的一方对富足的一方会产生友爱。按这逻辑,越对立的,就越会产生友爱,相异者相成。例如病人会对医生产生友爱,因为病人需要医生的治疗。然而,按照这种逻辑,友爱就成了敌人的朋友或者朋友的敌人,公正成了不公正的朋友,自制成了不自制的朋友,善成了恶的朋友。这显然不会得到任何有知识的人的认可,也不会得到没有知识者的认可。可见,说友爱是相反之人的事也不成立。

3. 不好不坏的人与好人之间会成为朋友。世界上有的事物是好的或坏的,也有事物是不好不坏的。不好不坏的事物指自然的事物,例如身体就其是身体而言,它是不好不坏的。但身体如果是好的,那么它是自足的,这个时候它不会与医生成为朋友;如果身体是有病的,那么它需要医生的帮助,但如前面所证明的,病人和医生之间不一定会成为朋友。不好不坏的身体是什么意思呢?它指的是身体被它自身包含的坏显现出来之前,也就是说它处在潜能状态。如果坏已经完全显示了出来,那么它就是一个病人对医生的关系,在这种情况下它们无法成为朋友,因为坏不可能对好表示友好。但是在坏还没有成为坏时,这种类型的坏会使它想要好,因为此时的坏还没有剥夺想要好的愿望,才对好的事物表示出友爱。因此不好不坏的事物由于坏的出现而对好的事物表示出友爱。

这个推论仍然有问题。因为一个人成为另一个人的朋友既有动机也有原因。从原因角度看，友好针对朋友；从动机角度看，友好针对敌人。不好不坏的人，从原因角度看他需要一个好（即需要朋友），从动机角度看，则是由于坏的出现，需要针对敌人。然而当我们说某人因为朋友的原因成为朋友的朋友时，那也就是肯定了同类人可以成为朋友。但是在第一种情况下，我们已经证明无论同类的好人还是同类的坏人，他们都不可能成为朋友。然而当我们说不好不坏的人与好人之间会成为朋友时，则在使用逻辑的不可能性，因为不好不坏的人会与好人成为朋友不可能。

柏拉图最终没有给出友爱的定义。他试图从纯粹理性回应友爱，却没有得到结果。这也说明友爱至少不是单纯理性范围内的德性，不可能如定义公正那样单纯地使用理性，友爱并不单纯是理性原则。对此，亚里士多德有更清楚的认识，他认为友爱是一种特殊的德性，它不以公正为原则。友爱越深的人，不公正性越大。因此，亚里士多德把友爱放在伦理德性和理智德性之外。柏拉图似乎还没有意识到这一点，这也是他用单纯理性的方式无法描述友爱的原因。

第三节　政治哲学

一　哲学与城邦的爱欲

柏拉图最关注的是政治哲学。如果说柏拉图对话集相当一部分是以伦理学和形而上学为主题的话，那么它们也都潜在地相关于政治哲学，或者说生活的共同体意识。共同体意识是柏拉图对话的哲学意识所在，它所处理的是人们的共同体关系，属于政治哲学的话题。希腊人所谓的政治就是城邦，共同体指不同个体的共在关系。众多个体的共在关系形成城邦，在这个意义上说,城邦并非单纯的实体意义,更指共在关系。当柏拉图讨论政治哲学时,他并不是在讨论城邦或者国家的疆界、城墙等有形体的物质,而是在讨论所谓的公共空间即希腊人经常使用的逻各斯。逻各斯的基本语义是话语,人究其实质而言乃是语言的存在,人透过话语的交锋、妥协,形成共识,建立一个彼此有距离同时又相交集的空间。共在关系透过话语首先呈现出来,最终也透过话语辨析彼此的差别及好恶。政治哲学探究人共在的可能性、共在关系的样式和维持方式等。

柏拉图意识到人的共在蕴含着紧张关系,尤其表现在平民和精英的关系。由于平民和精英之间很难形成共谋关系,他们之间无法掩饰彼此的距离,无论语言谈吐、仪式、行止还是生活方式,他们都表现出巨大的甚至无法弥合的差距。柏拉图把这种共在关系归纳为哲学与爱欲的冲突,洞喻是对冲突的丰富呈现,他也用"哲学之死"描述这种共在关系的悲观处境和可能结果。柏拉图说虽然就天分而言,有的人天生适合于学习哲学,并能够成长为哲学家,然而由于他生活在洞穴里面,里面的人天天叫嚷的都是功名利禄,四周洞壁引发的回声引起更震耳欲聋的声音,即使那些天生而为英才的人也会逐渐死去。他们即使没有堕落成为洞穴人,其哲学探究之心也已经泯灭。在这种隐喻性的说法里面,哲学代表的是精英,洞穴人指的是平民,平民的叫喊和回声代表他们的爱欲。平民政治的共在关系就是压制精英的追求,他们不允许精英有超出平民自身层次的表达和追求,使得共谋关系向平民的爱欲臣服,平民以此获得对共谋关系的主导权。在这样的公共空间里面,不会有精英在场,换言之,也就没有理性在场,有的只是爱欲。

苏格拉底的命运正是这种公共空间里面紧张关系崩溃的表现。苏格拉底以为他秉承神谕守护哲学、践行使命,像牛虻那样反复地叮咬雅典这匹肥马。在这个比喻里面，肥马指的是雅典的城邦及人民，苏格拉底在生活中与他们共享空间，却又是他们的批评者。然而苏格拉底不能与他们共享"好"城邦的观念，他们在政治层面上不具有公共性，以至于苏格拉底不断激起雅典人对他的愤恨。在理想城邦或者说好的公共空间上，哲学家与雅典平民之间存在激烈冲突，导致苏格拉底的被处死。这个紧张的主题在柏拉图的其他对话中（例如《卡尔弥德篇》和《理想国》的洞喻）反复再现。"洞喻"指出那个从洞穴中逃离出来，又回过头去解放洞穴中人的解放者必定会被洞穴人处死，因为那些平民不能够真正理解真理。基于这样的考虑，柏拉图意识到哲学王为了维持与平民的共在关系，必须使用所谓的"哲学的谎言"。哲学王要想维持一种公共空间，又不至于燃起平民的爱欲之火，那么只能用谎言的方式获得平民们对真理的支持。在政治里面，缓解紧张关系的重要路径是以平民所能理解真理的方式建立哲学王所要的共谋。

《理想国》把精英与平民、哲学与爱欲的共谋称为"团结"。[1] 柏拉图从爱欲层面先行描述了理性如何能够与之共谋，这就是所谓的社会福利制度。要使希腊人、雅典人能够团结，得先提供给他们享受终生的社会福利。希腊人不能够让同一种族的人沦为奴隶，这不符合公正原则，因为他们本是同一族裔的人民；对于功勋卓著的人物，要给以荣誉，按时祭扫他们的坟墓，敬崇他们如同神明；要实行共产制度，把儿女孩童从小都交由城邦的机构抚养，避免人们因财产纠纷而争执；要尊敬所有人的父母，照顾、服从和尊敬他们。这个城邦的纽带是团结的人民，他们同甘苦、共命运，总是能够发出一致的声音。一个团结的国家就如一个有机体，如同一个人，如果他的手指受伤了，他身体的其他部分也会觉得痛苦。同样，一个国家的人民也是如此，

---

[1] 柏拉图,《理想国》462b、469c。

如果其中一个人受苦了，其他人也会觉得痛苦；如果一个人享有某种快乐，其他人也会觉得快乐。"任何一个公民有时有好的遭遇，有时有坏的遭遇，这种国家很可能会说，受苦的总是国家自己的一个部分，有福应该同享，有难应该同当。"[1]这是哲学为了获得爱欲的同谋、精英为了获得平民的支持所采取的政策。

哲学与爱欲的同谋不是为了激发爱欲，而是要限制爱欲。精英之满足平民，并不是要催生平民的进一步欲望，只是满足平民的基本欲望，即生老病死所应该得到的保障，生儿育女有国家抚养，患病有国家治疗，老有国家所养，死有国家安葬。但是所有阶段不允许有奢侈消费，因为国家并不是为了人民的快乐，而是通过限制快乐，使人民获得幸福。幸福不是爱欲的满足，而是理性的自足。这是柏拉图在社会保障和奖惩制度中把荣誉放在很高地位的原因，至少它高于快乐。由于快乐源于爱欲的满足，是一种求利的渴求，需要限制；荣誉是相对于激情的求胜渴求，相对于求利，激情更具公共意识，也更容易共谋，它与求利原则的排他性明显不同。因此柏拉图把荣誉放在更高地位，因为它容易激发人们的共谋，形成国家团结。然而这不是哲学的目的。哲学的目的在于激发人们渴求理性，面向智慧。在智慧的教导下，灵魂的所有部分寻求统一，寻求它们得到满足的源头，就如所有的肢体要服从大脑的指挥，只有在统一指挥下才能够真正协调，国家也是如此。由于欲望因个人不同，它不能够成为团结的基础；荣誉可以有它的公共性要素，然而它仍然不能够达成所有人的共谋；只有理性才有可能真正形成一，使多服从于一。政治的公共性应该建立在理性之上，只有在理性基础上的团结才可能造就理想的国家。

---

[1] 柏拉图，《理想国》462d-e。

二 爱欲与城邦的政制类型

理想的城邦以理性为唯一基础，所谓理性在于排除了所有类型的爱欲。理性之外的选择则都包含着爱欲，爱胜和爱利是理性之外的两大爱欲类型。爱胜是激情这种情绪的特征，爱利则是欲望的特性。如果某个城邦受这两大爱欲的支配，城邦会失去理性的引导，导致公民们不再遵循良好的价值秩序。在此情况下，理想的城邦就会分崩离析。柏拉图根据城邦的人格类型，渐次描述了理想城邦的解体情况。

除理想城邦外，城邦的政制依次可以分为荣誉政体（斯巴达和克里特城邦所建立的政体）、寡头政体、民主政体和僭主政体。这四种城邦政体有四种不同类型的人格，对应了四种不同类型的爱欲。政体的演变与爱欲的种类息息相关。在柏拉图而言，不同类型的爱欲在某个城邦里面的生长和发展情况，养成不同类型的城邦政体，柏拉图有关城邦政体的分析正是以人性分析为基础。《理想国》在个人与城邦之间进行类比开始，也以个人与城邦之间的类比结束。在《理想国》第二卷，苏格拉底说，为了检查一个城邦的公正，不妨以一个人身上的公正的养成为分析样本。在《理想国》第八卷，苏格拉底回归这种分析方法，但是他将这种分析方法颠倒了过来。他透过分析城邦的德性的养成及其丧失，透过分析城邦爱欲的成长及其对城邦的统治，来分析某种爱欲如何成为统治者的观念，成为他们的价值倾向，进而分析其统治者的品性。

柏拉图指出，任何政治制度都非横空出世，"政治制度是从城邦公民的习惯产生出来的，习惯的倾向决定其他一切的方向。"[1] 与贵族政治或者好人政治相应的是善者和正义者，它完全以理性为基础，其他制度则在逐渐地偏离理性，并且不断加大对理性的偏离。越是不好的政体就越偏离理性，寡头

---

[1] 柏拉图，《理想国》544d–e。

政体要较荣誉政体偏离理性，民主政体要较寡头政体偏离理性，顺次而下，僭主政体最没有理性。政治由习惯养成，分析习惯的变化就很重要。由于政治制度的变动全都是由领导层的不和造成，那么分析领导层习惯的变化则是政治制度分析的开始，也是政治制度分析的核心。

柏拉图从荣誉政体开始分析城邦的类型。这种政体不敢让有智慧的人执掌国家的权力，在这一点上它不同于贵族政体。它也不像寡头政体，因为后者的权力完全由富人掌握。荣誉政体介于贵族政体和寡头政体之间。它选择勇敢者即那些单纯而勇敢的人统治国家，这类人不适于和平之治，更适合于战争。这类统治者把大部分时间花在研究战争和发动战争上。他们专门从事战争并且用战争来捍卫国家。由于战争意味着不和与冲突，这类统治者实际上蕴含了不和的倾向。统治者集团内部分成两派：一派倾向于私利，另一派倾向于美德和高贵。为了维护统治，他们相互妥协。他们透过分割财产和奴隶建立他们自己的统治，原先他们的朋友反倒成了他们的奴隶。这些勇敢者原先是保护国家和人民的自由的，现在他们成了奴役自由的人。由于他们所做的这一切都是以保护城邦和国家的荣誉为名，他们看起来像是追求荣誉，而实际上他们又在私下里在密室中分配利益。这类制度的爱欲的特性是好胜，也就是爱荣誉。

寡头政体是依据财产资格建立起来的制度。在这种政体中，统治者规定最低的财产资格，允许具有某种程度财产资格的人成为统治者，不具有这种财产资格的人则成为被统治者。人们爱的是财产，爱财产胜过爱荣誉，这成为寡头政体的爱欲根源。这样的城邦其实又是两个城邦，一方是富人的城邦，一方是穷人的城邦。他们生活在一个城邦中却相互敌视。富人们由于越来越看重财富，也就越来越轻视善好，他们爱财富胜过爱善好。这样，好胜的人就成了求利的人，穷人的财富就越来越为富人剥夺。他们相互筹划着如何阴谋对待对方。富人允许人们出卖自己的产业，把穷人的产业据为己有；

穷人则分为两种，一种是天生能飞但没有刺的雄蜂，一种是天生能飞又有刺的雄蜂。前者沦为乞丐，后者专干坏事。无论富人还是专干坏事的穷人，理性和激情都让位于获利的欲望，只有财富才成为人的荣耀。

民主制自寡头政体演变而来。那些在寡头政体中变得富足的统治者，他们的后代由于纵情于各种欲望，无所用心，四体不勤，逐渐成了十足的懒汉。穷人失去了对他们的统治者的畏惧感。战争时，如果一群穷人士兵与一些白白胖胖长相富态的统治者后代并肩作战，穷人士兵会产生取而代之的想法。这种城邦党争即富人和穷人战争的结果将以穷人取胜而告终。一旦穷人取得政权，城邦就会成为为所欲为的所在，这里的人民和统治者具有最多样的性格。如果他们不愿意服从命令，他们就可以不服从命令；如果有人要求和平，但是有人不喜欢，他可以要求战争。因此，民主制度践踏高贵的理想，整个城邦被轻薄浮躁的态度所充满。生活在这种制度里面的人们，分不清什么是必要的欲望和不必要的欲望，他们的心灵受制于各种欲望，拒绝各种各样的德性。他们把自制称为怯懦，把适可而止和秩序称为低贱，把所有德性驱逐出内心。他们称傲慢为有礼，称放纵为自由，称奢侈为慷慨，称无耻为勇敢，完全听凭欲望的驱使。

由于民主政体极端放纵欲望，在极端的自由中会产生极端的奴役。僭主制正是一种极端的奴役，它产生自极端自由的民主政体。在民主政体里面，会产生一批啸聚在一起的浪费之徒，他们中间有的比较弱，有的比较强，而其中必有一个强悍之徒，这就是所谓的雄蜂，或者说人民领袖。他控制着那些轻信的人民，他诬告别人，流别人的血或者将他们流放国外。在最初的阶段他会要求人民允许建立一支军队来保护人民，早期的时候会满脸堆笑讨好人民，大权在握时又会消灭政敌和发动战争，让人民为他的战争付出代价。凡城邦中具有自由思想倾向的人，他都将他们灭于萌芽状态。人民会发现自己刚跳出火坑又入火坑，因为此时的国家在一个人的欲望之下，而民主政体不外乎是众人欲望的满足。

三 为何是君主制？

排除了荣誉政体、寡头政体、民主政体和僭主政体之后，君主政体就成了最后的也是最理想的选择。如果说君主政体之外的所有其他政体中都掺杂着激情和欲望，那么君主政体就是完全合乎理性的政体。现代读者容易把君主政体误解为城邦或者国家由某个皇帝实行统治，柏拉图的真正意思则是唯德性的城邦才能够配称为君主政体。君主和德政之间存在对应关系，有最高德性的人才能够被称为君主。君主政体也就是德性政体。

《政治家篇》明确地指出德性高于法律。城邦的法律取法于统治者的德性，统治者却无法律可以效法。也可以说统治者是"无法无天"的人。法律为无德性或者德性有缺乏的人设计，这些人为欲望所控制，不听从于善的说服，那么能够说服他们的就只有惩罚。法律属于惩罚的范畴，《政治家篇》把法律称为国家的"纬线"，因为它们属于外部的限制，是欲望不能够超越的"身外之身"。法律不是统治者最终的选择，因为它所实施的教育指向有限的德性。它只让人明白什么不能够做，它是强迫性的，在人则是被动的。柏拉图之所以没有把法律作为城邦的第一原则，在于他认为善和理性都不应该属于被动的事物。人们不应该是在被动的状态下选择善，因为在被动状态下选择善已经是次善，而不是至善。在被动状态下选择善，已经表明人与善之间存在张力。理想城邦不应该是一个具有张力的城邦，不应该存在任何潜在的冲突，哪怕这种冲突只存在于个人身上。正如柏拉图分析政体演变时注意到的，个人身上的张力会发展为一个城邦的张力，以至于颠覆城邦。柏拉图也注意到，并不是所有人都能够处在善的主动状态之下，有些人必须被法律奴役才能够享受善的美好，因此法律仍然必要，尤其对于被统治阶层，法律仍然是普适的、刚性的、有效的。透过这样的限制，让善成为一个有限的事物呈现于人们的眼前，使人们尊重城邦和他人的益处。

能够体现善的主动性和主体性的是德性，德性是城邦的经线。纬线是横向的，经线是纵向的。纵向的经线是横向的纬线的前提，因为作为纬线的法律条例依据人的不同德性状态而有所分别。例如对于那些工商业者和农民，他们的德性处在较低层面，那么对他们所制定的法律也要适切于他们的德性；士兵或者说卫国者的德性可能处在较高层面，那么对于他们所制定的法律则也有相应的层次。法律的制定以德性的自我实现为前提。在最高层面即那些统治者，他们已经具有最高的德性，他们已经是法律必须以其为前提的第一原理，所有法律就都不足以能够成为对于德性的阐释，也就不会有可以与其匹配的法律。这样，具有最高德性的人就不受法律的限制，反而他是法律的根源。德性是法律的前提，存在着一种不受法律限制的自由。这种自由就是统治者完全以善为内容的自由。他的行事和思虑都满足善的属性，善就始终实现在他身上，或者说他完全是善的主体。作为君王的统治者体现了善的自足性，是立法者，他之立法完全体现了善，所立的法律是善的具体化，只是立法者没有任何的私欲。

君主制的重点不在于统治者的人数，而在于它是德政。德性表现为幸福感，幸福指的是自足。君主制是一种幸福的政治，这与所谓的快乐的政治相反。《政治家篇》竭力说明幸福与快乐的区别，《斐利布篇》对此作了专门讨论。然而《政治家篇》更清楚地呈现出政治与幸福的关系，也更清楚地呈现出政治与快乐的关系，目的在于说明君主制是最好的选择。当把国家的政体表达为政治与快乐的关系时，最好的情况是法治，因为法律限制过度的欲望。然而通常情况下，如《理想国》在谈论政体变化时所显示的，法律无法限制快乐的放纵，导致政体向着最坏的方向变化。其中的原因是，快乐这种冲动并不具有自足感。举例子来说，一个人的年薪原先是30万，被加薪到

40万时他感到很快乐。然而当他知道他的消费或者别人还有超过他的时候，他的快乐感消失了，他渴望能够加到50万。快乐感在于它匮乏的暂时满足，任何快乐都不能够持续，也没有它所能够抵达的目的。举凡快乐的冲动都不是因为事物自身的缘故而去追求该事物，例如他不是因为学术本身的缘故而追求学问，而是为了高薪的缘故去追求学问。在快乐的政治中，政治也会被它的不自足感驱使，导致政体不断变化。幸福的政治却非如此。幸福的政治是一种具有自足感的政治，因为幸福是自足，它不是从外部去描述它自身，例如它不是以20万、30万、40万或者100万描述它自身，它是用它原本所追求的事物本身来描述自足。举例来说，如果一个人追求的是学问，这个人就会因着学问本身的缘故而幸福。他可能因为追求学问没有很高的薪酬，然而他在学问探求中获得了幸福；他可能因为他的学问没有受到器重而被人冷落，他仍然因着自身在学问中的寻求而幸福。

这种因着事物本身的缘故而获得的自足感就是幸福，它是真正的德性政治。因为当这个人这样做时，外部事物与他不产生关系；而当这样的人从事政治时，他也不会把财富、荣誉、异性和地位等视为幸福的指标，因为自足感既不增加也不减少。当这样的人执掌国家或者城邦的权力时，他就会以从事政治本身为目的，由于政治造就城邦的福祉，他也就以城邦的福祉为福祉，而不考虑他个人的得失。这种政治，或者说在政治与幸福之间建立起真正关联的政治，在柏拉图看来，就是君主政治。

从事君主制政治的人，是因着政治自身的缘故从事政治。而所谓的政治自身，指的是城邦的幸福（福祉）。君主制的统治者，不会从城邦的幸福之外获取幸福。这也意味着，君主制的统治者不会把荣誉作为自己的幸福，不会因别人的毁誉动摇他们对国家的治理，这样君主制就不会演变成斯巴达式的荣誉政体，因为后者为荣誉而生活，导致统治者受激情控制而偏离理性。同样，君主制的统治者也不会为城邦幸福之外的自身利益而从事政治，他们不会消费过度,也不会欲求过度,他们从事政治从不考虑这些,这样君主制也就不会演变成寡头制或者民主制,更不会演变成僭主制。后三种政体,追求的都是个人的物欲以及由此带来的快乐感,以致导向不自足的生活。君主制的最大特征是因着幸福这种最高的德性造就城邦和人民的品格,引导人民都追求幸福。既然君主制城邦已经达到了幸福,君主也用这种幸福的自足感教会人们享受幸福,他们就不会再生活在匮乏之中。这样的城邦历经时间的洪流不至于淹没,它是永恒之城。[1]

四 哲学王:一种修辞?

君主制的重心在于君主,也就是柏拉图所谓的哲学王。哲学王是谁?哲学王是只听从内在声音的灵魂,是内在的人,是永远保持着直立向上姿态的灵魂。《理想国》的结束语可以表明柏拉图对这种灵魂的最终看法:"愿大家相信我如下的忠言:灵魂是不死的,它能忍受一切恶和善。让我们永远坚持走向上的路,追求正义和智慧。这样我们才可以得到我们自己的和神的爱,无论是今世活在这里还是在我们死后(像竞赛胜利者领取奖品那样)得到报酬的时候。我们也才可以诸事顺遂,无论今世在这里还是将来在我们刚才所描述的那一千年的旅程中。"[2] 哲学王被描述为永远向上的灵魂,他坚持走向上的路,无论受到什么样的困苦,都不会须臾离开善。他的灵魂也永远保持着理性,柏拉图把永远让理性做主的灵魂称为听从神谕的灵魂,其榜样当然是苏格拉底。如同苏格拉底在面对雅典人申辩时所说,他只听从神向他内心说的话,而这话就是神委托给他的哲学事业。他不因自己的贫穷,不因别人对他的诽谤,不因雅典人判他死刑而有丝毫的妥协,不会产生焦虑、恐惧和虚无感。他深信他这样死去是履行神谕给他的嘱托,他也由此深信因着这样

---

[1] 柏拉图,《理想国》594d。
[2] 柏拉图,《理想国》621c–d。

神明般地面对死亡，必在死后享有不朽的幸福。在这里，哲学王或者说不朽灵魂的向上特性得到了最鲜明的呈现。任何外部的事物，任何在普通人看来都可能威胁到生活快乐感的东西，对于他而言，都如同无物。他内心永恒的福祉是哲学事业，或者说唯有哲学才是这个世界上穿越千年的神谕，它时刻响彻在苏格拉底耳边。

哲学王，这个直立的灵魂，面向理念世界。理念是哲学王的知识论基石。《理想国》用大量篇幅描述了哲学王的受教育过程，教育时间一般持续十年。哲学王先受体育训练，使体魄强壮，掌握保卫城邦的战术和战略。再者是音乐的训练，当然是励志的音乐，使灵魂专注于城邦的利益。然后哲学王接受天文学、算术和几何训练，使眼光从这个世界转向更高世界。天文学训练使哲学王的眼睛离开地面世界，得以仰望星空。对于柏拉图来说，天文学训练使哲学王的眼睛从凝视太阳落在地上的影子转而凝视真实的太阳。由天文学到数学训练，则使得灵魂从对可见世界中的太阳的凝视转向对无形体之光的凝视，因为数学包括算术和几何都指向无形体事物，无形体事物由于超出了形体性，它的真实性就不受时间限制，也更加真实。最后哲学王将转向理念训练，接受辩证法教育。辩证法是不依赖于任何假设的知识，也是完全自由的、绝对的知识。在哲学王的知识教育中，可以清楚地看到哲学缔造了灵魂的转向，知识是修身，它引导灵魂面向与现象世界不同的世界，确保哲学王拥有最终的、本体的自由，不被欲望和激情败坏。

从知识教育与修身关系来说，哲学王的训练也是一种德性训练。从哲学王所经历的教育来说，哲学王因为受体育训练，他具有卫国者的勇敢；哲学王所受的天文学和数学训练使他具有自制的品性，因为受数学这类知识训练的人，他们看见的是无形体的事物，他们用理智来约束心灵，用理智约束感觉，灵魂不会优先选择快乐，灵魂甚至不会把快乐作为选项，因为快乐这种感觉与理智和理性矛盾。由于哲学王上升到理念世界，他们具有从整体去设计国家秩序的智慧。唯其如此，哲学王要比一般百姓们更加清楚什么是真正对于他们的善好，他用真正的好引导城邦的人民。也由于哲学王明白什么是真正对百姓的好，能够做到公正，或者说唯有哲学王才能拥有公正的品性。可见，哲学王拥有柏拉图所谓的四大德性：公正、智慧、勇敢和自制。公正用于城邦的整体设计，智慧用于引导人民面向真正的好，勇敢能使哲学王真正成为国家的统帅，自制则使哲学王以俯视的姿态面向现象世界。

自然，浅白地看，柏拉图所谓的哲学王是一种人治，是精英政治的浓缩表述。那么柏拉图的本意是否就如此简单呢？人类思想史中涌现过种种人治的方式，并且在仍然延续着的人治政治中，却未必会被柏拉图首肯。这也意味着柏拉图未必同意把哲学王概括为人治政治。柏拉图的本意毋宁说是真正的政治必须根基于哲学，政治应该是哲学发展出来的向度，而哲学就其本质而言乃是追求智慧的学问，如同亚里士多德所说，是以自由为其目的的学问。哲学在于缔造自由的心灵。举凡意在权力、金钱、荣誉等有形事物的活动，都束缚了心灵的自由，都有违于哲学的追求。当政治根基于哲学时，也就意味着好的政治并不是以"谁"来统治为标准，而是以达到什么样的目的或者是否达到了这样的目的为标准。哲学王政治仍然可以是自由的政治，是一群不受外物奴役的人的政治。在这个意义上，"哲学王"这个语词反倒不是我们所以为的"实体"，即不是某个人或者某群人，它反倒是一种"修辞"。柏拉图用它来说明政治的本源，一种基于自由的社群活动。以此而论，当我们去理解柏拉图的精英主义时，就不应该横加鞭笞；或者这个熙熙攘攘的世界总有人说他们是在秉承柏拉图的哲学王政治，然而他们真的会得到柏拉图的认同吗？

五 政治的"神谕"和对话的"诗学"

前面已经叙述了柏拉图思想的主要内容，很容易看出他在处理许多思想之间的张力。柏拉图的各种对话录就腾挪在这些张力之间，尽展其思想的复杂性，在某种程度上也可以说柏拉图的思想包含着巨大的解释空间。

首先是在政治、哲学和诗学之间的张力。毫无疑问，柏拉图把哲学作为人类知识的最高典范，他称哲学生活高于政治生活。这便成了希腊哲学家的口号，亚里士多德也曾这样重申过，此后的伊壁鸠鲁、斯多亚学派、犹太人斐洛和基督教的柏拉图主义者都称沉思的生活才是幸福的生活。所谓沉思生活就是哲学生活，是为了纯粹的好奇寻求智慧的根源，沉醉于知识的惊喜，呈现享受的自由，一种作为目的的自由。政治的生活则会牵制于外部的事务，使心灵不能够没有旁骛地生活，以致生活成为沼泽之地。这也是深受柏拉图主义影响的犹太思想家斐洛对世俗事务的抱怨，认为它使心灵失去能够享受的自由。在思想家中，唯有西塞罗才会说哲学生活就是政治生活，尽显罗马之不同于希腊思想的方面。无论如何，柏拉图用一种高过政治的哲学生活，显出生活和智慧的纯粹之善。然而柏拉图自己也意识到，一个真正的智慧者，他仍然对他的共同体（城邦）有着一种责任，就是要下降到所谓的洞穴。下降到洞穴有悖于哲学生活，然而哲学家仍然必须讲政治，这是因为任何人都是复数的自我，因为他身上总有着其同胞的身份。就此而论，哲学必不能够离开政治，政治也必然会让哲学家从自由的处境中跌落于尘世。显然，这种哲学与政治的张力、出世与入世的矛盾、自由与权力的对抗，成为柏拉图对话录中政治与哲学的无法摆脱的主题。

类似的张力还表现在哲学和诗学之间。柏拉图宣称要将诗人逐出理想国，是因为他们用不适当的语言、用滥情的描写败坏青年的心灵。诗学对于城邦乃是不适宜的一种知识形式，不是一种合乎善的生活方式。哲学对于诗学的战争,正是理想国的哲学王对于现象界之王的战争,是诸神对于巨人的战争。然而柏拉图本人却又以对话写作,甚至常常不惮于用神话和寓言的诗学形式表达理性说服力的短板。在柏拉图而言,诗学似乎更具有一种命令的形式,诗或者神话的命令形式似乎更能够实施哲学王的治国之道。这就很有意思了,诗学似乎获得了更高程度的真理意味,《会饮篇》则表达了这种真理意识的审美觉知。柏拉图所意愿的哲学即理性之道在此与它的表述形式即对话和诗学的况味,似乎构成了一种冲突关系。

柏拉图哲学的这种身份张力,即在哲学家、政治家和诗人之间的选择焦虑,根源于柏拉图对真实性理解的张力。哲学面向真理,哲学以真理为探究的目的。所谓的真理其实就是真实性或者真实,也就是这个事物的是其所是。然而什么是事物的是其所是呢?是这个事物所呈现的某个时刻,或者是这个事物所经历的所有事物的总和,或者是那个存在于该事物所有时间经验中不变的东西?哲学探究的这种真实性,对于所有人都极端重要,因为唯有借助于这一追问,人才能够知道自己的身份。我们不能够没有身份而生活,因为在我们没有身份的时候我们无法选择生活的方式,我们也无法选择居住、食物和工作,我们也就无法生活。真实性问题就是人的身份问题,我们的生活不可能有片刻离开真实性。然而在哲学的追问之下,真实性的呈现似乎成了问题。如果人是在某个时刻中寻找真实性,那么下一个时刻是否依然是"你"?因为下一个时刻的"你"可能与前一个时刻的"你"不同。同样,如果真实性由该事物的所有时刻构成,那么在死亡到来之前,该事物是否就没有身份?如果在死亡到来之前该事物没有身份,那么该事物又如何存在?在现代西方,这个问题成了存在主义的苦恼意识的内容。柏拉图如何克服这种张力的呢?他认为那个不变的东西支撑着所有时刻的经验,生活需要从时间性的生存中寻找不变的形式,那不变的形式是人须臾都不能够离开的真实性。柏拉图试图以理念拯救现象，以不变的存在拯救千变万化的生存，以哲学的统一性拯救政治和诗学生灭的瞬间。这种张力成为柏拉图哲学终其一生的难题，因为如果哲学可以胜任这样的救助之道，苏格拉底为何又被雅典人判处死刑？如果哲学胜任这种责任，为何柏拉图从青年写到晚年，为何快乐所驱使的欲望仍然是雅典的威胁？反过来则可以问，如果哲学都不能够胜任这种责任，那么还有什么知识可以胜任？

当然，柏拉图哲学的种种张力也是人类生活的张力。在人类生活共同体中总是充满冲突，也激励人们持续地寻找冲突的解决之道。而像柏拉图这样的思想家，他们认为一切的生活冲突都是思想冲突的结果，也是自我冲突的结果，因此必须先要消解思想的冲突，呈现真实性，始终按照真实性生活，这是捍卫人类脆弱命运的重要路径。柏拉图毕生都在寻求这种源于思想的福祉，并深怀着这样的信念：对真理的思想能够成为人类生活的共同方式，能够塑造一个不再引起冲突也不会再有冲突发生的人类生活共同体，摆脱命运的牢笼并享有神明的自由。

附　精深阅读导引

一　有关第一节的精深阅读

1. 关于柏拉图对话风格的探讨，可参见 Frede, Michael, "Plato's Arguments and the Dialogue Form," in *Oxford Studies in Ancient Philosophy*, Supplementary Volume 1992 (Oxford: Oxford University Press), 201–220. Griswold, Charles L. (ed.), *Platonic Writings, Platonic Readings* (London: Routledge, 1988). Kahn, Charles H., *Plato and the Socratic Dialogue: The Philosophical Use of a Literary Form* (Cambridge: Cambridge University Press, 1996). Rowe, C.J., *Plato and the Art of Philosophical Writing* (Cambridge: Cambridge University

Press, 2007).

2. 关于辩证法，学者常将它与历史上的苏格拉底的助产术相联系，比如 Robinson, Richard. *Plato's Earlier Dialectic* (Oxford: Clarendon Press, 1953). Stokes, Michael C. *Plato's Socratic Conversations: Drama and Dialectic in Three Dialogues* (Baltimore: Johns Hopkins University Press, 1986). 对柏拉图辩证法的讨论则与后期对话中的"划分与综合"密切相关，可参阅 Ackrill, John. "In Defense of Platonic Division." In *Ryle: A Collection of Critical Essays*, edited by Oscar P. Wood and George Pitcher (Garden City, N.Y.: Anchor Books, Doubleday, 1970), 373-92. Moravcsik, Julius M. E. "The Anatomy of Plato's Divisions." In *Exegesis and Argument: Studies in Greek Philosophy Presented to Gregory Vlastos*, edited by E. N. Lee, Alexander P. D. Mourelatos, and R. M. Rorty (Assen, Netherlands: van Gorcum & Comp., 1973), pp.324-48. Gill, C., "Afterward: Dialectic and the Dialogue Form in Late Plato", in *Form and Argument in Late Plato*, C. Gill and M. M. McCabe (eds.)(Oxford: Clarendon Press, 1996.), 283-311.

3. 关于灵魂不朽的问题，《会饮篇》是学者们较常研究的文本，参见 Hackforth, R. "Immortality in Plato's Symposium." *Classical Review* 64 (1950): 43-5. O'Brien, Michael J. " 'Becoming Immortal' in Plato's Symposium." In *Greek Poetry and Philosophy*, edited by Douglas E. Gerber, Chico (Cal.: Scholars Press, 1984), 185-206。Gerson 则认为《斐德若篇》与其他一些对话的论述有不一致之处，参见 Gerson, Lloyd. "A Note on Tripartition and Immortality in Plato." *Apeiron* 20.1 (1987): pp.81-96. 一个与不朽相关的问题是"像神性"，参见 Sedley 的论文 Sedley, D.N., " 'Becoming like God' in the Timaeus and Aristotle", in: Calvo, Th. and Brisson, L., *Interpreting the Timaeus-Critias* (Sankt Augustin, 1997).

4. 教育与柏拉图哲学的关系也是不少学者考虑的问题，可参见 Scolnicov,

S. *Plato's Metaphysics of Education* (London, 1988). Lodge, Rupert Clendon. *Plato's Theory of Education.* Ed. Solomon Frank (Russell & Russell, 1970). Barrow, Robin. *Plato and Education* (Routledge, 2011). Gill, Christopher. "Plato and the Education of Character." *Archiv für Geschichte der Philosophie* 67.1 (1985): 1–26.

5. "非存在"问题不仅是柏拉图关注的问题，也是现代分析学派的古代哲学研究者异常关心的，他们致力于区分《智者篇》中"非存在"的不同意义，参看 Bostock, David. "Plato on 'Is Not.'" *Oxford Studies in Ancient Philosophy* 2 (1984): 89–119. Frede, Michael. *Prddikation und Existenzaussage*. Hypomnemata 18 (Gottingen: Vandenhoeck & Ruprect, 1967). McDowell, John. "Falsehood and Not-being in Plato's Sophist." In *Language and Logos: Studies in Ancient Greek Philosophy Presented to G.E.L. Owen*, edited by Malcolm Schofield and Martha Nussbaum, 115–34 (Cambridge: Cambridge University Press, 1982). Owen, G. E. L. "Plato on Not-Being" In *Plato: A Collection of Critical Essays. Vol. 1, Metaphysics and Epistemology*, edited by Gregory Vlastos, 223–67 (Garden City, N.Y.: Anchor Books, Doubleday, 1970). 詹文杰在《真假之辨》(江苏人民出版社，2011年)中有概述。

6. 关于《智者篇》的"通种论"与早中期理念论的"分有"和"自我谓述"(self-predication)的对比，Heinaman 认为二者没有什么区别，并且"通种论"依然存在自我谓述，参见 Heinaman, R., "Self-Predication in the Sophist", *Phronesis* 26 (1981): 55–66. Heinaman, R., "Being in the Sophist", *Archiv für Geschichte der Philosophie* 65(1983): 1–17. 其他学者对于这个问题持不同观点，见 Ackrill, J. L., "ΣΥΜΠΛΟΚΗ ΕΙΔΩΝ", *Bulletin of the Institute of Classical Studies* 2(1955): 31–35. Vlastos, G., "An Ambiguity in the Sophist", in *Platonic Studies*, G. Vlastos (Princeton: Princeton University Press, 1973) pp.270–322.

7. 关于哲学王统治和回归洞穴的原因，参阅 Brickhouse, T. C. "The

Paradox of the Philosopher's Rule." *Apeiron* 15 (1981): 1-9. Davies, J. "A Note on the Philosopher's Descent into the Cave." *Philologus* 112 (1968): 121-26. Mahoney, T. "Do Plato's Philosopher-Rulers Sacrifice Self-interest to Justice?" *Phronesis* 38 (1992): 265-82. Schofield, M. *Saving the City: Philosopher-Kings and Other Classical Paradigms*. London, 1999.

8. 关于自杀问题，许多学者不认为苏格拉底承认自杀，比如 Warren, James. "Socratic Suicide." *The Journal of Hellenic Studies* 121 (2001): 91-106. Duff, R. A. "Socratic Suicide?" *Proceedings of the Aristotelian Society*, 1982: 35-47. 也有学者持苏格拉底自杀的观点并作了反驳，参 R. G. Frey (1978). "Did Socrates Commit Suicide?". *Philosophy*, 53, 106-108.

二 有关第二节的精深阅读

1. 关于敬虔，争论较多的问题是：柏拉图是否在《游西弗伦篇》中正面地提出了敬虔的定义？很多学者支持这一观点，参阅 McPherran, Mark L. "Socratic Piety in the Euthyphro."*Journal of the History of Philosophy* 23.3 (1985): 283-309. T. Brickhouse and N. Smith, "The Origin of Socrates' Mission," *Journal of the History of Ideas* 4 (1983): 657-66. J. Burnet, *Plato's Euthyphro, Apology of Socrates and Crito* (Oxford, 1924), 82-142. P. Friedlander, *Plato,* 3 vols. (New York, 1964), 2: 82-91. 反对的学者参 R. E. Allen, *Plato's Euthyphro and the Early Theory of Forms* (New York, 1970). J. Beckman, *The Religious Dimension of Socrates' Thought* (Waterloo, 1979).

2. 学者们对公正有数不尽的讨论，有关《理想国》的讨论参阅 Cooper, John M. "The Psychology of Justice in Plato." *American Philosophical Quarterly* 14 (1977): 151-7. Kraut, Richard. "Reason and Justice in Plato's Republic", in *Exegesis and Argument: Studies in Greek Philosophy Presented to Gregory Vlastos*,

edited by E. N. Lee, Alexander P. D. Mourelatos, and R. M. Rorty, 207–24 (Assen, Netherlands: van Gorcum & Comp., 1973). Vlastos, Gregory. "Justice and Happiness in the Republic." In *Plato. Vol. 2, Ethics, Politics, and Philosophy of Art and Religion*, edited by Gregory Vlastos (Garden City, N.Y.: Anchor Books, Doubleday, 1971) pp.66–95. Sachs, D. "A Fallacy in Plato's Republic." *Philosophical Review* 72 (1963), pp. 141–58. Dahl, Norman O. "Plato's Defense of Justice." *Philosophy and Phenomenological Research* (1991): 809–834. 聂敏里:《〈理想国〉中柏拉图论大字的正义和小字的正义的一致性》,《云南大学学报(社会科学版)》, 第9卷第1期。《理想国》的公正与城邦灵魂类比有很大关系(文献见下文)。有关其他对话的公正论述还可见 Allen, E. "Law and Justice in Plato's Crito." *The Journal of Philosophy* (1972): 557–567. Dorter, Kenneth. "Justice and Method in the Statesman." In *Law, Justice and Method in Plato and Aristotle*, edited by Spiro Panagiotou (Edmonton: Academic Printing & Publishing, 1985) 105–22.

3. 有关柏拉图友爱的论述,可参阅柏拉图:《〈吕西斯〉译疏》,陈郑双译,华夏出版社,2014年。友爱与政治共同体参阅 Nichols, Mary P. *Socrates on Friendship and Community: Reflections on Plato's Symposium, Phaedrus, and Lysis*. (New York: Cambridge University Press, 2009). Vlastos 曾经指出柏拉图的友爱观略显自私,见 Vlastos, Gregory. "The Individual as an Object of Love in Plato." In Gregory Vlastos, *Platonic Studies*, 2nd ed. (Princeton: Princeton University Press, 1981): 3-37. 后来的一些学者给予了回应,参看 Penner Terry and Christopher Rowe. *Plato's Lysis* (Cambridge University Press, 2005). Price, Anthony W. *Love and Friendship in Plato and Aristotle* (Oxford: Clarendon Press, 1989). 学者们对于柏拉图的"第一朋友"为谁亦有争论,讨论的情况参阅 Bolotin, David, ed. *Plato's Dialogue on Friendship: An Interpretation of the Lysis, with a New Translation* (Cornell University Press, 1989).

三 有关第三节的精深阅读

1. 关于柏拉图的城邦与爱欲问题,Ludwig 指出《理想国》对爱欲的贬低看似与柏拉图的其他对话有所不一致,并提出了调和的路径,参见 Paul Ludwig, "Eros in the Republic", in G. R. F. Ferrari (ed.), *The Cambridge Companion to Plato's Republic* (Cambridge University Press, 2007): 202-223. 关于希腊城邦与爱欲的更一般讨论可见 Paul Ludwig, *Eros and Polis: Desire and Community in Greek Political Theory* (Cambridge University Press, 2002). 以上两种文献均有中译版。此外,Rosen 也尝试了进行调和,参阅 Rosen, S. "The Role of Eros in Plato's Republic." *Review of Metaphysics* 18 1965: 452-75.

2. 城邦与灵魂的类比是学者们争论的焦点。自从 Williams 对这一类比提出批评后,学者们从不同角度批评 Williams,坚持城邦灵魂类比的合理性。Williams 的文章见 Williams, Bernard. "The Analogy of City and Soul in Plato's Republic." In *Exegesis and Argument: Studies in Greek Philosophy Presented to Gregory Vlastos*, edited by E. N. Lee, Alexander P. D. Mourelatos, and R. M. Rorty (Assen, Netherlands: van Gorcum & Comp., 1973) 196-206. 吴天岳作了总结,提到了一些代表性学者的论点,参吴天岳:"重思《理想国》中的城邦—灵魂类比",《江苏社会科学》2009 年第 3 期:84-90。

3. 学者们也关注柏拉图的哲学王是否是一种极权主义,许多学者对众所周知的波普尔的批评进行了反驳。Pappas 给出了一个导论性的综述,参阅 Nickolas Pappas, *Plato and the Republic* (Routledge, 2003)(中译本见帕帕斯:《柏拉图与〈理想国〉》,广西师范大学出版社,2007 年).

4. 有关政治、哲学和诗学之间的张力,许多学者对此有所分析,一些人还涉及文化角度,参 Most, Glenn W. "What Ancient Quarrel Between Philosophy and Poetry." In Destrée, P. & Hermann FG (eds.), *Plato and the Poets* (Leiden, 2011):

1-20. Barfield, Raymond. *The Ancient Quarrel Between Philosophy and Poetry* (Cambridge University Press, 2011). Susan B. Levin, *The Ancient Quarrel Between Philosophy and Poetry Revisited: Plato and the Greek Literary Tradition* (Oxford University Press, 2000). 这里还涉及第一部分中提到的诗学问题，可参阅王柯平的《〈理想国〉的诗学研究》（北京大学出版社，2005年）对国内外研究情况的综述。有些学者从形而上学和伦理角度讨论这个问题，参 Moss, Jessica, "What Is Imitative Poetry and Why Is It Bad?" In G. R. F. Ferrari (ed.), *The Cambridge Companion to Plato's Republic* (Cambridge: Cambridge University Press, 2007) 415-44 (Nehamas, Alexander. 1982). "Plato on Imitation and Poetry in Republic 10," in Moravcsik and Temko eds. *Plato on Beauty, Wisdom, and the Arts* (Rowman and Littlefield, 1982), 47-78. 此外，Payne 则分析了其背后隐藏着的政治前提的嬗变，参 Jeff Payne, "The Political Implications of the 'Old Quarrel Between Philosophy and Poetry'", *Dialogue*, 5:1, 2007, pp. 26-44.

第四章　亚里士多德的哲学

在大多数人的印象中，亚里士多德有两个最显著的特点：第一，他是公认的"体系性"的哲学家，也就是说，他的哲学研究不仅涵盖了多个领域，而且对于每一个领域的单独研究都可以被容纳进一个广大的、层次鲜明且目标统一的系统之中。第二，他被认为说过一句名言，即"吾爱吾师，吾更爱真理"。这两个广为人知的特点恰恰指出了亚里士多德思想中两个最为重要的方面。从第一个方面来说，我们在进入亚里士多德的具体作品之前首先需要了解一些基本的问题：他的哲学研究都包括了哪些方面的探索？在他看来，这些不同领域的探索之间有什么样的关系？它们又是按照怎样的逻辑而被包含进一个体系之中的？这个体系

的目的何在？这些研究对于人类来说各自具有什么样的意义？它们的价值何在？等等。这些问题对于任何一个想要严肃地阅读亚里士多德的人来说都是重要的，因为它们是亚里士多德自己在从事哲学思考的时候，对于哲学自身的价值与界限所做出的反思与认识。在某种意义上，它们构成了理解亚里士多德哲学甚至一般而言的哲学学科本身的基本坐标系统。

而从第二个方面来说，问题在于我们该如何认识和评价亚里士多德与柏拉图之间的思想联系。亚里士多德究竟是不是像传言所说的那样，为了寻求真理而反对柏拉图？如果是这样，他们之间的差异是存在于所有的方面，还是仅仅针对某些问题、体现在某些方面？如果是后者，那么这些差异存在于哪些方面？亚里士多德是从一开始就坚定地反对柏拉图，还是在他思想成熟的过程中不断地变化，逐渐从拥护柏拉图的观点发展到对这些主张加以反对？或者恰恰相反，他对柏拉图的态度从反对逐渐发展为拥护？与前一个方面相比，这些问题更加有趣也更为困难。有趣是因为它们涉及对西方思想传统中两个最为重要的哲学家加以比较和评价，困难则是因为这两个哲学家在某种意义上都是体系性的，而他们对于同一个问题的思考和解答往往相互依赖、彼此缠绕，两个人的思想之间既有张力又有一致性，令人很难在他们之间划下一道清晰的界线。基于上述考虑，在进入亚里士多德哲学的具体主题之前，我们将首先讨论其哲学的一般问题，包括他和柏拉图之间的思想联系、他对哲学本质及其内容的认识、第一哲学与实践哲学的区分及其哲学体系内部所蕴含的目的论思想，等等。

第一节　亚里士多德哲学的一般主题

一　亚里士多德和柏拉图

亚里士多德与柏拉图之间究竟存在着怎样的思想联系？这是大多数亚

里士多德研究者在开始研读亚里士多德之前必须考虑的问题，也是他们在不断理解和阐释亚里士多德的过程中始终无法摆脱的难题。我们之所以认为这是一个难题，主要有以下三个原因：首先，柏拉图和亚里士多德都是体系性的哲学家，这就是说，他们所研究的问题遍及我们今天所谓哲学学科的各个领域，如形而上学、知识论、自然哲学、逻辑学、伦理学、道德心理学、政治学以及美学等。亚里士多德很可能在某个问题上认同柏拉图的观点，但是对其他相关问题的看法则与他的老师背道而驰。因此，我们无法简单地将亚里士多德概括为一个"柏拉图主义者"或一个"反柏拉图主义者"。不仅如此，按照当代亚里士多德研究的著名学者 G. E. L. 欧文（G. E. L. Owen）的观点，[1] 所谓的"柏拉图主义"并不是一个足够清晰的表述，仅仅声称亚里士多德是柏拉图主义的或反柏拉图主义的，这并不能产生任何足够充实的判断或认识，因此我们与其犹豫着给亚里士多德贴上柏拉图主义或与之相反的标签，还不如进入具体的领域，针对特定的问题、文本和论证做出切实的探讨。

其次，柏拉图与亚里士多德各自的哲学观点都经历了不同阶段的发展，中间也发生了颇为鲜明的变化，他们各自的思想本身就是复杂的、多层次的，内部存在着需要解释的张力。这就导致我们很难将柏拉图或亚里士多德的哲学思考概括为某种单一的、不变的理论立场，更不能使用某些僵硬的标准来区分他们各自的思想发展阶段，并以此为根据对他们之间的关系提出判断或评价。这里可以举个例子，比如说，我们可以将柏拉图的哲学简单概括为"理念论"，并认为这种理论主张理念作为世界的本原。柏拉图将世界划分为两个部分，一个是可见可感的、变动不居的现象世界，另一个则是不可感的、不变的理念世界。现象的世界是必朽的，也是非真实的。我们要达到真实，必须超越可感的表象而达到不可感的、作为本原的理念。因此，人类

---

[1] G. E. L. 欧文:《亚里士多德的柏拉图主义》；相关讨论参见汪子嵩等:《希腊哲学史》第三卷，北京：人民出版社，2003 年，第 83 页。

的灵魂必须凭借理性与知识去超越作为阻碍的身体,通过这种方式进入永恒。而亚里士多德的哲学思想与柏拉图的这种理念论相对立,因为他不仅重视现象和感官经验,将它们作为严肃的哲学研究的恰当起点,而且还在形而上学领域提出自己的主张,认为我们不能去设想一种脱离了质料的单纯形式作为世界的本原,这就像我们不能去设想存在着一种脱离了身体的灵魂一样。如果我们仅仅在这个层面去理解柏拉图和亚里士多德的哲学,并由此推断出他们之间的关系是紧张的、充满矛盾甚至冲突的,那么我们很有可能只抓住了问题的浅表,却错过了真正深刻的东西。

为什么会这么说呢?首要的原因在于,这样的一种概括无论对于柏拉图还是对于亚里士多德都不够公平。我们已经说过,这两位哲学家的思想都经历过不同阶段的发展,不同时期的具体观点很可能相差很大甚至看起来相互对立。上面我们所说的理念论实际上只是柏拉图前期的观点,柏拉图后来对本原、理念以及灵魂与身体的关系等问题的看法都发生了不同程度的变化,而且变化的程度也各不相同。所以,如此简单地概括柏拉图的基本观点可能会不够准确。而如果以这样一种不够准确的观点作为参照来理解、概括甚至评价亚里士多德的思想,那就更容易造成误解甚至错误。另一个原因则在于,亚里士多德对于柏拉图的态度实际上是非常复杂的。一方面,他在基本的议题设置上深受柏拉图的影响,继续探讨了柏拉图所关心的大部分哲学命题,这一特点使得他的著作在某种意义上可以被看作是与柏拉图之间持续进行的思想对话。另一方面,他在处理具体问题的时候,对柏拉图的具体观点的态度往往是变化的。他可能会通过激烈批评柏拉图来提出自己的主张(例如通过批判柏拉图的"数"论来提出自己的实体概念,通过批判"善理念"来提出他自己对最高善的定义),但是他在论证中又往往借助柏拉图的命题来推进自己的论证,甚至得出与老师相一致的结论。不仅如此,由于亚里士多德传世的著作并不全面,他的早期文献尤为缺乏,我们也就缺少足够的根据去判断他（尤其是青年时期）对于柏拉图的实际态度，因而也就无法得出确实的结论，难以在他的思想发展过程中勾勒出一条足够清楚或鲜明的路线。正是由于上面提到的种种复杂性，亚里士多德与柏拉图的关系问题就成为亚里士多德研究的一个基本的然而也是十分困难的问题，任何一种试图加以简单概括并一贯到底的尝试都有可能导致误会甚至错误的理解。

在这方面，一个比较典型的例子是德国学者维尔纳·耶格尔（Werner Jaeger），他的《亚里士多德：发展史纲要》一书对于西方二十世纪上半叶的亚里士多德研究影响很大。[1]在这本书里，耶格尔主张亚里士多德是从柏拉图主义转向经验主义，也就是说，青年亚里士多德拥护某种柏拉图式的、先验的形而上学概念，但是随着年龄不断增长、他自己进行的生物学研究不断深入，思想上逐渐成熟的亚里士多德就转向经验主义的认识论，并最终将之发展为一种成熟的理论立场，贯穿到哲学研究的各个领域。以这个观点作为前提，耶格尔对亚里士多德存世的著作进行了鉴别与排序，按照距离柏拉图立场的远近关系来为亚里士多德作品分期，力图使各著作的内容及相互关系符合他对亚里士多德思想发展历程的描述。不幸的是，耶格尔的这种观点缺少足够坚实的文本依据，一旦进入到具体文本，其观点中所隐含的问题就表露无遗。例如，亚里士多德的很多著作都明显地受到柏拉图观点的影响，而他在某些显然写作于成熟期的著作中所提出的观点实际上隐含着对柏拉图的认同。不仅如此，由于柏拉图在晚期著作中已经展开了对自己前期观点的反思与批判，因此，耶格尔所勾勒的亚里士多德思想从柏拉图主义到反柏拉图主义的发展轨迹就显得更加模糊不清，缺少足够牢靠的根据与论证。出于这些原因，尽管二十世纪下半叶以来，研究者依然承认耶格尔著作的历史意义，但是他的很多具体论述已经不再为人采纳，而他所描绘的那个不断远离

---

[1] 参见维尔纳·耶格尔：《亚里士多德：发展史纲要》，朱清华译，北京：人民出版社，2013年。

柏拉图的亚里士多德形象也逐渐被一个更为复杂也更加立体的思想肖像所取代。在这幅虽然依旧模糊但是或许更加可信的肖像里，亚里士多德的面貌始终由两个部分组成，一个是对于形式和人类理性的承诺与追求，另一个则是对感知经验的重视。这两种倾向共同构成了亚里士多德哲学的基本面向。

二 哲学作为科学

前面已经说到，当我们将亚里士多德称为一个"体系性的"哲学家时，我们是在指出一个事实：他的研究并非局限于某一个特定的哲学领域（比如形而上学或是政治哲学），而是广泛地涉及我们今天所说的自然、社科与人文等学科的方方面面。按照第欧根尼·拉尔修（Diogenes Lartius）在《名哲言行录》中提供的著作目录来看，亚里士多德不仅对逻辑学、形而上学、伦理学、政治学、修辞学等领域有所研究，而且也撰写了大量关于物理学、天文学、生物学、医学等方面的论著，例如《自然篇》《动物志》《解剖学》《论植物》《医学》《天文学》《光学》《论运动》《机械学》等。[1] 据称他的全部作品共有150余种，约550卷，按现代著作的篇幅折算大概有近6000页左右。在这150余种作品之中，符合我们今天所说的"科学"领域的论文或专著占了约一半的篇幅。而我们今天所能看到的、留存下来的亚里士多德著作有30种左右，将近2000页，大约仅占据古代目录所列出的作品总量的三分之一。[2] 尽管多数著作已经佚失，但是我们依然能够从这些留存下来的作品中窥见这位哲学家所涉猎的论题是多么广泛：按照现代编目家贝克尔（Immanuel Bekker）所列出的目录，亚里士多德的作品中包含了大量的科学研究论文，例如《物理学》《论天》《气象学》《论灵魂》《动物的部分》《动物的运动》《动

---

[1] 第欧根尼·拉尔修：《名哲言行录》，徐开来、溥林译，桂林：广西师范大学出版社，2010年，第437—441页。亦参见乔纳森·巴恩斯："生平与著作"，《剑桥亚里士多德研究指南》，乔纳森·巴恩斯编，廖申白等译，北京：北京师范大学出版社，2013年，第31—34页。

[2] 乔纳森·巴恩斯："生平与著作"，《剑桥亚里士多德研究指南》，第34页。

物的行进》《动物的生成》等,其中一些甚至可被划归我们今天所说的经验科学研究范畴。[1]由此看来,亚里士多德与我们今天所理解的哲学家并不完全相同,在某种意义上,他同时呈现出科学研究者的面貌。

然而,如果我们仅仅是因为看到亚里士多德的研究范围同时涉及自然科学与人文科学两个方面,就认为他既是一位科学家又是一位哲学家,那么我们其实是根据现代人的知识观念而误会了亚里士多德,把一个原本浑然的整体先撕裂开来,然后再组合到一起。事实上,亚里士多德对于哲学的理解根本上依赖于他对科学的界定。著名的古代科学史研究专家劳埃德（G. E. R. Lloyd）在《早期希腊科学》的序言中提醒我们,"科学"（science）是现代的概念,而不是古代的概念。古代希腊语中的 *epistēmē*（知识）、*philosophia*（哲学）和 *theoria*（沉思）都可以根据语境的需要而被译成"科学"。[2]亚里士多德自己主要用 *epistēmē* 来指一种灵魂的认知状态,这个意义上的"知识"与通常人们所说的"意见"或"信念"（*doxa*）不同,它是真的,而意见或信念则是可错的。当 *epistēmē* 在复数形式（*epistēmai*）上使用时,它就不再指抽象的"知识",而是指处理不同主题的具体科学。[3]在亚里士多德看来,复数形式的 *epistēmai* 是一种体系性的知识总体,它下面再按照研究主题的不同而包含各种独立的研究领域。根据这种较宽泛的理解,"科学"既可以包括医学、锻造、木工等技艺（*technē*, craft）方面的技术性知识,也可以涵盖处理人类生活中各种变动不居的事务的专门认识,前者要求对于所处理和制造的对象具有经验,掌握专业的信息（例如鞋匠必须熟知皮革的特性、上色技巧以及鞋楦的制作等）,后者则要求对于人性、人类社会的构成以及实际的生活领域有所了解（例如政治学需要了解政治制度建构、立法等方

---

1 参见《剑桥亚里士多德研究指南》,第18—22页。
2 参见 G. E. R. 劳埃德:《早期希腊科学》,孙小淳译,上海:上海科技教育出版社,2004年。亦参见罗宾·斯密:"逻辑",《剑桥亚里士多德研究指南》,第80—81页。
3 T. Irwin, *Aristotle Nicomachean Ethics*, Glossary, p.347.

面的知识）。而与此相对的一种较窄的、常以单数形式使用的"知识"概念则对于人类灵魂的认知状态有较为严格的要求，它必须是关于那些必然的、不变的事物，并且服从于普遍的规律，合乎认识的逻辑推理原则。这个较为严格的"知识"或"科学"概念涵盖了数学、物理学、形而上学等领域，因为这些科学满足了亚里士多德对于理论科学的要求：存在着首要的、不需证明的原理（例如几何学公理），并且在遵循有效的演绎论证原则与形式的条件下可以推衍产生真实和定理。哲学，在亚里士多德看来，就属于这种严格意义上的科学。

三 知识的观念与哲学之树

当亚里士多德使用单数形式的 *epistēmē* 来表示"知识"的时候，他所说的知识概念与我们今天所说的知识概念其实不同。当代知识论将"知识"界定为"某种获得合理论证的真信念"，哲学家们讨论的焦点问题在于：何为"合理论证"？如何获得一个确保信念为真的正当理由？先天知识和后天知识的正当理由有没有区别？等等。[1] 而对亚里士多德来说，"知识"则意味着人类理解能力所能达到的程度与真实之间的契合。如果说，某些形式的知识（例如技术性知识）意味着人类对于某些对象物的了解与其自身的性质和特点完全吻合，那么，严格意义上的知识则意味着人类最高层次的理性对存在及其本质的认识与后者是一致的。因此，亚里士多德在《尼各马可伦理学》第六卷讨论理智德性的时候，专门论述了严格意义上的知识，认为这些数学或物理学领域的知识自身就具有价值，它们之所以为人类所追求，并不是由于在生活和实践层面对人们有用或有益，而是因为获得这些知识意味着人类的理性能力在极高的层面上与真实的存在相吻合。正是出于这样一种迥异

---

[1] 罗伯特·博尔顿："亚里士多德：认识论和方法论"，《古代哲学：布莱克韦尔哲学指导丛书》，C. 希尔兹编，聂敏里译，北京：中国人民大学出版社，2009年，第172页。

于现代的知识观念,亚里士多德在《后分析篇》和《形而上学》第六卷中分别做出了两项重要工作:一方面,他讨论了知识的性质与条件;另一方面,他对各种类型的知识加以归纳,建立了一个完善的知识体系。

《后分析篇》在亚里士多德的著作中被归入逻辑学,它与其他几篇著作如《范畴篇》《解释篇》《论题篇》《辩谬篇》以及《前分析篇》并称为"工具论"部分。顾名思义,这几篇探讨逻辑形式和科学根本条件的著作在某种意义上为亚里士多德在其他领域的研究奠定了基础与规则。而《后分析篇》的核心主题就是对于严格意义上的知识做出讨论。在这篇著作中,亚里士多德对知识做出了如下界定:

> 当我们认为我们在总体上知道:(1)事实由此产生的原因就是那事实的原因,(2)事实不可能是其他样子时,我们就以为我们完全地知道了这个事物,而不是像智者们那样,只具有偶然的知识。显然,知识就是这样子的。……我们无论如何都是通过证明获得知识的。我所谓的证明是指产生科学知识的三段论。所谓科学知识,是指只要我们把握了它,就能据此知道事物的东西。如若知识就是我们所规定的那样,那么,作为证明知识出发点的前提必须是真实的、首要的、直接的,是先于结果、比结果更容易了解的,并且是结果的原因。只有具备这样的条件,本原才能适当地应用于有待证明的事实。没有它们,可能会有三段论,但决不可能有证明,因为其结果不是知识。(《后分析篇》71b10–25)

我们可以大致概括一下,亚里士多德在这里实际上指出了知识的三个条件:首先,知识是关于必然事实的。其次,我们获得知识的途径只能是符合三段论形式的证明。最后,必须首先存在着一个真实的、自身无需被加以证明的前提,才能保证一个三段论的形式成为有效的证明并产生知识。由此可见，对于亚里士多德来说，必然性、有效的逻辑推理形式以及真实的前提共同构成了界定知识的根本条件。那么，我们该如何理解这三个条件呢？

对于第一个条件来说，我们首先需要了解亚里士多德所考虑的"必然事实"指的是什么。还是在《尼各马可伦理学》第六卷中，亚里士多德指出，我们通过科学的方式而知道的事物是由于必然性而存在的，它们是永恒不变的，因此既不生成也不毁灭。[1] 举例来说，"两点之间直线最短"这个命题关乎一个必然性的事实，它不会因为时间地点的变化而有所改变，也不会受到人们的认识能力、生活经验、性格特征等方面差异的影响。对于正常的人类存在者来说，这个命题所表达的知识是普遍成立的、不变的。相比之下，人们对于"以荣誉为核心的政治生活是幸福的生活，是对于人类而言的最高善"这个命题就不一定都予以赞同。不同的人出于不同的经验、理解、性格、偏好与理性判断，会对"什么是幸福"这个问题做出不同的、有时甚至截然相反的判断。原因在于，伦理学（以及政治学）所涉及的主题和事实并非像数学和物理学领域中那样普遍且永恒不变，它们更多地受到历史、文化、风俗以及个体差异的影响，从而仅仅关系到那些偶然的事实。这种偶然性在技艺的层面则更加明显。同样是制鞋的技艺，用牛皮制作一双鞋还是用小羊皮做一双鞋，其中所涉及的知识与规则是完全不同的。因此，伦理学、政治学等实践知识和技艺性的知识尽管都被亚里士多德纳入了宽泛的知识概念，但是它们并不属于严格意义上的科学知识。

亚里士多德所提出的后两个条件则关系到知识的获得，或者也可以说，亚里士多德像他的老师柏拉图一样，认为知识是可以传授的，但是他采取了一种不同的方式来说明知识在什么意义上是可以传授的。对于写作《美诺篇》和《斐多篇》时期的柏拉图来说，知识似乎是某种预置在人类灵魂内部

---

[1] 参见《尼各马可伦理学》1139b20-25。

的存在物，一个人在开始一段生命旅程之后，通过教育、辩论和思考而逐渐地激活这种预置的知识，就像柏拉图所说，通过问答法而帮助一个人"回忆"起他的灵魂已经知道的知识。亚里士多德对于知识及其获得的理解显然与柏拉图不同。在《尼各马可伦理学》和《后分析篇》中，他都明确地阐述且反复强调了证明对于获得知识的重要性。由于这种证明必须遵循一种三段论的推衍形式，由于这种三段论是通过一个普遍前提和一个特殊前提而共同推出一个有效的结论，因此，一个普遍的、真实且能够直接推动三段论式证明的原因就构成了知识的重要条件之一。也就是说，科学知识（或者说严格意义上的知识）必然是对于原因的知识。否则，在亚里士多德看来，那些不具有原因的事物，也就不可能产生科学知识。[1]

因此，我们现在大概可以了解，为什么亚里士多德的知识观念与我们今天的认识论所处理的知识概念之间存有如此重要的差别。其原因在于，对亚里士多德来说，对于知识及其路径的理解同时意味着对于人类本性或者人类认知能力的理解，也间接地关系到对于人类在宇宙秩序中所处的位置、他们与宇宙中的其他事物之间关系的理解。一个不容忽视的要点在于，对于以亚里士多德为代表的古典希腊哲学家来说，人类的理性认知能够也应该和事物的本质相匹配。也就是说，通过逐步发展自身的认识能力，逐级建构并完善知识体系，人类最终应当能够达致存在的本真，也就是最终的真理。就这一点来说，无论苏格拉底、柏拉图和亚里士多德之间在具体问题上存在着怎样的分歧和张力，他们的理论立场与承诺都是共同的。

正是以这样一种经过界定的知识观念为基础，亚里士多德在《形而上学》中将知识划分为三种类型。按照他的说法，第一种知识是实践的知识，包括伦理学与政治学，主要探讨与人类的本性和活动有关的主题，尤其致力

---

[1] 参见罗宾·斯密："逻辑"，《剑桥亚里士多德研究指南》，第81页。

于对人类生活中的最高善(也就是我们所说的人类幸福)做出讨论。第二种是制造的知识,我们日常生活中比较熟悉的艺术、建筑、医疗等领域的知识都属于这一类知识。亚里士多德所划分的第三种知识是理论的知识,他将自然哲学、数学和神学都划归这个部分,而在自然哲学的范围内,更进一步包含了物理学、天文学、心理学和生物学等学科。如果说上述三种类型的认识都可以在宽泛的意义上被称为知识,那么,根据之前的讨论,我们就可以看到,只有理论知识完全符合亚里士多德对严格意义上的知识所提出的三个条件。而在这类知识所包含的三个分支即自然哲学、数学和神学之中,又存在着一种最高形式的知识。这种知识究竟是什么?它与这三者之间究竟是什么关系?由于问题本身具有复杂性,同时也由于亚里士多德自己在论述方面的模糊,再加上留存下来的文本自身的不确定,因此,要了解这门被亚里士多德时而称作"第一哲学"、时而冠以其他名称的科学知识,我们还有一些工作要做。

四 第一哲学

亚里士多德的《形而上学》对后来的哲学发展具有深远影响,其中一个最明显的影响就在于,这部著作的名字直接开启了哲学研究的一个根本领域,以至于在某种意义上,与哲学的其他分支如自然哲学、道德哲学等相比,形而上学被认为是最纯粹的也是"最哲学的"哲学。

然而亚里士多德本人并没有使用"形而上学"来指称这样一种最高的学问,《形而上学》(*Metaphysics*)之所以得到这个名字,是因为亚里士多德著作的编辑者将该书放在《物理学》(*Physics*)之后,因此按字面意思被称为"后-物理学"(Meta-physics),后来人们才逐渐称其为"形而上学",并专指以存在者的本质为研究主题的学科。亚里士多德本人则使用了不同名称来标示这样一门学问,例如"智慧""神学""第一哲学"或者"哲学"等,并将这门学科描述为最高贵、最荣耀也最接近神的学问。在《形而上学》第一卷,亚里士多德以"智慧"为第一哲学命名：

> 所有人都假定那被称为智慧的东西处理事物的第一原因和原理；所以……一个有经验的人被认为比拥有无论什么感觉知觉的人更有智慧，技艺家比有经验的人更有智慧，匠师比机械地工作的人更智慧，而理论性的知识比起生产知识来，具有更多的智慧本性。那么显然，智慧是关于某种原理和原因的知识。（981b25-982a1）[1]

在这里，亚里士多德实际上是为人类的认识状态做了一个排序。在这个序列里，最初级的是直接感觉和知觉，这种认识状态实际上是人类和动物所共有的，是生物体受到外界影响之后被动产生的结果。经验比感知觉更高级，因为它要求生物体主动地意识、记忆和总结。比经验更接近知识的是技艺，因为它涉及到认识主体对于客观对象的了解、把握和主动施加的影响。然而，就像我们之前讲过的，在各类知识之中，技艺又处于低端，在它之上的是制造的知识（艺术、建筑、医药等），更高的是理论知识，后者包括了自然哲学、数学和神学。至此，我们发现，在这个塔状知识系统的最高处，就是被亚里士多德称为"智慧"的东西，而它之所以地位最高，一方面是因为，它是关于一切存在和变化的原理与原因，人们一旦掌握了这个最普遍的第一原因，也就获得了最真实的、最可知的知识，"因为通过它们以及从它们出发，所有其他事物都得以认识，而不是借助于从属它们的事物而认识它们"（982b1-5）；另一方面，亚里士多德说，这样一种最普遍也最真实的知识是最神圣的科学，也是对于人类而言最荣耀的科学，因为它关乎第一原因，而"神被认为是在所有事物的原因中间，并且是一个第一原理"（983a9）。

---

[1] 如无特别说明，本节所引用的《形而上学》译文均出自亚里士多德：《形而上学》，李真译，上海：上海人民出版社，2005年。

不仅如此，这门科学或者只能为神所有，或者是在所有的事物中首先为神所有。因此，尽管对于人类存在者来说，其他的科学例如技艺或者制造的知识更为有利或者更加必需，但是没有任何其他科学比第一哲学更好（983a10）。

不仅如此，在《形而上学》第六卷，亚里士多德更为细致地将第一哲学与其他两种理论知识做了区分，认为它比前两者更高、更值得选择，并明确地将它等同于神学："如果有的事物是永恒的、不动的和可分离的，那么关于它的知识就是属于理论科学的了；但不属于物理科学（因为物理学是关于某种运动的事物的），也不属于数学，而是属于一门优先于这两者的科学。……第一科学是关于分离的和不动的事物的。所有原因必定是永恒的，而这些尤其如此；因为这些是那神圣的可以看见的事物的原因。因此，将有三种理论的哲学：数学、物理学和神学，而最荣耀的科学必定是关于最荣耀的神的。于是，当理论科学比其他科学更加值得选择时，这门科学则比各门理论科学更加值得选择"（1026a10-25）。从第一卷和第六卷来看，亚里士多德将第一哲学视为一个特殊的或者说专门的学科。它研究的是那些分离的、不变的永恒事物，是一切原因之中最终的原因，而关于最终的那个原理的智慧，也就是最高的智慧。在这个意义上，"智慧""神学""第一哲学"和"哲学"都是可以互换使用的，它们都指称一门专门的学科，同时代表着人类理性认识能力的最高限度。在亚里士多德看来，人类如果想要超越必朽的宿命而达到永恒，就必须通过发展理性的能力，到达智慧的境地。至此，人类存在者超越了自身的限度，成为接近神的存在，因而也可以被称为最高贵、最荣耀的。

至此我们已经理解了"第一哲学"在什么意义上被称为是"第一"的。但是接下来还存在着一个重要的问题：亚里士多德所说的"第一哲学"究竟指什么？他对这门学科的设想与阐述是否足够清楚？前后是否一致？

这个问题将我们带入了亚里士多德的研究者们长期以来共同面对的困难之一。因为在《形而上学》这本书的不同部分，亚里士多德似乎对第一哲学的内容给出了两个前后矛盾的论述。我们已经看到了他在第一卷和第六卷将第一哲学界定为神学与最高的智慧，并有其关注的特定主题。按照这个思路，第一哲学似乎是某种专门的或者说分支的学科。然而在第四卷，亚里士多德以同样明确的文字指出，"有多少种类的实体（substance）就有多少哲学门类；所以它们中间一定有一个第一哲学以及一门在它之后的哲学"（1004a3-5），他进而将第一哲学界定为一般地研究"作为存在的存在"（being qua being）及其根本性质的科学。按照这个界定，第一哲学之所以被称为"第一"，是因为它是从普遍的角度来研究宇宙间的一切存在，其研究的主题并不局限于某一科学的分支如物理学、伦理学、医学等，而是涉及各种专门学科所研究的主题。如果第一哲学就是这样一种普遍的科学，那么它应该不能被认为是与物理学或数学相比肩的专门学科。因此，如果我们认为"同一门学科不可能既是一种分支／专门学科，又研究一切"，[1]那么亚里士多德在这里似乎就陷入了一个矛盾，而第一哲学的面貌也就不可避免地模糊起来。如果这种模糊性不能得到阐释和澄清，那么受到威胁的将不仅仅是亚里士多德本人思想的权威性，形而上学作为"第一哲学"的地位及其研究主题也将不可避免地受到质疑。

正是基于上述考虑，亚里士多德的研究者们尝试了各种方法来解释《形而上学》所给出的这两种看似不一致的说明。一种思路（以耶格尔为代表）主张从亚里士多德自身思想的发展及其与柏拉图之间的思想联系来解释这种不一致，认为将第一哲学等同于神学的观点更接近柏拉图，因而是亚里士多德早期的思想。而第四卷中呈现的更具普遍性和综合性的理解则代表了

---

1 米切尔·卢克斯："亚里士多德：形而上学"，《古代哲学：布莱克韦尔哲学指导丛书》，第189页。

亚里士多德本人在成熟期的思想。另一种思路则从共时性的角度出发，倾向于将这两种观点都视为亚里士多德自己的观点加以接受，在这个思路下面，学者们又产生了进一步的分化：一种理解（例如策勒）认为形而上学的这种双重性质是结构性的，这种矛盾同样存在于亚里士多德的整个思想体系之中。另一种理解则试图为亚里士多德辩护，认为对于形而上学的这两种论述并非截然对立，或者是亚里士多德自己试图予以调和（例如罗斯），或者是在一个更深的层面上，二者辩证地共存（例如罗斑）……究竟哪一种解释路径更为成功、更加令人满意？是否还存在着新的解释路径能够完美地解决这一难题以及与之相关的各种形而上学难题？这些问题目前依然是开放的，存在着可探讨和发掘的空间。[1]

不过，就目前来说，一个较为广泛的共识倾向于将亚里士多德对第一哲学的论述作为一个统一的整体加以接受，并对其做出辩证的理解与阐发。也就是说，第一哲学自身可能更接近于作为具体学科的神学，但这是因为它所探讨的主题是各种原因中的首要原因。正是由于真正普遍的主题就是那些不变的、可分离的存在者，以其为研究对象的单一学科——第一哲学或者说形而上学——才得以成为普遍的科学。这种理解或许要求我们这些当代的阅读者和研究者首先摒弃自己关于普遍与特殊、科学与具体学科的常识理解，才能理解亚里士多德对于第一哲学的构想。因为对于亚里士多德来说，我们今天以为根深蒂固的那些区分大概并不存在。或许正是因为如此，这位生长于"科学"诞生之前的哲学家才能在人类认识的有限领域里，更多地领会最高的、最神圣的自由，那是理性许诺给思维的自由。[2]

---

1 对于这个问题的一个较好的综述，参见汪子嵩等：《希腊哲学史》第三卷（下），第675-690页。卢克斯在"亚里士多德：形而上学"一文中则给出了一个较为中立也比较可行的解释方案（《古代哲学：布莱克韦尔哲学指导丛书》，第190-191页），这也是本章最后采用的方案。
2 事实上，亚里士多德关于存在的核心意义理论更好地回答了这里的难题。进一步的讨论参见本章的"存在"一节。

五 伦理学和政治学

按照亚里士多德对知识的划分，伦理学和政治学都属于实践知识，它们关注人类的行动和人类生活中的一切事务，并致力于研究对于个人和城邦而言的最高善。大致说来，我们今天所说的"伦理学"（ethics）这个名称，来自于希腊文的 ēthikē，这个词又来源于 ēthos，意为"风俗"或"习惯"。而我们所说的"政治学"（politics）则来自于希腊文的 polis（城邦）和 politēs（公民）。通过了解这两个词的词源构成，我们可以看到，一方面，伦理学与政治学有着共同的核心诉求，与探讨不变的、永恒事物的第一哲学相比，它们所关注的焦点主要在于可变的、偶然的人类事务，包括人们的价值判断和具体行动，并且都以追寻和获得善作为学科的主要目标。另一方面，伦理学和政治学对人类事务的关心与探讨处于不同层面，并采用了不同方式。我们或许可以将这种差别理解为，伦理学更集中于个人品性的培养，它以个人德性的养护和亲朋好友的福祉作为主要考察目标；而政治学则着眼于对城邦和公民而言的共同的善，最大限度地促进和维护城邦的幸福就是政治学的旨归。或许已经有读者意识到，这样两种学科的诉求点可以一致，但是也很容易发生分歧甚至矛盾。至少，在现代人看来，个体的善与共同体的至善之间的关系常常是紧张的，对后者的追求在某些时刻要求放弃甚至牺牲前者。那么，亚里士多德如何理解并界定伦理学和政治学的范围与性质？他如何处理二者之间的关系以消除其间所存在的张力？幸运的是，在我们今天能够看到的亚里士多德的伦理学论著中，这些问题都得到了充分的论述。

亚里士多德最重要的伦理学著作包括《尼各马可伦理学》和《欧德谟伦理学》，这两部著作探讨了一些根本的道德哲学问题，其观点有一致之处，也存在着需要解释的张力甚至不一致。一般来说，《尼各马可伦理学》被认为是最重要的作品，《欧德谟伦理学》在某些方面的讨论更加细致，而这两部著作之中甚至有几卷是共同的。[1]因此，我们可以通过考察《尼各马可伦理学》的主要论题来了解亚里士多德伦理思想的大致范畴。同样，我们也可以从这部著作的导论部分了解到亚里士多德本人对这门学科的研究对象、研究者、研究方法以及它和政治学之间的关系所做的阐述。对于那些关心人类生活并且想要对道德问题做出反思与探讨的人来说，无论是在古代还是在今天，这些都是需要在一开始就予以明确界定并在研究过程中不断加以反思的重要问题。

《尼各马可伦理学》涵盖了道德哲学领域的根本问题，其中的某些问题直到今天还在引发人们的思考与争论，它们包括：人类生活的目的及其系统；什么是幸福以及如何获得幸福；人类灵魂的构成；欲望和理性的关系；德性是什么；自愿和不自愿的行动；如何理解具体的德性如公正、勇敢、慷慨等；理智德性与伦理德性的区别和关系；不能自制与快乐；友爱；教育和政治学等。从这份简单的列表可以看到，这些问题并不是单纯的理智思考和认识的对象，而是切实地关系到我们的实际生活，关系到我们作为人类存在者的欲望、感受、心理活动与实际行动、道德评价与追求的问题。在这个意义上，伦理学的研究确实是以人类行动为焦点的研究，与第一哲学关注的形而上学真理相比，这种实践知识所探讨的主题并不存在普遍的、不可错的必然规律。恰恰相反，由于它所处理的是丰富又充满变化的人类生活，因此它的论述与证明也不像形而上学那样，严格地服从逻辑上的必然规律。亚里士多德充分地认识到这一点并在导论中加以强调：由于实践科学（伦理学与政治学）的研究对象的特殊性，我们不能以形而上学或数学的严格性和精确性来要求或从事这门学科的研究。正是基于这种考虑，亚里士多德对实践科

---

[1]《欧德谟伦理学》的第四、五、六卷与《尼各马可伦理学》的第五、六、七卷相同，因而也被称为"共同卷"。这三卷探讨的主题分别是：公正、理智德性、不能自制与快乐。关于文本情况的简要介绍，参见 D. S. 哈奇森："伦理学"，《剑桥亚里士多德研究指南》，第270—271页。

学的方法和学生应具有的素质都做出了明确的阐述。

人类的一切生活与实践都具有某种目的。在亚里士多德看来，我们无法设想一个人会没有任何目的而生活或是行动，因为这种状态并不是人类应该有的。亚里士多德显然无法设想现代人所习惯的那种无目标的或者说无聊的颓废状态。而在所有这些生活与实践的目的之中，必定存在着一个终极的目的，亚里士多德称之为"最高善"（the highest good），也就是我们所说的"幸福"。人们在日常生活中追求各种各样的善事物，因为他们相信这些善事物构成了最终的好生活，获得并保有这些事物将引领一个人逐步走向他生活的最高目标，也就是幸福。因此，如果人类能够认识这种最高善，并且知道该怎样去追求和保有它，那么这种认识和能力必定是一切认识与能力中最高的，与此相应的、以最高善为对象的科学也就是一切科学中最高的、最具权威的。按照亚里士多德的理解，这就是政治学。这不仅是因为政治学规定了在一个共同体中，各种科学和知识应该如何组织传授、向哪些人传授以及传授到何种程度，而且也是因为政治学关系到立法，它规约着其他的科学，它的目的也就包含和约束了其他科学的目的。就此而言，政治学涉及一个人类共同体的最高层次的善，它在知识结构中也就处于最高的地位。

既然政治学的最高地位已经得到确立，那么接下来需要确认的，就是如何获得这样一种关于人类善的最高知识。正是在这个层面上，伦理学的重要性得到了完全的彰显。首先，尽管每一个人都渴望并追求幸福，但是并非每一个人对于"什么是幸福"都具有清楚的认识，更不要说这种认识是恰当的或合理的了。实际上，"幸福"的问题可以说是伦理学领域最根本也是最困难的问题之一，无论在亚里士多德的时代还是在我们今天的时代，无论是普通人还是哲学家，人人都对幸福有着自己的理解，而这些理解之间可能差别很大，甚至彼此矛盾。这个问题我们在后面还会具体讨论。因此，如果说伦理学开始于对人类之善的认识与讨论,并以对最高善的恰当认识作为主题和目标,那么在这个意义上,伦理学是通往政治学的重要途径。

其次,在追求幸福的过程中,一个人可能要经历各种事件,身处不同的情境,被要求做出不同的选择。这些选择可能是正确的,也可能是错误的;可能是心甘情愿做出的,也可能是不得已的无奈之举。所有这些都会影响到这个人最终的生活状态,现实地、深刻地影响到他对幸福的理解和感受。如果对于这些问题或者人生经验缺乏了解,那么一个人在从事政治学的研习或者立法活动的时候,就有可能犯错。正因如此,亚里士多德在他的伦理学著作中,才会不厌其烦地列举各种常识和意见,讨论那些看起来十分稀松平常的日常问题,例如什么样的行为才算是慷慨,在什么情况下一个人可以不用对自己的行为负责,一个不能自制的人有没有可能具有对善的知识,等等。或许我们可以说,正是因为首先具有了这样一种伦理学的关注和探讨,我们对于法律和政治学的理解才不会陷入空洞,更不会在公共事务中违背甚至伤害多数人的利益。所以,亚里士多德伦理学与机械的道德教化之间的一个重要区别在于,它所具有的关注和目标始终是鲜活且阔大的,它始终朝向政治学,也就是朝向整个共同体的最高善。

最后,如果伦理学的目的仅仅在于澄清什么是幸福、什么是德性,而不是在实际生活中使一个人变得有德性、变得有能力追求幸福,那么这样的伦理学研究很难称得上是"实践的"科学。按照亚里士多德的理解,伦理学和政治学都是以对于现实生活的关注和改变为旨归。因此,伦理学与政治学的衔接之处并不在于抽象的逻辑世界,也不是讲稿结尾处的某一章节,而是实在地发生在家庭生活、代际关系和公民的教育之中。在《尼各马可伦理学》的结尾,在逐次讨论了幸福、行动、德性、快乐等问题之后,亚里士多德指出,德性的培养和呵护首先应当发生在家庭内部,在父亲与子女之间。而且,由于个别的教育在效果方面优于共同教育,因此,对于特定个体的特定教育就成为在通过法律规定而进行的共同教育之前需要做好的事情。也就是说，在亚里士多德看来，尽管政治学关系到多数人共同的最高善，因而在一切科学中具有最高地位，并且应该成为一切科学（包括伦理学）的目标，但是在它之前需要伦理学作为基础，而且这个基础的重要性是如何强调都不过分的。

至此，我们已经看到了伦理学与政治学之间的密切联系：前者必须以后者作为目标，而后者要求前者作为基础。于是这两门实践科学的方法和学生方面的特殊性也就十分清楚了。就方法而言，实践科学考察的对象是人类行为，而人类行为中存在着各种不确定，常常受到情境等外部因素的影响和制约。因此，当我们在实践科学领域中谈论真理或者真实的时候，我们所做出的结论只是基本为真；而当亚里士多德提出人类行动者在实践活动中也可以进行一种三段式的实践推理（实践三段论）时，他也是在类比的意义上去考虑和论述的。在人类活动的领域中，不存在不变的、普遍有效的真理。一个判断或结论是否合适，需要不断地结合实践的具体情况加以检视。这也是为什么亚里士多德会特别提出，在实践领域中所追求的，是一种与理论智慧相区别的实践智慧。

另一方面，就学生而言，亚里士多德在《尼各马可伦理学》的导论部分明确提出，年轻人并不是实践科学（尤其是政治学）的理想听众。这不仅是因为年轻人缺乏生活经验，对人类的行为和心理的复杂性缺少了解，更重要的原因在于，年轻人尚未学会以理性引导情感，从而更容易为激情所控制，而这将导致他们的实际行为严重偏离他们的理性认识与判断。显然，无论是对于一个人的德性与生活，还是对于一个城邦的利益与福祉来说，这种偏离的后果都有可能是令人难以承受的。因此，亚里士多德特别强调"政治学的目的不是知识而是行为"（1095a5），这句话可以看作他对实践科学之特殊性质的最清晰也最深刻的阐述。

到目前为止，我们或许已经了解亚里士多德对于伦理学和政治学的设想并同意他的观点，但是这并没有完全解决我们之前提到的问题，即：如果伦理学关注的是个人的德性，而政治学关注的是城邦的共同善，那么当这两者发生冲突的时候，一个严肃地投身哲学研究和生活实践的人应该如何选择呢？对于这个问题，柏拉图曾经在《理想国》中提出著名的"哲学王"形象，他主张一个已经获得智慧、离开洞穴看到整个世界的源头的人需要再次下到黑暗的洞穴之中，去帮助和解放他的同胞。柏拉图的这个回答与其说是缓解了个体完善与城邦利益之间的矛盾，不如说反而加剧了二者的紧张，从而使哲学王的形象染上一种悲壮的色彩。与柏拉图不同，亚里士多德以其一贯的理性，从逻辑上为这个问题给出了一个清晰的回答："既然政治学制定着人们该做什么和不该做什么的法律，它的目的就包含着其他学科的目的。所以这种目的必定是属人的善。尽管这种善对于个人和对于城邦是同样的，城邦的善却是所要获得和保持的更重要、更完满的善。因为，为一个人获得这种善诚然可喜，为一个城邦获得这种善则更高尚（高贵），更神圣"（NE1094b5-10）。由此看来，如果亚里士多德此前关于目的系统的分级成立，如果我们上面对伦理学和政治学之间关系的解释可以接受，那么在这里，通过将城邦的善放在目的系统的最高层，通过说明个人与城邦之间的关系是过渡性的相互衔接，而不是二元式的相互对立，那么亚里士多德似乎就能够解释这个困扰着我们这些现代人的问题。尽管如此，我们必须承认，亚里士多德对这个问题的处理显得过于简单和轻松了，他并没有细致地处理问题内部的层次与张力，从而显得有些含混。不幸的是，亚里士多德的这种含混不仅仅出现在对个人与城邦之间关系的讨论，它还同样出现在关于"幸福"的定义之中，这是我们后面将要讨论的问题。目前我们必须看到并且抓住不放的问题则是，亚里士多德对于人类目的、最高善以及实践科学的论述在很大程度上依赖于一个前提,而这个前提在现代人看来是有问题的,这就是所谓的"目的论"。

六 目的论

亚里士多德在《物理学》中提出了著名的"四因说",以此来解释自然事物的生成与运动。他认为我们可以用四种方式来解释事物的存在,这就是质料因、形式因、动力因和目的因。其中,质料因指的是"事物由之生成并继续存留于其中的东西"(194b25),例如用来制作雕像的青铜、制作陶罐的泥土。形式因则是"形式和模型,以及'是其所是'的原理及它们的种"(194b26),它规定了一个事物存在的根本结构。第三个原因是"运动或静止由以开始的本原"(194b30),并因此而被称为动力因,我们可以具体地说父亲是孩子的原因,艺术家是雕塑的原因,也可以泛泛地说一切制作者都是被造物的原因。而最后一个就是目的因,关于这种原因,亚里士多德自己的解释如下:

> 它就是"所为的东西",例如健康是散步的原因。因为若问他为什么散步,我们回答说,是为了健康。这样说了,我们就认为是已经指出了原因。还有一些来自其他运动者的东西,成为达到目的的中介,如减肥、清泻、药剂和器械就都是达到健康的中介。因为所有这些都是为了达到目的,虽然由于有些作为动作,有些作为器械而互不相同。(《物理学》194b32-195a3)

这里所说的"目的"(telos),在希腊语中还有"完成""终点"的意思。这也是亚里士多德将目的因称为"终极因"(the final cause)的原因。在他看来,无论是人类行动和技艺的制品,还是自然界的存在物,都有其目的,因此尽管在少数事物中并不存在终极因(例如动物的某些器官所排出的废物,见《动物的生殖》),但是我们依然可以用目的因来解释绝大多数事物的存在，因为"自然不会徒劳地做任何事情"(《论灵魂》434a30)。[1]不过，亚里士多德并不只是在"目的"的意义上使用 telos 这个词，而且强调它所具有的"最终"意义。按照他的论述，目的因是解释事物存在的最终原因，在它之后不再有其他的原因，否则我们对事物的解释将会陷入无穷倒退，也就无法对事物提出有效的解释。在这个意义上，目的因不能被简单地理解为行动的意图，而是作为一系列原因的终点，标示着自然物和人类行动的生长与发展方向。就此而言，"目的"在亚里士多德的哲学体系中也往往意味着善和完满。

亚里士多德将这四种原因——尤其是目的因——作为最基本的解释路径而广泛地应用于不同的领域，他不仅在《物理学》中提出了这四种解释方式并在《形而上学》中对之加以更为普遍和抽象的概括与阐述，同时更将其应用于自己的生物学研究和伦理学研究。在他论述动物的发展、器官及其活动的著作中，亚里士多德使用目的因来说明不同的动物所具有的不同生理结构都是令该物种能够继续生存并繁衍的条件，例如鸭子长有蹼是为了能够游泳，蛇没有睾丸是为了能够成功繁育，等等。而我们已经看到，在他论述人类行动和幸福的伦理学著作中，亚里士多德更明确表示，所有的人类行动都以各种善事物为目的，并最终以对人来说的最高善作为目的。当亚里士多德诉诸目的因来解释自然物和人类活动的时候，他其实是在一个更为本质的层面来说明万物的存在，在这个层面上，事物的本质是由其独特的功能(ergon)所决定的，只有当事物的功能得以充分实现，事物的本质才算得到了实现。比如说，水禽的功能在于游水，这是它们作为特定的生物种群所具有的特定功能，如果一只鸭子不能游水，那么它实际上也就不能被称为鸭子。因此，当亚里士多德说鸭子长蹼是"为了"游水的时候，他其实是在暗

---

[1] 事实上，亚里士多德曾经在不同的文本中多次表达过类似的意思(例如《论天》《动物的生殖》和《动物的部分》)。相关评论可参见乔纳森·巴恩斯：《亚里士多德的世界》，史正永、韩守利译，南京：译林出版社，2010年，第117页。

示,鸭子的这种生理特征是将其功能实现出来并加以完善的条件,在这个意义上,游水(或者说生存)构成了水禽长蹼的目的。就人类而言,亚里士多德则将其独特的功能鉴别为理性部分的活动,按照这种观点,如果一个人不使用理性,那么他在某种意义上也就不能被称为一个人,因为他并没有实现和发挥他的"功能",这使他和动物甚至植物没有区别。同样地,人类的求知或创造活动是"为了"追求善,这里所说的目的也构成了人类行动者实现其功能、作为人而生活与行动的本质特征。由于亚里士多德在他的研究中如此广泛地使用目的因来说明事物的存在,由于"目的论"(teleology)就意味着以目的因来解释事物的存在,因此亚里士多德的哲学体系就被认为具有浓厚的"目的论"色彩。

　　亚里士多德哲学中存在的这种目的论色彩为他招致了众多批评。一方面,人们怀疑这种诉诸目的的解释能否合理地应用于对自然物的说明。而当亚里士多德以目的因来解释自然的时候,他是否暗示了某种凌驾于万物之上的、自然神的存在?另一方面,如果亚里士多德所谓的"目的"直接指向"功能"并以此规定事物的本质,那么当我们按照这种思路来解释人类的行动尤其是道德行动时,就有可能将道德价值的来源最终归结为某种器官的功能。这两种倾向都令现代人反感。因此如果亚里士多德的学说因其目的论色彩而无法免于上述批评,那么毫不夸张地说,作为哲学家的他在现代研究者的眼中将会丧失魅力。因此,对于任何一个想要严肃地对待亚里士多德哲学并对其做出评价的读者来说,仅仅指出其哲学体系中的目的论要素是不够的,重要的是去了解亚里士多德真正想要表达的东西,以及他为什么采取这样一种方式来进行解释与表达。

　　针对上述两方面的批评,我们可以试着做出相应的解释。就前一个方面而言,将亚里士多德的自然目的论和柏拉图的神学目的论加以区分是必要而有益的工作。就后一个方面而言,了解亚里士多德所说的"功能"概念,尤其是结合人类的理性概念对之加以阐释就是格外重要的。考虑到在本章后面的部分中,我们将会对"理性"概念做出具体的讨论,因此在这里,我们将重点解释第一个方面,对第二个方面只是做出粗略的解释性评价。

柏拉图在《蒂迈欧篇》中引入了德穆革(Demiurgos)这位创造者来解释宇宙的生成、结构与变化。作为宇宙万物产生的原因,德穆革既是善的,同时又是理性的,他使一切事物都按照某种秩序、向着完善发展,并且使理性作为整个宇宙的最高原则。柏拉图按照这种观点来解释物质的生成与变化,认为虽然一切事物都由元素组成,但是赋予这些元素基本存在结构的要素则是理性。物质性的元素例如水、火、土、气都服从必然性的约束,而它们相互结合构成生物所遵从的那个结构则是由理性决定,服从理性的愿望和目的。比如说,人的身体可以分解为骨、血、肉,或者进一步分解为水、火、土、气等基本物质元素,但是如果没有理性的约束,这些元素就无法成为具有生命的人。不仅如此,有了生命的存在物会在不同程度上服从理性的引导,维系并不断发展它们的生命,追求善的事物和更高的秩序。不仅如此,柏拉图还认为,那些自身不具有生命或感觉但是能够引发感觉的事物也是整个目的系统的一部分,是造物的神用以实现最好目的之辅助手段。人类的灵魂正是通过这些事物而有所感知,进而渴望知道事物生成和变化的原因,通过不断地向上寻求真理来实现理性为整个宇宙所规划的、向往完善的目的。

由于柏拉图将目的等同于造物主的意图,将一切事物生灭变化的原因等同于理性的追求,他的这种目的论在某种意义上被看成是神学的目的论。这种目的论思想与机械论的解释形成了对立,后者仅仅将宇宙万物的构成与发展视为必然性的运作结果。相比之下,亚里士多德的目的论其实为我们提供了第三种解释可能,在他看来,这二者似乎不是完全不相容的,将目的作为解释事物生成与发展的原因并不意味着要将这种目的理解为某个造物主的意图，而避免机械论的解释思路也并不意味着要把必然性加以排除。[1]

因此，我们首先需要做的，就是重新理解亚里士多德所说的"目的"。我们已经指出，*telos* 一词在古代希腊语中的含义并不等同于我们今天所说的"目的"。尽管二者都表示"目标"，但是前者侧重于"最终"和"完成"的意味，而后者则更多地指一个人所具有的意图（intention）或者倾向（inclination）。当亚里士多德说一切人类行动都以某种善作为目的的时候，他是同时在这两个层面使用"目的"这个词：一方面，人类的行为以获得某种善作为目标，是一种有意图的行为；另一方面，人类通过这种趋向善的行为来实现自身的独特功能，这是一个人之所以与其他生物相区别、之所以能够被称为"人"的原因所在。按照这种理解，亚里士多德可以宣称"自然不会徒劳地做任何事情"，并使用目的因来解释自然界的一切生灭变化，说明各种生物体的结构及其背后的原因，但是不必像柏拉图那样，引入一个人格化的造物者，以他的理性认识、规划和目的来为整个自然界规定原则。事实上亚里士多德确实没有采取柏拉图的方案，他在使用目的因解释事物存在的时候，"极少提到大自然的计划或一个伟大设计者的意图"，[2]而这也是他的自然目的论与柏拉图的神学目的论的根本区别。

其次，我们需要看到，目的论的解释虽然与必然性的解释相对，但是也并不需要完全排除必然性，走向与之相反的观点，将万物的存在和发展看作完全偶然的和随机的。早期的自然哲学家将事物的生成与变化的原因归结为某些基本物质元素的存在和无规律的结合，亚里士多德对此持反对意见。就像他拒绝将人类理解为某种无目的导向的、只是偶然被抛到这个世界上的

---

[1] 关于对亚里士多德综合这两种解释思路的尝试，见《动物的部分》。对他的尝试所做的概括与评价，参见 R.J. 汉金森："科学哲学"，《剑桥亚里士多德研究指南》，第181-191页。
[2] 乔纳森·巴恩斯：《亚里士多德的世界》，第119页。

短暂存在一样,他也拒绝将整个世界理解为某种混沌运动中的偶然产物。他坚持为整个宇宙的存在与运动以及为什么以现在这样的方式存在与运动寻找一个有效的、结构性的原因。因此,亚里士多德的目的论尽管与必然性相对,但是仍然受到后者的约束,这种约束被他整合进了自然目的论体系,使之体现为一种普遍存在的自然规律。按照汉金森的阐释,亚里士多德对"必然性"做出了清晰的区分,他将"必然的"分为绝对和自然的必然、相关的必然以及作为条件的必然。最后这种作为条件的必然,就接近于我们今天所说的必要条件。举例来说,拥有一个正常的大脑对于人类能够从事理性思考这件事来说是必然的,因为大脑的正常活动构成了思考的基本条件,但这并不是说,人类能够思考是因为具有大脑,或者说人类具有大脑就是为了思考。亚里士多德的目的论并不反对这种意义上的必然性,正如汉金森所总结的,"对于亚里士多德来说,诉诸某些质料或者某些类型质料的假言的必然性,并不是目的论解释的一个替代物,它是它的重要组成部分"。[1] 实际上,亚里士多德对必然性的区分同时也有助于回应针对他的另一个批评,即将某些特定的人类价值还原为某种器官的功能,例如将理性判断能力还原为大脑某个区间的功能,将对善的追求还原为大脑受到刺激而分泌的、使人体会为快乐的某种介质,等等。总体来说,尽管现代学者出于自己的知识结构与立场而针对亚里士多德的目的论提出了种种批评,而且这些批评在很大程度上都值得我们重视,但是我们也必须看到,其中有些批评其实建立在对于亚里士多德及其身后的古代哲学思想的误解之上。针对这些观点,亚里士多德本人的论述中存在着丰富的资源可为其提出辩护。因此,在目的论这个问题上,我们所能够确知并应该予以注意的是,亚里士多德确实将目的论广泛地应用于他的哲学研究,所以他的很多观点实际上都隐含着目的论前提。但是对于这

---

[1] 汉金森,《剑桥亚里士多德研究指南》,第190页。

样一种解释的思路和倾向该如何评价,以及在某些具体的领域和问题上应用目的论的解释是否恰当,在多大程度上是恰当的,仍需要我们小心地加以鉴别。

第二节 亚里士多德哲学的具体主题

一 存在

在对"第一哲学"做出界定的时候,亚里士多德说这门科学研究的是那"作为存在的存在"。他在《形而上学》第四卷开篇写道:"有一门知识研究作为存在的存在和那些就其自身属于它的东西。它不同于任何一门就部分而言的知识;因为,其他知识没有一门普遍地考察作为存在的存在,而是从中截取一部分来思考相关于它的偶性,例如数学知识。既然我们正在探求那些本原和那些最高的原因,那么,显然,它们必然属于就其自身而言的一个本性。因此,如果就连那些寻求存在者元素的人也在探求这些本原,那么,必然地,这些元素就不是按照偶性属于存在,而是作为存在;因此,我们就还应当把握作为存在的存在的那些首要原因"(1003a20-32)。[1]

这段话一向被认为是亚里士多德本人对于形而上学所做的经典论述,因为它明确提出了形而上学的研究主题是"作为存在的存在"。但是,仅仅知道这一点对于我们理解形而上学这门科学的本质似乎并没有太大帮助,因为人们仍然无法确定,究竟是应该将形而上学看成一门研究特殊题材的专门学科,还是将它看成一种普遍的抽象知识。[2] 事实上,要想恰当地理解形而上学并进入这个领域,首先需要加以澄清和理解的,恰恰是这里提出的"作为存

---

[1] 由于讨论和行文的需要,本节所使用的中文译文出自聂敏里:《存在与实体:亚里士多德形而上学Z卷研究(Z1-9)》,上海:华东师范大学出版社,2011年。

[2] 相关争论参见本章关于"第一哲学"的讨论。

在的存在",因为对存在的研究直接通向对实体的研究,而后者构成了亚里士多德形而上学的核心问题。

亚里士多德在上面这段话中提出,形而上学的研究对象有两种:一是作为存在的存在,二是那些就其自身属于它的东西。更进一步说,形而上学所寻求的是诸本原及最高的原因,因而,它的研究对象实际上是"作为存在的存在的第一原因"。一般来说,人们更容易将目光集中在亚里士多德最初的描述,尤其是集中在第一种研究对象身上,而忽略了他对那些就其自身属于它的东西的强调。这样一来,当亚里士多德紧接着说,这门学科不同于任何特殊学科是因为后者所考察的不是作为存在的存在,而是存在的一个部分,就容易导致一种误解,认为形而上学是在一种最普遍、最一般的意义上对存在加以研究。而这种误解直接导致了我们前面讲到的对第一哲学的误解与争论。[1] 因此,一个更加恰当的做法或许是将目光重新聚焦于这两种研究对象之间的关系,并通过对存在的理解和分析而达到对第一原因的把握。这也正是亚里士多德接下来所做的工作。

亚里士多德首先指出,日常生活中常常会有这样的情况:当我们在交流和表达中说出一个语词的时候,我们很可能是在不同的意义上使用这个词。比如说,英文中的 "bank" 既可以指河岸,也可以表示银行,而这两个含义之间相差甚远。[2] 汉语里也经常出现类似的情况,例如当一个人说出"杜鹃"这个词的时候,他可能是在指一种花,也可能是在指一种鸟。亚里士多德将这种常见的语言现象称作"同名异义"(homonymous)。这种现象通常不会阻碍我们的日常交流,相反可能还会令语言更加生动丰富,但是按照亚里士多德的观点,同名异义会导致哲学写作和思考中的逻辑混淆,并最终形成严重

---

[1] 对于《形而上学》这段话的两种错误理解以及相关评论,参见聂敏里:《存在与实体:亚里士多德形而上学 Z 卷研究(Z1-9)》,第 2-7 页。

[2] 参见米切尔·卢克斯:"亚里士多德:形而上学",《古代哲学:布莱克韦尔哲学指导丛书》,第 191 页。

的困难。也就是说,很多理论上或逻辑上的难题,实际上来自于我们对语言和概念的误用与混淆。因此,当我们开始思考并尝试解决一个哲学难题的时候,一个有效的办法就是清理语言上的这些混淆,对核心词语的不同含义加以辨明。这也是亚里士多德自己在哲学写作中经常使用的方法。[1]

不幸的是,"存在"这个对于哲学来说如此重要的词,恰恰是多义的。一个事物本身的存在当然是一种存在,同时,它的形状、颜色、大小等也都是存在。而后面这些存在,按照亚里士多德在《范畴篇》中的界定,分属于不同的范畴,而各种范畴也就是各种不同的、最高的种(*eidos*/species)。没有一个单一的种能够涵盖其他所有的种,因而也就没有一个单一的种能够涵盖所有这些存在。如果是这样,那么形而上学作为一种单独的知识或者科学的有效性就有可能受到伤害,因为如果我们将"作为存在的存在"理解为一种能够涵盖一切存在物的东西,那么它或者根本不存在,或者空无一物。但是,亚里士多德赋予了"存在"一种特殊的多义性,以此来回应这种可能的威胁。

在亚里士多德看来,"存在"的确是多义的,但是它的这种多义性比较特殊。如果说,"bank""杜鹃"这种多义词的各种意义之间彼此不相干,那么,"存在"的多种意义都趋向某一种首要的核心意义,这就是亚里士多德所说的"趋于一"(*pros hen*)。在《形而上学》第四卷第二章,他说,"存在虽然有多种意义,但是全都和一个东西以及某一种本性相关,而且这不是以同名异义的方式"(1033a33)。也就是说,与那些真正矛盾或混淆的多义词不同,各种"存在"的意义都是从某一个首要的意义获得说明的。为了解释这一点,他接着举出了健康和医术的例子,"而是像健康的全都和健康相关一样,有些是由于保持了健康,有些是由于造成了健康,有些是由于是健康的表

---

[1] 例如《范畴篇》《形而上学》《辩谬篇》,等等。相关评论参见乔纳森·巴恩斯:"形而上学",《剑桥亚里士多德研究指南》,第112-113页。

征,有些是因为可以接受健康;也像医术的全都和医术相关一样(因为有些是由于拥有医术而被称作医术的,有些是由于天然适合于医术,有些则是由于是医术的功效)"(1033a35-1003b4)。在这段论述里,亚里士多德通过一个类比来说明形而上学是如何能够既容纳对多种具体存在的探讨,同时又可以作为一个单一学科而存在。按照他的说明,我们在日常生活里常常会和以下事物打交道:良好的生活习惯,寻医问药,进行身体检查并发现各项指标正常,或者生病经过治疗而逐渐好转,等等。当我们接触这些不同的事物、完成这些不同活动的时候,我们都会用同一个词"健康"来说明我们的经验或行动,例如"要健康地生活""为了重获健康,他需要进行一个小手术""身体状况十分健康"或"祝你早日恢复健康",等等。正是"健康"这个核心的意义赋予了所有这些事物以意义,使它们能够被说成是"健康的"。在这个基础上,亚里士多德将对健康的讨论引向医术或者医学,同时也就转向了对某种学科的说明,这种学科就像医术一样,由于它能够把握那个处于核心的、各种意义所趋向的东西,也就能够涵盖与此相关的各种事物,将它们作为自己的研究对象。因此,如果我们想要把握这些和健康有关的事物,我们就需要通过医学研究,从根本上知道什么是健康。

与健康相类似,各种存在也有所趋向的那个"一",它们所趋向的这个本原也就是实体:"虽然甚至存在也有多种意义,但是全都相关于一种本原;因为有一些由于是实体而被称作存在,有一些由于是实体的性状,有些则因为是通向实体的途径,或者是实体或就实体而言的东西的毁灭、缺失、性质、制造或生成,或者对这些东西或实体的一个否定"(1103b5-10)。很显然,亚里士多德在这里区分了存在的不同层次,实体是最核心也最根本的存在,是首要的原因;其他如性质、生成、变化甚至对存在的否定都是由于涉及实体而被称为存在者。接下来,就像从"健康"引向"医术"一样,亚里士多德也从对存在与实体的论述走向对形而上学的再次界定:"因此,正像对于全部健康的有一门知识,同样……对作为存在的存在的研究属于一门知识。而这门知识在各方面都主要地和那个首要的东西相关,其他东西依赖于这个东西,并通过它而被言说"(1003b15-17)。至此,形而上学的研究对象已经呼之欲出,"因此,假如这个东西就是实体,那么哲学家就应当去把握实体的那些本原和原因"(1003b19)。

如果我们还记得在讨论亚里士多德的"第一哲学"时所遇到的困难,那么到了这里,在亚里士多德区分存在的多种意义并提出其核心意义的时候,那个困难实际上已经获得了一个比较充分的解释。当亚里士多德将形而上学(或者说第一哲学)的研究焦点表述为"作为存在的存在的第一原因"时,他并不是在强调这种研究的普遍性和一般性,而是通过对存在加以严格界定,将形而上学的研究对象收缩到一个足够精当的范围,同时保持了它和最广泛的存在之间的联系。也就是说,如果我们随着亚里士多德,认识到实体就是所有存在者的核心,那么,我们就可以前后一致地认为,有多少种存在,就有多少种研究存在的哲学;而既然所有的存在都趋于一个首要的、第一的存在即实体,那么第一哲学就是关于实体的研究。[1] 也正是在这个意义上,形而上学的研究焦点就集中于对实体的研究,这也是为什么我们后来会将对于存在(*to on*)的研究称为"本体论"(ontology)。因此,如果我们想要研究什么是存在,我们实际上就是在研究什么是实体,后一个问题构成了形而上学的核心问题。

二 理性与欲望

在《形而上学》中,亚里士多德将求知视为人类的天性,而人类之所以

---

[1] 事实上,一个更加确切的说法应该是,形而上学或者说第一哲学是关于第一实体的研究,而不仅仅是关于一般实体的研究。有关第一实体与一般实体的区别,参见聂敏里:《存在与实体》,第6-7页。

天然地具有对知识的渴望,其根基在于人类灵魂的诸种能力。这些能力又根基于感知的能力,并在此基础上逐步产生记忆、经验以及由此获得技艺和科学甚至智慧的能力。[1] 在这样一个连续的、层级性的能力系统中,最基本的似乎是感觉,而最高层的则是理性。前者是人类与动物所共享的,后者则为人类所独有。事实上,亚里士多德的老师柏拉图在《理想国》中已经对人类的灵魂做出了三重划分,他将灵魂分为理性、激情和欲望三个部分。其中,理性的部分能够判断并且追寻善与智慧,欲望的部分则总是趋向快乐。与此相对,作为中间部分的激情虽然被划归非理性的部分,但是它可以分有理性,协助理性部分来约束和引导欲望的部分,使一个人的行动符合他的理性,并逐步实现灵魂的三个部分在合乎理性的前提下的和谐与统一。

　　亚里士多德大致接受了柏拉图关于人类灵魂的观点,并修改了柏拉图对灵魂各部分所做的划分。在《尼各马可伦理学》第一卷第十三章,亚里士多德先是采用了既有的划分方法,将灵魂区分为有逻各斯的部分和无逻各斯的部分,然后又将无逻各斯的部分划分为两个部分:一个部分是生物所普遍享有的、植物性的部分,它负责生物体的营养和生长;另一个部分则是可以分有逻各斯的,亚里士多德在这里称之为欲望的部分,这个部分的本性可以合乎逻各斯。因此,对于一个既能做出理性判断同时又具有与理性判断相反的本能冲动的人来说,如果他的行动最终与理性判断相一致,那么就可以看到,在他的身上还有一个合乎逻各斯的欲望部分在起作用。举例来说,一个人知道为了保持健康,自己不应该吃太多甜食,这是他灵魂中有逻各斯的部分做出的正确的理性判断。而一个人自出生起就自然地渴望甜的食物,例如婴儿寻求母亲的乳汁,因为甜的东西能够令他感到快乐。因此,当他看见一块奶油蛋糕的时候,他的灵魂中植物性的部分就会渴望吃掉这块蛋糕。这样

---

[1] 参见亚里士多德:《形而上学》,980a21-981b10。

一来,如果这个人遵循本能的冲动而吃掉这块蛋糕,那么植物性的那部分灵魂就起了作用。而如果他最终忍住了冲动,没有吃掉这块蛋糕,那么按照亚里士多德的观点,他的分有逻各斯的、欲望的部分就发挥了作用,使他的行为与理性相一致。

按照这种说法,在人类灵魂中的两个部分,有理性的部分和无理性的部分之间,就存在着一个重合的或者说中间的部分,这个部分是双重的:一方面,它像听从父亲的意见一样听从理性的引导;另一方面,它又有可能追随着最本能的冲动,走向理性的反面。亚里士多德这里提出的观点与柏拉图的主张十分接近,不仅如此,他还更进一步,根据灵魂的这两部分划分出两种德性,也就是我们后面要讨论的理智德性和伦理德性。

不过,在进入对德性的讨论之前,我们需要重新审视一下亚里士多德对于人类灵魂的划分。事实上,在其他的著作如《论灵魂》中,亚里士多德对人类灵魂的各个部分做出了更为细腻深入的思考与区分。按照他的描述,一切生物的灵魂都具有某种功能(*ergon*),不同种类的生物,其灵魂则具有不同的功能。植物的灵魂具有欲求营养和生长的能力,动物的灵魂则具有感知、欲望并追求目标的能力,相比之下,人类的灵魂在营养、感知和欲望之外,还具有理性能力如认知、思考并做出判断,等等。按照这个划分,感觉和欲望就是动物(包括人类)的灵魂所特有的能力。而欲望实际上就是一种追求的能力,它以愉悦的感觉为追求目标。与此相对的则是躲避恐惧和痛苦感受的能力。亚里士多德认为,包括人类在内的一切动物天然地能够体会快乐与痛苦并且能够清楚地区分这两种基本感受,不仅如此,当动物体会到某种快乐或痛苦的感受时,它必然会做出一个相应的行为反馈,追求或是躲避这种感受及其来源。

与柏拉图不同,亚里士多德将灵魂的欲望部分进一步加以区分:"欲望包括欲求(*epithumia*)、冲动(*thumos*)和想望(*boulēsis*)"(《论灵魂》

414b4）。这些不同形式的欲望所追求的目标不同，追求目标的方式也不同，因此，它们虽然都属于欲望，但是相互之间也会发生冲突："欲望之间可能互相冲突，一旦理性和欲求发生对立就会出现这种情况"（《论灵魂》433b5）。其中，欲求（epithumia）作为最基本的部分，主要是指那些与身体的本能欲望联系最密切的渴求，诸如吃、喝、性活动等方面的欲望。它是人类与其他动物所共有的欲望，也是人类的动物本能的体现。冲动（thumos）与欲求一样，也属于非理性的部分。作为欲望的一个中间层次，冲动以荣誉、勇气、扶助朋友、打击敌人等政治生活中的善事物作为目标，当它与欲求发生冲突的时候，它甚至会迫使一个人放弃基本的身体欲求与快乐（甚至生命）以获取荣誉或者胜利；而冲动与想望之间的差别则在于它并非总是能够与理性判断保持一致，这也是为什么我们会看到有人因为遏制不住自己的怒气或者虚荣心，做出一些严重违背理性判断的事情。

与前两种欲望相比，想望（boulēsis）与理性最为接近。在《修辞学》中，亚里士多德对"想望"提出了进一步的说明。他特别强调想望所关注的目标并不是一般意义上的欲望所趋向的目标，而是特指那些善的事物："出于欲望的行为，有些是出于合乎理性的欲望，有些是出于非理性的欲望。想望是对善的欲望；因为没有人会去想望某件事物，除非他认为该事物是善的；非理性的欲望则包括愤怒和欲求"（1368b37-1369a5）。这样一来，想望就构成了欲望的一个比较特别的部分，它不仅关系到一个人的需要或者喜好，而且已经包含了一个与价值相关的要素。而按照我们对亚里士多德目的论的理解，一方面，人类的独特功能就在于理性部分的能力与活动；另一方面，人类的灵魂之中先天地蕴含着一种价值判断的能力。这种能力体现在我们对那些能够带来愉悦感觉的事物所具有的欲望之中；因为我们对于这些令我们愉悦的事物的欲望并非仅仅指向这些事物本身，而是同时指向了它们内在具有的善价值。因此，如果我们在这个问题上对一种目的论的立场加以考虑，那么就可以看到，人类灵魂的欲望部分已经包含了一个对于"善"事物的识别与追求，这使得人类灵魂的非理性部分能够接受理性部分的引导，通过道德教育与训练而逐步养成好的品格，并逐渐通向德性与幸福。

三 理智德性和伦理德性

亚里士多德对人类灵魂的划分为德性理论提供了基础。按照他的论述，人类的德性也可以大致划分为两个部分，而且两个部分与人类灵魂的划分相应。这里所说的人类"德性"（aretē/virtue），主要有两层意思：一是指灵魂的两个部分各自将其特有的功能实现得好，或者说实现得卓越；二是指一种稳定的品格状态，它能够使灵魂的两个部分将各自的功能卓越地实现出来。如果一个人是在最完满的层面上（无论是时间、范围还是程度）将灵魂的功能加以卓越地实现，那么他就被认为达到了最高的善，因而也就是幸福的。在这个意义上，亚里士多德将人类的幸福界定为灵魂按照完满的德性的实现活动（《尼各马可伦理学》1102a5），也就是说，人类灵魂的德性构成了人类幸福的基础。灵魂与德性之间之所以存在对应关系，不仅是因为伦理学的研究主题是属人的善与幸福，并以实际获得善和幸福作为目标，而且也是因为亚里士多德将伦理学所讨论的善与德性限制于灵魂的而不是身体的善和德性。因此，对德性的划分也就与对灵魂的划分相一致。既然伦理学和政治学的研究者与实践者主要研究和处理的主题是与人有关的善，那就需要首先对人类的灵魂和德性有所理解。

基于德性与灵魂之间的这种一致性，亚里士多德将德性分为理智德性和伦理德性。其中，理智德性是灵魂理性部分的卓越，它的产生和发展主要是通过教导，并要求一定的经验和时间。伦理德性指的是灵魂非理性部分的卓越，例如慷慨和节制等。它的产生和保有则通过习惯养成。在《尼各马可伦理学》第六卷，亚里士多德集中讨论了理智德性。在这里，亚里士多德对于灵魂有逻各斯的部分又做了进一步的区分:"一个部分思考其始因不变的那些事物,另一个部分思考可变的事物。……这两个部分中,一个可以称为知识的部分,另一个可以称为推理的部分。考虑与推理是一回事,我们从不考虑不变的事物。所以,推理的部分是灵魂的逻各斯部分中的一个单独的部分"(1139a5-15)。[1] 在前面讨论亚里士多德的"知识"概念时,我们已经知道,亚里士多德使用"知识"或者"科学知识"来指称人类理性对于普遍的、永恒不变的真理的认识,我们所用以获得这些知识的理性部分,也就是理论理性。那么,与这种不变的真理相对的,就是可变的、属于人类生活的事物。而这一部分事物,在亚里士多德看来,构成了实践理性的认识目标。如果说,理论理性部分的活动在于思考,实践理性的活动则在于考虑或推理,那么按照亚里士多德对于德性的定义,这两个部分的活动完成得好、完成得卓越,或者说使这两个部分能够卓越地活动的那种状态,就是它们各自的德性。对于理论理性来说,这就是理论智慧;实践理性的部分则是实践智慧。

不过,亚里士多德并不满足于将理智德性仅仅区分为理论智慧和实践智慧。在第六卷第三章,他将理智德性再区分为五种,即:技艺、科学、明智(*phronēsis*)、智慧(*sophia*)和努斯(*nous*)。这个区分造成了一定的解释困难,其难点在于如何理解技艺在理智德性之中的位置。因为与亚里士多德之前的论述相比,这份列表不仅添加了条目,而且这五种德性之间的相互关系似乎不够清晰,容易造成误解。有论者认为这里所列举的五种状态并非都可以被划归为理智德性,而只有明智和智慧是德性;也有观点认为,这份列表或者来自于《后分析篇》,或者由欧德谟加以重新编辑,从而与亚里士多德在第六卷第一章的论述有所出入,但是这种不一致并不是根本性的或不可消

---

[1] 除非特别说明,本书所使用的《尼各马可伦理学》中译文均出自亚里士多德:《尼各马可伦理学》,廖申白译,北京:商务印书馆,2003年。以下简称 *NE*。

除的，而是可以采用某种方式对这五种德性的关系加以梳理和阐释。[1]在这些阐释思路中，余纪元的理解更加简洁高效。[2]他认为亚里士多德在第六卷后面的部分对这里新提出的五种德性做出了说明，将知识和努斯划归智慧范畴，于是这五种理智德性实际上可以概括为三种，即：技艺、理论智慧（即智慧，包括知识和努斯）和实践智慧（即明智）。余纪元进而指出，这种三分法与亚里士多德对科学知识的划分相对应。也就是说，技艺对应着制造的知识，实践智慧和理论智慧则分别对应于实践的和理论的知识。结合亚里士多德在《形而上学》中对知识所做的区分来看，这种理解思路基本上是可行的。因此，如果我们将理论智慧理解为人类理性把握理论知识的最佳状态，将技艺理解为理性在掌握创造活动（例如医学、建筑或艺术）所要求的技术性知识方面所达到的准确和纯熟状态，那么很明显的是，实践智慧或明智在理智德性中就占据着关键的地位，这不仅是因为它主要处理那些可变的、对人类来说具有重要价值的事物，同时也是因为它处于另外两种理智德性之间，和二者各自具有密切关系。不仅如此，它更关系到伦理德性的获得。或许正是因为考虑到这一点，亚里士多德使实践智慧在他的伦理学研究中居于重要地位，而他对这种特殊的理智德性所做的论述也被看成是他对伦理学的发展最富影响的贡献之一。

四　明智

亚里士多德是通过考察明智的人所具有的特点来提出"明智"（*phronēsis*）概念的。按照他的论述，当一个人具有以下特点的时候，他可以被称为是明智的，即：他能够恰当地考虑对于他自身来说是好的或者说是有益的事情。而且这种好的、有益的事情并不是具体的小事，是关系到整个生活的、总体

1　具体观点参见廖申白:《尼各马可伦理学》，第169页注释3。
2　参见余纪元:《亚里士多德伦理学》，北京：中国人民大学出版社，2011年，第101页。

上来说对人有益的事情。这样的人并非精于算计、为了自身利益去斤斤计较，他们对于个人生活的价值和整个城邦的幸福都有所了解，善于分辨对个人而言的善和对城邦而言的善，并且有能力加以追求。不仅如此，明智的人既不考虑那些在他能力之外的、不变的事物（例如太阳从东方升起），也不会为了一个不好的甚至是邪恶的目标而精心算计，因为明智的人追求的目标都是善的。因此，所谓明智，就是"一种同人的善相关的、合乎逻各斯的、求真的实践品质"（*NE*1140b20），它本身就是一种德性。

在此基础上，亚里士多德将明智区分为两种类型：一种类型与政治学相应，它考虑的是整个城邦在总体和具体两个层面的事物，因而又区分为立法学和政治学，政治学再包括思虑的明智和裁决的明智（*NE*1141b25-35）；另一种类型的明智则更接近于我们今天的理解，指的是在个人生活领域中关心对于自身而言的善，能够正确地加以认识和追求的理智德性。在亚里士多德看来，这两种类型的明智并不能分割开来，因为"一个人的善离开了家庭和城邦就不存在"（*NE*1142a10），这就像他所设想的伦理学与政治学的关系一样，如果说伦理学所处理的是关于个人生活的明智，政治学所关注的是有关整个城邦的明智，那么很显然，这两者之间存在紧密地一致的关系。

既然理智德性包括技艺、明智（实践智慧）和智慧（理论智慧）这三种类型，那么，要想对明智做出有效的说明，就必须对明智与技艺、明智与智慧之间的区别和联系加以说明。相对来说，明智与智慧之间的区别比较明显。我们已经多次强调，智慧主要是关于那些必然的、永恒不变的真理，明智则关注可变的、属于人的善与幸福。对于古希腊哲学家来说，关于最高真理的智慧高于处理人类事务的明智，这是一个毫无争议的事实。亚里士多德显然也同意这一点，这也是他将第一哲学界定为最荣耀、最高贵也最神圣的知识的原因。但是，需要指出的是，与他的前辈甚至同代人相比，亚里士多德格外重视明智在人类生活中所具有的重要作用。他指出，"说本身低于智慧的明智反而比智慧优越，这必定荒唐。不过，那个最初的东西又好像处处在服从"（*NE*1143b35）。这里所说的"那个最初的东西"指的就是关于最高原因的理论智慧。亚里士多德看到了在变动不居的人类生活中，仅仅具有理论智慧并不足以令一个人行动得好且生活得好。由于人类的本性是必朽的和有限的，而人类的生活与行动很大程度上是偶然的，因此，生活得繁盛、道德上值得称许，这些目标的实现就必定要求一个人在具体的、可变的事务上判断得好，能够明智地推理和行动。这或许也是亚里士多德不断对人类理性加以区分、对理性各部分的德性做出探讨并最终将明智作为一种独特的理智德性的原因。

与智慧相比，明智和技艺之间的关系更加紧密，因为它们都关系到人类的实践行动。就像我们之前说到的，技艺是关于某个专门的制造领域的技术性知识，它一方面要求经验，一方面要求对于制造所涉及的事物特性、具体条件和行动可能达成的效果有明确的认识和合理的预期。举例来说，一位优秀的咖啡师必须了解与咖啡豆相关的植物学知识、烘焙知识，能够熟练地操作制作咖啡所必需的工具。不仅如此，他还必须敏感于天气的变化，能够根据不同的温度、湿度和豆子的状况调整制作的方法，并且能够敏锐地感知顾客的喜好，根据不同的口味和饮用习惯为顾客制作出完美的咖啡。可以说，一位咖啡师对于上述这些方面的认识状态就构成了咖啡制作的技艺。其他领域例如医术、烹饪、建筑、艺术创作或珠宝、钟表等手工艺制作都是如此。在某种程度上，明智与技艺十分相似，它关系到一位人类行动者对于自身和共同体所要追求的目标的认识，同时更涉及掌握纯熟的分辨、判断和推理能力，能够对于达到目标的方式和手段做出判断，并将其转化为实际的行动，在行动之前和行动过程中始终能够清楚地对各种条件和行动效果做出评估与合理的预期。正是出于这个原因，亚里士多德在界定和讨论明智以及实践推理的时候，总是会使用技艺来做出类比的说明。

尽管明智与技艺之间具有如此紧密的关系，但是认识到它们之间的区别或许更为关键。在《尼各马可伦理学》开篇，亚里士多德在谈到人类行动的目的的时候，也对人类活动做出了区分。在他看来，一切人类活动都具有目的，都有所追求。但是有些活动的目的就在它自身之中，有些活动的目的则在自身之外。相比之下，目的在自身之中的活动处于更高层次，因为它自身就值得选择，本身就构成了追求的目标。而如果一个行动的目的在它之外，那就意味着，一方面，这个行动的后果或者产品比它更有价值，它只是作为手段而具有意义；另一方面，这个行动本身是中性的，它的价值由其目标决定。所以说，目的在自身的活动更值得追求，因为它自身是善的。而目的在自身之外的活动则有可能不是善的，如果它服务于一个不好的目的。亚里士多德对于技艺和明智的区分与他对人类活动的区分密切相关。明智自身即包含了对善的渴望，它必然导向一个好的结果。也就是说，不可能存在着一个"明智的"坏行为。而技艺则是中性的，它有可能通向一个坏的结果。因此，自身是否包含对善的追求，这就构成了明智和技艺的根本区别。

这样看来，亚里士多德对于明智的论述是比较清楚的。但是如果我们对此做出进一步的思考，就会发现依然存在着两个需要澄清的问题。第一个问题在于，亚里士多德将明智作为一种独特的理智德性单独提出来，使它区别于更普遍的智慧和更实际的技艺，但是这样一来，明智所发挥作用的领域究竟在哪里呢？我们能否在实际的人类活动和心理过程之中发现一个确实的、供明智主导的空间？第二个问题则是，如果说明智作为一种特别的理智德性而在实践方面起作用，那么它与伦理德性之间的关系又是怎样的？

亚里士多德自己也意识到需要对这两个问题做出进一步的论述，因此，在他对五种理智德性做出区分并讨论了它们的应用之后，他又专门用两章的篇幅分别论述了明智的作用以及明智与伦理德性的关系。关于明智的作用，亚里士多德首先列举了在这个问题上的几个疑难：第一，与考虑不变的事物的智慧相比，明智当然是考虑可变的、与属人的善相关的问题。但是如果它仅仅是在"考虑"的意义上与属人的善相关，那么这对我们有什么实际的意义？因为一个人仅仅从理性上认识德性、知道什么该做什么不该做，这并不能保证他成为一个有德性的人，总是做正确的事情、不做错误的事情。不能自制（akrasia）就是典型的例子。一个不能自制的人明明知道自己不该做某件事，但他的理性判断就是无法控制自己的行动。第二，如果明智的目标不限于知道或考虑人类的善，而是要令一个人真正成为好人，那它的位置依然十分尴尬：对于一个已经有德性的人来说，明智是不需要的；而对一个尚未具有德性的人而言，明智看起来又无从发挥作用。[1]针对这些疑难，亚里士多德对明智做出了一个初步的补充。一方面，他强调明智自身即属于善，能够帮助人们获得幸福，因而它自身就具有价值，值得人们加以选择和追求。不仅如此，明智与人类行动之间的关系比智慧更加密切，这尤其体现为，明智为人类所追求的善目的规定最好的、最恰当的手段。在这个意义上，明智可以被看成是一种能力，它使得人们对善的追求和实践的行动能够按照最恰当的方式进行。另一方面，亚里士多德指出，如果说明智实际上是一种能力，那么我们就需要将它和人们常说的聪明（deinotēs）加以区分。虽然聪明也是一种能够选择最恰当的手段的能力，但是和明智相比，聪明并不总是具有一个善的目标，也就是说，聪明并不总是和德性相伴。而按照亚里士多德的说法，离开了德性的明智就只是聪明，而离开了明智的聪明就是狡猾。[2]由此

---

[1] 实际上亚里士多德在这里还提出了第三个疑难，即明智与智慧的关系问题。由于前文已经对这个问题有所说明，因此这里不再赘述。
[2] 参见 NE1144a25-30，亚里士多德的原文是："有一种能力叫作聪明，它是做能很快实现一个预先确定的目的的事情的能力。如果目的是高尚（高贵）的，它就值得称赞；如果目的是卑贱的，它就是狡猾。所以，我们才会称明智的人是聪明，称狡猾的人是卑贱。但是能力不等于明智，虽然明智也不能没有能力。但是灵魂的这只眼睛离开了德性就不可能获得明智的品质。"亦可参见廖申白对这段话的注释：《尼各马可伦理学》，第188页，注释1。

看来，明智不仅仅是一种帮助人们判断和选择最好的手段的能力，同时也是紧密伴随着好的目标的能力。所以，我们或许可以将明智理解为由好的目标引导的、关于实现目标之手段的、正确的理性认识。而这种兼顾目标与手段、兼具好品质与有效性的理性能力，就是亚里士多德所设想的明智的作用。

亚里士多德对这个问题的回答在某个细节上直接将我们引向了第二个问题，也就是明智与伦理德性的关系。事实上，这是一个难题，因为亚里士多德对这二者关系的论述似乎包含着一个循环。当他论述明智的作用尤其是将明智和聪明加以区分的时候，他说明智必须伴随着德性，"明智与伦理德性完善着活动。德性使得我们的目的正确，明智则使我们采取实现那个目的的正确的手段"（NE1144a8-10）。然而在《尼各马可伦理学》第二卷中亚里士多德在界定德性的时候，他已经说过德性是由理性决定的，具体来说，伦理德性是由明智这种与实践相关的理智德性决定的。那么，亚里士多德对于明智和伦理德性的观点内部究竟是否存在着循环呢？

为了消除这个可能存在的问题，亚里士多德在第六卷的最后一章专门阐述了明智与伦理德性之间的关系。事实上，他等于是借助对明智的论述，在一个新的层面上对德性做出进一步的思考和讨论。亚里士多德消除这个困难的方法是对德性做出进一步的区分。他将德性分为自然的德性和严格意义上的德性，自然的德性指的是由自然赋予的、天生就有的好品质，例如有的人天生慷慨，有的人生性坚强，等等（NE1144b15）。这样的德性并不诉诸理性，儿童也可以具有，比如我们也经常会说，这个孩子比较大方，那个孩子比较勇敢。这就意味着自然的德性的获得并不要求习惯或是理性的指导。与自然的德性相对的，是严格意义上的德性。亚里士多德认为这种德性必须以明智作为条件，如果没有明智，没有了正确的、按照明智而提出的逻各斯，也就不能产生严格意义上的德性（NE1144b25）。

实际上，这个经过严格定义的德性与苏格拉底所持有的德性概念密切相关。在苏格拉底看来，只要一个人被认为具有了德性，他必然就已经具有了对于德性及其获得方式的知识，有了理性层面的正确认识加以指导，也就必然会做出正确的、与理性判断相一致的行动。苏格拉底的这种观点代表了一种相当强的理性主义立场，持有这种观点的哲学家认为，道德的根源在于人类的理性，只要具有对善与恶、恰当和不恰当行动的正确的理性认识，人们就不可能在实际行动中犯错。按照这一思路，苏格拉底坚持认为，所谓的不能自制其实是不可能的，也就是说，由于理性认识对于行动具有决定作用，人类的欲望就不可能战胜理性，如果说我们在日常生活中的确观察到欲望战胜理性的情形，那只是被事物的表象所蒙蔽罢了。而真相则是，在一个被称为"不能自制"的人那里，其实并不存在对于善的、真正正确的理性认识。因此也就没有什么"不能自制"可言。

亚里士多德在某种程度上分享了前辈的主张，这种一致性体现为他也承认理性认识在人类的道德生活中具有根本重要的作用，正如他在讨论明智的时候反复强调的，明智规定了严格意义上的德性。但是他修改了苏格拉底的观点，将理性的认识视为德性的必要条件，对理性在道德行动中的角色做出了限定。基于这种考虑，亚里士多德承认不能自制现象的确存在，而理性层面对于善的认识，在未经界定的情况下并不能充当获得德性的充分条件。这就意味着他在理性认识和有德性的行动之间又添加了一个条件或者说机制，只有在既具备理性认识又激活了这个机制的条件下，一个人才会做出真正有德性的行动并称得上是有德性的人。因此，在第六卷的结尾，他将苏格拉底的观点重新表述为"德性不仅仅是合乎正确的逻各斯的，而且是与后者一起发挥作用的品质。在这些事务上，明智就是正确的逻各斯"（*NE*1144b25-30）。

亚里士多德在这里所做的修改实际上具有极为重要的意义，一方面，他通过对德性做出进一步的区分而避免了论证中可能存在的循环，因为他完全可以声称作为总体的德性可以为明智规定善的目的，同时又主张严格意义上的德性必须是由明智规定的；另一方面，他在这里所呈现的论证思路和理论立场的转变不仅对于他的整个理论体系来说是关键的，对于西方道德哲学的发展也具有深远影响。就前者而言，亚里士多德提出明智这种与智慧、技艺相区别的理智德性，也就是为人类理性中处理实践事务的部分划出了专门的职能。这不仅与他对知识和理性的划分相对应，同时也构成了其伦理学研究的核心观点，为他进一步研究人类的行动及心理拓开了空间。就后者而言，亚里士多德承认了伦理德性对于理智德性所具有的影响，并指出只有二者一起发挥作用才能获得严格意义上的德性，由此通向真正的善与幸福。他对理性与非理性的情感和欲望部分在人类行动中所起的作用、相互间的关系以及各自的限制都有明确的意识并做出了深入讨论，这种认识的倾向与他的前辈尤其是持有理性主义立场的苏格拉底和柏拉图相比，显得更为突出，这为后来的哲学家在理性主义的立场之外寻求道德的根据提供了基础，而他对明智的讨论直到今天仍在对伦理学的研究产生影响。

五 伦理德性：慷慨

亚里士多德在《尼各马可伦理学》第二卷将伦理德性规定为"一种选择的品质，存在于相对于我们的适度之中，这种适度是由逻各斯规定的"（*NE*1106b35）。从这个精练的定义中，我们可以看到与理智德性相比，伦理德性主要具有三个要素。第一，德性是一种经过选择的品质，这意味着它既不是某种短暂的状态，也不是被动引起的或是天生具有的品格方面的状态，而是由包含了人类行动者的理性认识与判断以及一定的训练和习惯化过程。第二，德性意味着适度，而且根据亚里士多德的解释，这种适度并不是数学上的中间项，而是相对于具体的人、具体的情况而言，在两种不好的极端（过多与过少）之间所取得的中间状态。数学上的中间项一旦确定就是普遍的，而作为适度的中间状态并非确定不变，一方面它会根据对象和外部条件的变化而变化，另一方面它就要求人们不能以数学计算的方式而必须以不断观察、体验并加以分析判断的方式对它进行认识与追求。第三，德性或者说作为德性的这种适度是由逻各斯所规定的，因此尽管它可变，但并非偶然，也并不是不能为人类的理性所把握。

亚里士多德对于伦理德性的上述讨论构成了他的伦理思想的一个特色。直到今天，当代伦理学为了针对强调普遍原则的康德义务论原则而重新引进亚里士多德的思想时，仍然将这种思路称为"德性伦理学"。这里所说的德性自然是指伦理德性。因为亚里士多德对于"适度"的论述，他对于理性和非理性、普遍性与可变性等相对因素在获得伦理德性的过程中所起作用的辩证认识，都为后来伦理学的发展确立了重要方向。在他的影响下，道德不再是僵硬的、单纯由理性规定的冰冷存在，而是为情感甚至欲望等人性中根深蒂固的因素开辟了更多发挥积极作用的空间。但是亚里士多德的伦理德性概念在取得上述成就的同时，也因其解释和论述上的灵活而遭到了一些批评。有的批评意见认为亚里士多德的德性概念在应用于各种具体德性的论述时出现了问题，他对德性给出的定义不足以涵盖各种具体的德性。尤其是对于那些比较复杂的、特殊的德性例如勇敢、公正等，亚里士多德诉诸"适度"的德性概念就暴露出它的有限性。[1] 考虑到亚里士多德对各种德性的论述比较具体，我们在这一节和下一节中仅选取两个有代表性的例子加以说明。我们将会看到，"慷慨"这一具体的伦理德性是如何符合亚里士多德的德性概念的，而"公正"这一复杂而重要的德性又是如何超出了亚里士多德对德性的一般论述的界限，从而为他的德性学说带来了一些张力。

慷慨（*eleutheriotēs*），按照亚里士多德的界定，指的是一个人在给予和

---

[1] 相关讨论可参见 Urmson, "Aristotle's Doctrine of the Mean", in A. O. Rorty ed., *Essay on Aristotle's Ethics*, pp.157–170, University of California Press, 1980.

接受财物方面,尤其是在给予方面所表现出来的适度。这种适度根据与它相对的两端即吝啬与挥霍而确定。一个慷慨的人必然既不吝啬也不挥霍,因为在对待财物方面,后两者分别代表两个恶的极端。具体说来,就给予财物而言,过多的极端就是挥霍,过少的极端则是吝啬;而就索取财物而言,过多的极端则是吝啬,过少的极端是挥霍。与慷慨相对的这两种极端的品质状态都属于恶。就挥霍而言,它之所以是恶,原因就在于它会导致一个人浪费自己的财物。由于必要的财物被看作某种外在善,因此浪费财物实际上就是在毁坏供自身生存的手段,因而也是对自身的毁灭。而吝啬则是因为它标示着人性最深处的贪婪,以及对于他人和公共善的漠不关心。由于吝啬的人倾向于不给予他人任何好处或帮助,更不能指望他们为了他人的善或是城邦的善而付出甚或牺牲,因而这种人格是极其狭小的。在亚里士多德看来,吝啬远远不如挥霍,因为这样的品格会使一个人不仅无益于他人,也无益于自身。不仅如此,一个原本挥霍的人可以通过教育变得适度,获得慷慨的、恰当的品质。而一个天性吝啬的人(吝啬其实远比慷慨甚至挥霍更合乎自然的人性,因为人类天生就喜欢获取更甚于付出),非但极难通过教育而变得慷慨,反而会随着年龄的衰老或身体的衰弱变得更加吝啬。因此,按照大多数人的日常观点,与慷慨这种好品质相对的,不是挥霍,而是吝啬,"因为,吝啬不只是比挥霍更大的恶,而且,其错误的程度大大超过……挥霍"(*NE*1122a15)。

需要说明的是,亚里士多德在这里对于慷慨的界定,以及他对挥霍和吝啬所做出的讨论和评价在很大程度上代表着古代希腊文化的精神气质。总的说来,古希腊人更为崇尚阔大、外向和积极的气质;相比较而言,窄小、内向、在某种程度上可称为消极的品质,对一般的古希腊人来说都是受到鄙视的。对于我们这些现代人,尤其是对那些认同基督教以节俭为美德的人来说,亚里士多德对于挥霍和吝啬的论述可能是令人费解的。因为按照我们今天的日常直观，吝啬的确不足取，而吝啬的人也常常受人嘲弄甚至厌恶，但是如果让我们在挥霍和吝啬之间选择一个更加糟糕的品质，或许我们会选择挥霍。但是，在亚里士多德的时代，一个生性挥霍的人（尤其是男人）则比一个吝啬的人更容易得到人们的包容和认可。根据亚里士多德自己的解释，挥霍的人在本性上更接近于慷慨，而只是在给予和索取这两方面的行为方式并不恰当，但这是可以通过后天的教育和培养加以改正的。这样的人天性外向，易于给予别人好处和帮助，只要他懂得了恰当的道理，行为上符合适度和恰当的原则，那他就能够成为一个慷慨的人。而吝啬的人在某种意义上是斤斤计较、远离人群，或者独善其身，或者整日盘算着不让自己吃亏。这样的人，在古希腊人看来必然具有一个小的、卑微的灵魂，而这种小的灵魂对男人来说是最糟糕的事情。因此，在亚里士多德对于挥霍和吝啬的论述中，在他反复强调尽管挥霍和吝啬都是恶，但是吝啬比挥霍更恶的时候，我们可以看到，亚里士多德的伦理学尽管对日常道德做出了反思和批判，但他还是充分地顾及并尊重了大多数人的道德直观。如果我们回想一下苏格拉底和柏拉图是怎样同日常道德观点针锋相对的，我们就会发现，尽管亚里士多德也在努力清理和矫正日常道德中的一些偏见或缺乏根据的意见，但是他对大多数人的观点还是给予了充分注意，他的理论立场和论述也更加客观甚至更温和。

当我们确定了在对待钱财方面的两个不好的极端，那么就容易寻找并理解与它们相对的中间品质了。"对财物使用的最好的人是具有处理财物的德性的人，即慷慨的人。花钱和把钱物给予他人似乎同对财物的使用有关，得到钱物和保持钱物似乎同对财物的占有有关。慷慨的人的特征主要是在于把财物给予适当的人，而不是从适当的人那里，或不从不适当的人那里，得到财物"（NE1120a6-10）。亚里士多德对慷慨的这个论述将这种好品质界定于使用财物而不是占有财物方面。他接着给出了这样做的原因，其中的要点在于，德性存在于行善的举动中，而不是在于接受善的被动状态。因此，如果说一个有德性的人和一个有德性的行动是值得称赞的，那么我们肯定会将赞赏给予那些主动的、给出或带来善的行动，而不是相反。不仅如此，由于人类的天性倾向于接受远胜于付出，因此，接受一种善意或好处远比给出善意或好处更容易，而持续地为别人付出善意和财物，使之形成一种稳定的品格状态，则更加困难。如果说德性也是品格和行动的高贵，那么很显然，克服自身的天性、持久地为他人付出才是高贵的。

除此之外，界定和阐明慷慨的性质还需要两个进一步的条件。第一个条件是各方面的恰当。这也是亚里士多德用以界定德性的重要条件之一。如果像我们已经看到的，慷慨的人和挥霍的人在天性上是相似的，那么就这种品质而言，适度和与它相反的、过度的极端之间的根本差别，就在于给予的方式是否适当。一个慷慨的人会"以适当的数量、在适当的时间、给予适当的人，按照正确的给予的所有条件来给予"（NE1120a25），而对于上面这些"适当"的把握，就需要实践智慧或者说明智的规定与引导。当一个人具有了相应的理智德性，懂得在不同的情况下对于应该给予的物品的数量、给予的时间、给予的对象等条件都做出了恰当的判断，并且始终能够做出这样的判断且付诸行动，他才算真正具有了德性，是一个慷慨的人。第二个条件则在于给予财物的人所具有的情感状态。根据亚里士多德对德性的界定，一个有德性的人在做出一个有德性的行动时，他的内心必然是愉悦的，他的情感、渴求、理性判断和实际行动都是一致的。所以，一个慷慨的人在给予他人财物的时候必然也是快乐的，"至少是不带着痛苦"（NE1120a26）。"是否快乐"是用来判断一个人是否真正具有德性的条件，也是亚里士多德区分德性与中间性品质的重要标准。就像我们之前说过的，德性意味着人类行动者的灵魂内部各部分彼此一致，因而不会有任何冲突或障碍，是一种呈现为快乐的和谐状态。而中间性品质则意味着行动者能够做出一个正确的行动，但是他的内心往往存在着一个不好的欲望，他是通过理性判断压制了这个欲望而做出了正确的行动。因此，一个具有好的中间性品质的行动者在外部行动方面看起来与一个真正具有德性的行动者似乎是没有差别的，但是他们的灵魂状态却迥然不同。而这种内在的心理和情感状态才是界定德性的真正标准。我们的道德直观也支持亚里士多德的这个条件，比如说，如果一个人为地震中受灾的人捐出了钱财和物资，却感到心疼或是出于压力而不得不这样做，那我们都会认为，这个人肯定不能称得上慷慨。

正是基于这种对于人性的内在洞察，亚里士多德才会在论述慷慨的时候深刻地指出，判断一个人是否具有慷慨的德性，并不在于他给出财物的数量，而是在于他本人所具有的品质。对于我们这些外部的判断者来说，对这个人的品质的认识又要与他所具有的财物数量联系起来判断。如果一个人拥有极大数量的财富，而另一个人只拥有极有限的财富，那么即使前一个人在给出的财物总量上多过后一个人，但是如果他所给出的只占他所拥有的财富的极小部分，而后一个人给出的数量虽少，却已经是他所能给出的全部，那么毫无疑问，我们会认为后一个人而不是前一个人拥有慷慨的德性。

至此，我们已经大致了解亚里士多德对于伦理德性的界定：他将伦理德性界定为一种持久的、经过选择的品质，它意味着在两个极端之间选取适当的中间，而且这种中间是由逻各斯所规定的，同时伴随着快乐。当亚里士多德将这样一种普遍概念应用于慷慨这样一种具体的德性时，我们可以看到，他基本上是成功的。他不仅能够运用自己的定义来说明慷慨的性质与范围，同样也能够说明与慷慨相反的两个极端，即挥霍与吝啬。不仅如此，亚里士多德还能在这个方面更深入地触及人类本性，并且容纳他所在的文化与日常社会对于该问题的观点和意见。就此而言，亚里士多德对于慷慨的说明充分地支持了他对德性的定义。然而，并不是所有的具体德性都如此契合于他的概念，相反，这些具体的品质对他的一般性定义提出了挑战，公正就是其中之一。

六 伦理德性：公正

亚里士多德在讨论公正的时候，似乎采取了一种与其他德性不同的论证路线。他首先指出，公正虽然与其他德性一样是一种品质，并且可以通过考察与它相反的品质来对其加以探讨，但是，正如与其相反的"不公正"是在多种意义上被使用一样，"公正"一词也具有多种意义。这种使用一个词语来指称多种意涵的情况，也就是亚里士多德所说的"同名异义"。按他通常的做法，我们需要首先清理和分辨这些不同的意义，以避免后面的讨论在指称混乱、含义不清的基础上朝着错误的方向进行。因此，亚里士多德在开始探讨公正这一具体德性的时候，所做的第一项工作就是澄清公正的两种内涵：如果说不公正就是指在善的事物上所取过多、对于该承担的恶的事物所取较少，那么公正就是指平等，也就是我们通常所说的公平；如果说不公正是指违法，那么所有的合法行动以及守法的人就都是公正的。由于法律的订立与运用是为了确保或促进整个城邦的共同利益，那么守法的公正也就具有极高的地位，"是总体的德性"（NE1129b27），并且"最为完全，因为它是交往行为上的总体的德性"（NE1129b30）。与此相应，守法的公正的相反者，也就是不公正，也就不单纯是一种恶，而是总体上的恶。

可以看到，亚里士多德实际上是对公正做出了区分，初步将这种德性分为总体的公正和部分的公正。总体的公正与总体的不公正都关系到那些与好人的行为相关的所有事物（NE1130b5），总体的不公正指的是违背法律，总体的公正则意味着守法，是指与他人相关的德性以及有德性的行动的总体。[1] 与此相应，部分的不公正就是关于荣誉、钱财、安全或任何可以涵盖这三者的事物，它的动机在于获得快乐（NE1130b3-5），因此，部分的或者说具体的公正就是与上述方面的事物的分配有关的平等。很显然，具体的公

---

[1] 参见 Charles M. Young, "Aristotle's Justice", in *The Blackwell Guide to Aristotle's Nicomachean Ethics*, edited by Richard Kraut, Blackwell, 2006, pp.181-183.

正与不公正，无论作为品质还是作为行动，都与总体的公正和不公正有所区别，并属于后者的一部分。

亚里士多德进而又对具体的公正以及与之相应的行为做出了区分。一种公正被他称为分配的公正，主要涉及荣誉或财富等实物的分配，这种公正在于合乎比例的配得，也就是指一个人按照自己应得的份额（比如按照出身或战功）获得上述实物的分配，既不过多，也不过少。另一种公正则是矫正的公正，主要在私人交易中起矫正作用。这种矫正的公正又根据私人交易是自愿进行还是不自愿进行而分为两种：自愿进行的交易包括买卖、信贷、租赁等，只有在交易双方都自愿的情况下，这种交易才能开展并进行；不自愿的交易则是由于欺骗、秘密或暴力强迫而开展的，例如偷窃、拉皮条或者袭击、抢劫等。这种矫正的公正也依循某种比例，不过是依循算术的而非几何的比例。这种算术的比例严格依据平等关系，也就是说不再按照出身或者战功等条件来规定一个人的应得，而是按照双方在交易之前的所有来规定应得。按照这种规定，如果交易的双方在交易后的所有与交易前的所有相比，既不得到太多，也不损失太多，那么就是矫正的公正。

亚里士多德进行的第二步工作，则是对分配的公正、矫正的公正和回报的公正做出详细的阐述，并试图通过自己的阐述表明，在经过语义澄清和概念区分之后，我们能够在具体的、关于公正的论述中看到，这一德性是如何符合亚里士多德对于德性的一般界定的。然而，从这一步开始，亚里士多德的论述就出现了问题。一个最直观的问题在于：如果他在第五卷前两章的区分和预告都是严肃的，那为什么接下来在讨论具体的公正时，在分配的和矫正的公正之外又多出了一个回报的公正？另一个更加困难的问题则在于，亚里士多德对总体的公正和具体的公正的论述，看起来都不能符合他对德性的一般定义，也就是说，如果亚里士多德将德性界定为相对于两种极端的恶（过多与过少）的中间状态，那么具体的公正，无论是分配的公正还是矫正的公正，看起来都不能符合这一条件。我们应该如何解释亚里士多德论述中的这种不一致？最后，第三个问题关系到如何理解"德性的总体"。当亚里士多德在第五卷第一章引用谚语说"公正是一切德性的总括"时，他是在指什么层面的公正？是像他的老师柏拉图那样，考虑到灵魂内部各部分间的公正与和谐关系能够产生和保持德性？还是指在关系到他人的事物上，公正可以囊括一切德性？甚或是指在一个城邦中，惟有具备法律依据且为整个城邦谋求和保存善的公正德性才能被视为一切德性的最高状态？上述这三个问题需要我们仔细加以分辨并试着加以思考。跟随这些线索，我们可以看到亚里士多德是如何理解人与人之间的关系和德性的。

我们先来考虑第一个困难。在第五卷第三、四章，亚里士多德按照之前的预告，分别论述了两种具体的公正，即分配的公正和矫正的公正。但是在第五章，他又提出了一种回报的公正，并且明确指出，由于毕达哥拉斯学派是这种公正概念的主要倡导者，因此在这里讨论回报的公正也是为了处理这种具有广泛影响力的公正概念与亚里士多德自己所提出的具体公正之间的关系。首先，亚里士多德认为，这种回报的公正不能等同于分配的公正和矫正的公正。其次，这种公正的基础不是平等，而是合乎比例的回报，这种回报恰恰是城邦得以组织和运行的基本，因为大部分发生在城邦中的人类活动例如贸易等，都是成比例地交叉进行。如果要为这种活动确定一个中间项的话，那这个可以作为度量标准的中间项就是人们的需要。正是由于有了需要，我们才能够衡量并合理地交换各种不同的事物。在交换和贸易的过程中遵守这样一种度量标准，也就达到了回报的公正。

表面看来，讨论回报的公正这一章在整个第五卷的位置似乎有点尴尬：亚里士多德在这里对这个问题的讨论或者被认为是严重离题，或者被认为逻辑上不一致，论述也不够充分。[1] 毕竟按照他自己之前所做的预告，这里所讨论的回报的公正被认为是完全不同于两种具体的公正的。而如果我们认真地处理这一章所讨论的内容，将毕达哥拉斯学派的这种公正观视为前面论述的补充，认为它为我们提供了对"惩罚"这一问题的详细论述，我们又会失望地发现，亚里士多德在这一章的大部分篇幅中其实都在讨论贸易如何按比例确定度量的标准。因此，或许就像查尔斯·杨所建议的那样，亚里士多德对回报的公正的讨论就算不是全然离题，其讨论自身也不严格一致，总有偏离主题的地方。因此，将它看作附录或者一个有待完善的提纲或许更为合适。[2]

与此相比，我们在前面指出的第二个困难则是一个核心困难，因为它关系到如何恰当地理解公正这种德性，以及如何评价亚里士多德的德性理论。我们已经知道，亚里士多德将德性定义为与两种极端（过多和过少）相反的品格状态。而在具体的公正这里，我们并没有看到亚里士多德为公正找出两个真正的相反者。在论述具体的公正之后，亚里士多德再度界定公正，称之为"行不公正与受不公正的对待之间的适度"（NE1133b30），因为他认为行不公正意味着得到过多，而受不公正的对待意味着得到过少。但是这个界定显然不符合他之前所说的合乎几何的或算术的比例的公正。不仅如此，如果我们将德性的概念区分为两个层面——一个是稳定的品格状态，另一个是符合这种品格状态的情感与行动——的话，[3] 那么亚里士多德这里对公正的界定就更显得矛盾，因为所谓的"受不公正的对待"显然不能算是一种行动，因

---

1 参见 Charles M. Young, "Aristotle's Justice", in *The Blackwell Guide to Aristotle's Nicomachean Ethics*, pp.186-187.

2 Charles M. Young, "Aristotle's Justice", in *The Blackwell Guide to Aristotle's Nicomachean Ethics*, p.187.

3 参见 Charles M. Young, "Aristotle's Justice", in *The Blackwell Guide to Aristotle's Nicomachean Ethics*, p.184.

此也就无法构成另一个恶的极端。而如果我们将这种状态理解为一个人对自己加以不公正的对待,因而在说他受到不公正的对待时也意味着他同时作为行动者而发出了不公正的行动,那么这种解释又会与亚里士多德在第五卷后面的讨论相违背,因为在这一卷的最后一章,亚里士多德讨论一个人能否对自己行不公正的时候已经清楚地表明,人们不可能对自身行不公正,因为不可能有人自愿地同时成为伤害者和受害者,因此在对自身的意义上不存在公正或不公正。所以,看起来,无论是结合前面的论述还是对照后面的论述,亚里士多德对于公正的界定似乎注定要陷入某种尴尬的矛盾。

对于这个困难,已经有一些阐释的思路,试图为亚里士多德做出辩护,以澄清他在论述具体的公正的过程中所产生的张力或矛盾,并说明即使他并没有为公正找出两个相反的恶,也并不伤害他有关德性的中道学说的整体论述。[1] 其中一个较受欢迎的思路似乎是这样:按照这种解释思路,亚里士多德在讨论公正的时候采取了一个不同的视角。如果说在讨论其他的德性例如节制或慷慨时,亚里士多德是从行动者的角度出发,以过度和不及作为两个坏的极端,而将与二者同时相反的那个中间状态命名为德性,那么在讨论公正的时候,亚里士多德是在一个仲裁者的位置上去评价分配和自愿交易等一系列人类活动中可能存在的过度与不及,就物品分配来说就是过多或过少,与一个人所配享的份额不相等;就交易来说则是避免获利和损失,尽可能令每个从事交易的人都符合交易前的持有状态。而对于一个好的仲裁者来说,合乎德性的状态则是尽可能地摆脱情感和利害的考虑,避免产生不公正的情况——这当然包括了不公正地对待别人和受到不公正的对待。当然,这里所说的仲裁者,可以是一个真实的法官或是第三方,也可以是当事的双

---

[1] 关于几种可能的阐释思路及其各自的优点和弱点,参见 Charles M. Young, in *Blackwell Guide*, pp.192-194; 关于如何看待亚里士多德对公正的论述以及他的中道学说,参见 Urmson, *Aristotle's Ethics*, Blackwell, 1998, pp.75-77.

方通过想象和理解而采取的第三种立场。如果这种解释成立，那么亚里士多德自己所做的略显仓促的解释就是可以接受的，因为他已经说到"公正是一种适度，不过不是像其他德性那样地是一种适度"(*NE*1133b31-32)。尽管在我看来，这种解释似乎过于现代而不太像是亚里士多德本人会采取的思路——而且至少在《尼各马可伦理学》论公正的部分里，他并没有给出更加充分和具体的论述来支持这一解释思路——但是我们有理由同意厄姆森的观点，认为鉴于公正这一德性的特殊性，我们不能要求它严格地符合对一般的德性的界定。如果是这样，那么亚里士多德的错误或许就是没有将公正作为一种特殊的德性，与其他德性区分对待。[1]

至此，我们已经大致讨论了前两个困难，为了解释第三个难题，我们则需要先了解亚里士多德对公正的另一种层次划分。我们已经看到，亚里士多德将公正划分为总体的和具体的，将具体的公正划分为分配的和矫正的。事实上，他在更深的层面上对公正做了如下区分：对自身的公正、对他人的公正以及对城邦的（或者说政治的）公正。在这里，首先需要澄清的是，在对自身而言的层面上，究竟是否存在公正或者不公正的问题。在第五卷的最后一章，亚里士多德专门探讨了一个人能否对他自己行不公正这个问题。在他看来，这个问题可以在两个方向上加以讨论。一方面，如果我们所说的公正指的就是前面所说的守法的或者平等的公正，那么很显然，一个人是不可能对自己行不公正的。这不仅是因为一个人不可能同时自愿地作为伤害者和受伤害者而行动，也是因为公正或者不公正必然涉及不止一个人，因为当我们说到公正这种德性的时候，我们必然是在施与和受动两方面条件都具备的情况下来说的，有了分配、交易、仲裁等一系列和他人相关的行动，才会有公正或不公正。因此，公正这种德性主要涉及和他人的关系，而不是像节制

---

[1] 参见 Urmson, *Aristotle's Ethics*, p.77.

那样，主要是个人化的、针对自身的德性。

另一方面，亚里士多德也承认，在类比的意义上，我们也可以说在自身层面上存在着公正或不公正。这种观点与柏拉图关于德性与公正的观点有承接之处。在柏拉图看来，我们可以在两个层面上理解公正：对于一个较大的、城邦的层面来说，公正就是不同的阶层各尽其职，互不干涉。只要统治者、护卫者与劳动者各自做好本分的工作，就能实现整个城邦的有序与和谐，这就是公正，同时也是城邦的善。而对于一个较小的、个体的层面来说，一个人灵魂内部的各部分如果能够各安其分，恰当地运作并且彼此和谐一致，也就实现了灵魂内部的公正，获得了德性。[1] 亚里士多德在这里提出的观点很容易令我们联想到柏拉图。亚里士多德认为，尽管一个人同他自己之间的公正不同于总体的和具体的公正，但是在灵魂的有逻各斯的部分和无逻各斯的部分之间，也可以存在某种类似于统治者和被统治者之间的关系（NE1138b5-15）。这种关系可以是好的、恰当的，也可以是彼此冲突甚至有所损坏的。这种自身各部分之间的关系状况，也可以被类似地描述为"公正的"或"不公正的"。[2] 如果考虑到这种类比意义上的、对一个人自身的公正，再联系亚里士多德和柏拉图关于这个问题的共同观点，我们就可以找到一条线索来合理地解释前面所说的第三个困难，也就是如何理解亚里士多德将公正视为一切德性的总括。因为它涉及人类的内在心理和外部生活的方方面面，囊括了各种关系。当我们说一个人具有了公正的德性，也就是在说无论对于他人还是对于自身，这个人都能够恰当地、很好地处理各个方面的关系。我们很难设想一个在某方面过度或者有所缺失的人，在处理整体关系的时候还能够做到恰当和完善。正是在这个意义上，我们可以同意亚里士多德所说的："公正最为完全，因为它是交往行为上的

---

[1] 参见柏拉图：《理想国》，郭斌和、张竹明译，北京：商务印书馆，1986年。
[2] 对这个问题的讨论亦参见余纪元：《亚里士多德伦理学》，第136页。

总体的德性"（*NE*1129b31）。

但是，要很好地解决这个难题，仅仅这一条线索还不够有说服力，因此我们还需要考察亚里士多德关于城邦层面的公正的论述。在分别论述了各种具体的公正之后，亚里士多德指出，"我们要探讨的既是公正本身，也是政治的公正"（*NE*1134a25）。在接下来的两章中，他就转向了对政治公正的探讨。按照某种理解，[1] 亚里士多德是将政治的公正作为公正本身来加以探讨。而按照亚里士多德自己的定义，"政治的公正是自足地共同生活、通过比例达到平等或在数量上平等的人们之间的公正。在不自足的以及在比例上、数量上都不平等的人们之间，不存在政治的公正，而只存在着某种类比意义上的公正"（*NE*1134a25-30）。因此，只有在某些社会关系中才存在着公正，而对于那些存在着隶属、服从等依赖性的关系，并且不构成平等关系的人们之间，例如主人和奴隶、父母和子女，就不存在着公正，或者仅仅是类比意义上的公正，而非不经限定的公正本身。

仅从表面上看，亚里士多德的这个定义及相关论述很容易为他招致批评，因为他似乎是在暗示，只有某个享有自由与平等的统治者阶层才有公正可言。而在其他阶层之间，尤其是较高阶层对较低阶层之间，似乎是无法要求公正的。但这种理解或许并没有把握到亚里士多德的要点。亚里士多德之所以将公正再作进一步区分，并将不受限制的、作为其本身的公正等同于政治的公正，原因之一是为了克服以守法定义公正所导致的局限。因为按照他的观察，有一些法律是好的，有一些则是不好的，如果按照不好的法律行事，这样的行动以及由此养成的品格就不能被认为是公正的。这也是为什么他在论述公正作为德性的总和时，会提出"这种守法的公正是总体的德性，不过不是总体的德性本身"（*NE*1129b28）。因此，我们需要对那些能够为行

---

[1] Charles M. Young, "Aristotle's Justice", in *The Blackwell Guide to Aristotle's Nicomachean Ethics*, pp.188–189.

动的公正与否提供规定的法律加以限定,这就需要通过区分城邦(或者说社会)的阶层关系来实现这一点。

另一方面,亚里士多德强调,只有按照某个好的阶层制定的法律行动、在某个由好的阶层加以治理的城邦中合法地行动,这样的行动及其产生的品格才能被称为真正的、无条件的公正。按照《政治学》中的相关表述,亚里士多德将拥有好的统治阶层、实行好的政体的城邦视为正确的、好的共同体。这种共同体的特点在于,它不以某一个或某些统治者的利益作为目标,而是以整个城邦的共同利益作为目标。由于不好的政体(例如僭主制)并不能满足这个界定,也就无法满足自由的条件,不能产生不受限制的公正本身(《政治学》1279a17-21)。[1] 因此,通过讨论政治的公正并将其界定为自由和平等的共同体之中行动的公正,亚里士多德不仅将公正这种德性放在了对于整个城邦而言的最高位置,也通过区分自然的政治公正和约定的政治公正来回应了某种相对主义的批评,按照这种批评,由于各个城邦的政体、法律和文化习俗有所不同,公正的内容和标准也就各不相同,因此对于人类而言没有统一的、普遍成立的公正。很显然,这种相对主义的观点对于柏拉图和亚里士多德这样坚信存在着统一的、实在的道德价值和道德标准的哲学家来说,是不能接受的。考虑到这一点,我们或许能够理解,对于亚里士多德来说,最为重要和迫切的理论任务之一就是,将公正视为一种完善的、能够汇聚一切德性的德性,并论证它具有法律和实践层面的客观依据,能够普遍地在人类生活中存在并发挥作用。

七 友爱

"友爱"这个主题在《尼各马可伦理学》中占据了两卷的篇幅,这或许会

---

[1] 参见 Young 的分析, in *The Blackwell Guide,* pp.189-190.

令人感到惊讶。因为按照某种理解,亚里士多德伦理学,乃至整个古代希腊的伦理学都是一种个体式的、以个人为中心的伦理学。之所以会存在这样的理解,是因为亚里士多德等古代伦理学者所主张的道德哲学都是以幸福作为最终目的,认为道德德性的养护与实践都是为了实现最终的幸福。不仅如此,尽管他们也会谈论城邦的幸福,但是主要关注点仍在于个人的幸福。因此,按照近代以来诉诸他人和制度的伦理理论的观点来看,这种可以被称为"幸福论"(eudaimonism)的伦理主张无疑是个人化的,甚至是利己论的。[1]

然而,亚里士多德在第八、九卷对友爱所做的细致分析有力地回应了上述理解与批评。通过剖析与友爱相关的诸多问题,他向我们展示了德性和幸福本身所包含的、与他人相关的维度,表明了我们在何种意义上能够恰当地说一个幸福的人不可缺乏朋友。需要注意的是,在亚里士多德的时代,"友爱"(philia)所包含的内容比我们今天所说的"友谊"(friendship)要更加广泛。"友爱"不仅包含了朋友之间的情谊,同时也涵盖了家庭成员(无论是血亲还是姻亲)之间的亲情,以及同族或同一城邦成员之间的共存与相互扶持之情。不过,有趣的是,"友爱"的核心要素在于"爱",就这一点来说,这种情感反而比我们今天所理解和感受的友谊更加狭窄,也更加深刻。这种爱不能简单地等同于朋友之间的相互欣赏与信任,因为它还具有"匮乏"和"需索"的含义。然而它也不能等同于情人之间的爱欲,因为真正的友爱是以对于德性的认识与热爱作为基础的。我们将会在亚里士多德的论述中看到,友爱的确具有多种形式,其中的某些形式基于对朋友的某些方面的需要。然而真正的友爱一定超越了这种需要,无论这种需要是针对利益还是针对快乐。只有这种真正的友爱才能根植于个体的德性,并将其中包含的高尚情感扩展到他人及至整个城邦。

---

[1] 参见余纪元:《亚里士多德伦理学》,第181–182页。

就像以前一样，亚里士多德对友爱的讨论也是首先从界定概念、考察流行意见入手，通过对各种关于友爱的日常认识加以梳理和分析，逐渐确立他自己的关于友爱的概念。在这个阶段，亚里士多德区分了友爱的种类，界定了友爱的条件，并且对他所做的区分提出了说明。在亚里士多德看来，值得人们喜爱的事物一般可分为三类，即：有用的事物、令人愉悦的事物和善的事物。对于这些事物的爱也就分为三类，即：基于好处的爱、基于快乐的爱以及基于善的爱。由于一个人对于另一个人的爱往往要求对方的回应，或者至少要求对方对这种爱有所意识或知晓，因此，友爱作为双方之间的互爱，也可以相应地分为三类，即：基于好处的友爱、基于快乐的友爱和基于德性的友爱。

在基于好处的友爱中，友爱的双方都是为了能从对方身上获得好处，这种友爱是很容易改变或消失的，因为好处或利益总是在变动，会受到各种外部因素的影响，而且会随着时间的变化而逐渐消逝。如果一段友情是建立在好处的基础上，那么很显然，一旦好处消失了，这段友情也就随之瓦解。亚里士多德说，这种有用的友爱常发生在老年人以及那些追名逐利的中年人或青年人之间（*NE*1156a25）。这种类型的朋友一方面不会经常生活在一起，另一方面他们常常不能一致，甚至很不愉快，因为他们的利益并不总是一致的。与这种基于好处的友爱相比，基于快乐的友爱似乎更多地发生在青年人之间，他们的友爱是为了追求快乐。在这种类型的友爱中，双方可能更愿意共同生活，彼此间也常能获得一致的快乐，甚至有时候会令人觉得更加热烈单纯。基于快乐的友爱同样是不稳定的。在亚里士多德（也包括他的前辈如苏格拉底和柏拉图）看来，快乐是发生于当下的感官体验，是很容易变化和流逝的，而感觉快乐、感到满足则是最脆弱也最易逝的感觉。青年人很容易被非理性的部分所主宰，被驱使着追求那些令人感到短暂快乐的东西。但是随着条件的变化、年岁的增长，很多快乐之物将逐渐丧失它们的魅力。无论是美丽的面孔、优美的身体还是迷人的谈吐，都会受到时间或外部世界的侵袭而渐渐丧失吸引力。因此，以快乐为基础的友爱尽管热烈，但是也更加脆弱。一旦友爱双方对快乐的感受发生了变化，或是其中一方丧失了取悦对方的条件，这种友爱也就终止了。基于上述原因，亚里士多德认为，这两种友爱都是偶性的（NE1156a18），一个人如果处于这样的友爱之中，那么他并不是因为自身而被人所爱、为人需要的，而仅仅是由于他所能带来的效果才被人选为朋友。因此，这两种类型的友爱既能够发生在坏人与坏人之间，也能够发生在好人与坏人之间，或者是不好不坏的人之间。

相比之下，基于德性的友爱则只能发生在两个好人之间，因为这种友爱要求双方必须具有德性，他们都看重善、追求善，并且能够认识到对方的真正价值，全心全意地为了对方本身的缘故而为其希求善。这样的友爱是严格意义上的、真正的友爱，亚里士多德将它称为"完善的友爱"（NE1156b7），与它相比，其他两种友爱只能说是在类比的意义上可以被称为友爱。为什么基于德性的友爱是完善的友爱呢？亚里士多德列出了几条理由：第一，友爱的双方都是因对方自身而希望他好，而且他们自己也是好人。在亚里士多德看来，这一界定就将真正的友爱与其他两种友爱区分开来，因为两个好人之间的友爱是伴随着他们自身的德性而存在，而德性是一种持久的、稳定的品质，因此这样一种友爱就是因其自身产生，而不是偶性的。第二，基于德性的友爱包含了有用与快乐，因为我们无法设想一种既没用又令人备感痛苦的关系还能被称为"善的"，德性足以使一个人既于人有益，又令人愉快。第三，这种友爱自然是持久的，因为它来自有德性的朋友之本性，并且与这种本性相契合。第四，友爱双方从这份友情中获得的东西都是一致的，而不会像基于好处的友爱那样，时常发生不一致甚至冲突；也不会像基于快乐的友爱那样，当其中一方丧失了令人愉悦的容貌或谈吐，就失去了对方的爱——即使他本身对于另一方还怀有爱。在基于德性的友爱中,双方所共同热爱并加以追求的,是稳定的、不会因时间流逝而败坏或枯萎的好品质。最后,这种友爱最经得住考验,它不会被人离间,不会因为误解而消失。

在某种意义上,亚里士多德提出的这五条理由可以被看成是他对友爱提出的严格条件,因为他声明,只有基于德性的友爱才是严格意义上的友爱,其他两种友爱只是在偶性、类比意义上才可以被称作友爱(NE1157b4-5)。除此之外,亚里士多德还对友爱提出了一些基本条件,例如双方必须彼此怀有善意,并对对方给自己的善意有所意识和回应;友爱的双方需要长期共同生活和共同活动,等等。将这些条件加以综合,我们就可以得到一个经过亚里士多德严格界定的友爱概念,而这个概念其实在论述友爱的第八卷开端就已经提出了:"(友爱)是一种德性或包含一种德性。而且,它是生活最必需的东西之一"(NE1155a1-3)。可见,对于亚里士多德来说,真正的友爱其实就是德性从自我向着他人维度的一种扩展。在这种人与人之间最美好的关系中,德性是最核心也是最基础的要素。

现在,我们可能会问,亚里士多德对友爱的这种界定会不会太严格了些?按照他的说法,这世界上绝大多数被称为"友谊"的关系,恐怕都不能算是友爱。而且,即使一个人很幸运地拥有了真正的友爱,这种关系恐怕也不会很多。如果真是这样,亚里士多德对于友爱的论述对于我们又有什么意义呢?他似乎仅仅是在提醒我们:你现在拥有的友爱都不是真正的友爱,在你获得德性之前,你也不能为自己期待真正的友爱。因此,获得德性成了首要的事情,而要获得德性就必须通过个人的训练与完善。这样看来,对于亚里士多德的那个批评似乎又是有道理的,他真的是在主张一种立足于个人的、以自身发展为根本诉求的道德哲学吗?按照我们现代人的观点,如果一种道德哲学丧失了对他人的关切,那它在什么意义上还是"道德的"呢?

亚里士多德接下来所做的论述表明，上述疑问或批评是对其观点的误解。一方面，他确实承认一个人不能也不应寻求太多朋友。亚里士多德写道："在完善的友爱的意义上，一个人不可能是许多人的朋友，正如一个人不能同时与许多人相爱。而且，一个人也不可能同时被人爱。此外，好人也没有那么多。再者，你必须彻底了解一个人，与之亲密相处，而这件事做起来是很难的。"（NE1158a10-15）很显然，亚里士多德一再强调只有同具有德性的人之间的友谊，才是真正的、值得追求和守护的友爱。但是这并不意味着他是从一个很狭窄的角度理解人与人之间的关系，我们更不能据此就认为他是在标榜一种远离人群的、孤独的哲学家生活。恰恰相反，亚里士多德对友爱的论述从另一方面表明了对于他人和共同体的重视，在他看来，德性不能仅仅局限于个人，还必须向着他人、家庭和社会扩展。

于是，亚里士多德接着在一个不同的层面上区分了两种友爱：一种友爱包含着平等，它要求友爱的双方在各个方面都是彼此相当的，无论是品德、能力、地位、财富、令人愉悦的容貌或性格等，两个人必须具有平等的地位，才能够维持彼此间的友爱。否则，当其中一方的条件发生了变化，不再与对方相称，这份友谊就会慢慢转淡，直至消失。在这个意义上，我们之前所说的三种友爱，即基于好处的、基于快乐的和基于德性的友爱，都可以划入这种包含着平等的友爱类型。不过，亚里士多德立即指出，还存在另外一种不平等的友爱，例如父母与子女、长辈与晚辈、丈夫与妻子或者治理者与被治理者之间的友爱。首先，在这些看起来不平等的关系之间，的确存在着友爱。其次，这种友爱是允许某种优越性甚至支配地位存在的。正是由于双方的条件与动机不同，他们所给出和获得的爱也就不同。

在这个方面，一个最典型的例子就是父母与子女之间的友爱。按照亚里士多德的观点，在这样的友爱中，存在着某种比例上的平等，而非数量上的平等。也就是说，如果其中一方的地位更高、能力更强也更有用，他所得到的爱也应该更多,因为这是他配得的。由于父亲是子女存在的原因,他也就成为最大恩惠的施予者,再加上他抚育子女成人,因此理应得到子女的尊敬和更多的爱。不过,亚里士多德并非要求子女无条件地热爱和听从父母,相反,他合情合理地指出,父母对于子女的爱往往更为持久也更强烈,因为父母将孩子视为自身的一部分,对孩子的爱更早也更持久。不仅如此,他们自身也更早意识到这种爱,所以父母对孩子的爱是自然天性的流露。亚里士多德也观察到母亲对子女的爱尤为强烈,甚至具有自我牺牲的意味。在这种爱里,母亲往往不求回报地爱着子女,只希望他们生活得好,甚至不去期求孩子们也给予自己同样的爱(*NE*1159a30—35)。由此我们可以看到,亚里士多德对于这种较为复杂的友爱类型实际上持有一种居中的观点:一方面,他依然坚持父母与子女之间的关系应该是类似于朋友之间的友爱,而不是家长制的权威与服从;另一方面,他也认识到,在现实生活中,父子、兄弟、夫妻这些最亲密的关系,同时也是最为复杂的人际关系,在家庭这个最基本的人际单元之内,相爱的各方并非处于严格平等的地位,他们之间的友爱是相当独特的类型,需要予以特殊的考虑和认识。

亚里士多德对于家庭内部友爱的认识和论述特别重要。家庭就像一座桥梁,以最自然也最坚固的方式,联结着个体与社会这两个看似对立的维度。家庭成员间的关系也可以扩展至共同体成员之间的关系。因此,亚里士多德很自然地在家庭与政体之间做出了类比。他将父子关系比作君主制,夫妻间的关系类似贵族制,兄弟之间则仿佛资产制。在这些关系中,过度的形式分别为僭主制和寡头制,这就意味着支配的一方权力过大而主宰了一切,而这就导致这种友爱的基础偏离德性而变成地位、权力或是财富。与之相对的,在这些关系中,如果家长缺席或是过分缺乏权威,则会使得一个家庭类似民主制,因为各人将各行其是,缺少统一的约束和好的标准。所有这些类型的关系之中都存在友爱,但是有些形式中包含着较多的友爱与公正,而有些形式（例如僭主制）则很少友爱，极端情况下甚至没有友爱。

当对于友爱的研究进展到这个程度，我们可以看到，亚里士多德对人与人之间关系的伦理学探讨已经开始通向政治学的层面。这时，友爱与其他伦理德性之间的关系就开始变得醒目。其中，公正这种特殊的伦理德性与友爱的关系尤其突出，因为它们都关系到共同体内部人与人之间的共存与交往。按照亚里士多德研究者哈奇森（D. S. Hutchinson）的观点，"在对友爱的整个讨论中，正义非常靠近亚里士多德之内心所想"。[1] 的确，亚里士多德在第八卷开始就指出，"真正的公正就包含着友善（*philikos*）"（*NE*1155b25）。然后，在第八卷第九章论述共同体中的友爱与公正时，亚里士多德写道："友爱与公正相关于同样的题材，并存在于同样一些人之间"（*NE*1159b25）。接下来，他继续列举了这些与友爱和公正相关的人群，例如某种共同体的成员、分享某种特殊事物或兴趣的人群、为了某种共同利益而结合到一起的人们，等等。在所有这些人群中，友爱总是与公正相伴出现。有友爱的地方，就必定存在公正问题。当友爱的类型不同，友爱的双方所分享的特殊事物不同，公正也就不同。不仅如此，友爱越强烈，对公正的要求也就越高。例如，伤害一个朋友远比伤害一个普通的邻人或同胞更加不公正，会引起更多的指责和愤怒。与这种私人交往领域的友爱和公正相类似，在公共的、政治领域的友爱和公正也是相伴而生。例如我们已经看到，不同的政体也包含了不同类型、不同数量的友爱，其中僭主制的友爱和公正最少，民主制的友爱与公正则最多。

亚里士多德以这种方式将友爱与公正联系起来考虑，不仅仅是因为这二者都涉及人与人之间的关系与交往，进而关系到整个社会的性质与运作；更加重要的原因在于，对于一个良好的城邦或者社会共同体来说，友爱和公正

---

[1] D. S. 哈奇森："伦理学"，《剑桥亚里士多德研究指南》，第306页。

这二者缺少任何一方都是严重的不足。如果没有了公正，人与人之间仅仅诉诸友爱，那就可能会出现一些问题，例如在爱的方面过度，或者经不起外部条件和岁月的考验，等等。因为我们已经看到，各种类型的友爱虽多，但是真正的友爱却很稀少。因此，尽管人与人之间的友爱由于包含了公正而比法律与公正更加重要，成为个体和共同体所追求的高尚目标，但是基本的实践行动依然有赖于法律和公正的约束与仲裁。

另一方面，如果没有友爱，一个城邦或者社会共同体仅仅依靠立法和严格执法监督而运行，那么人与人之间的关系无疑会变得僵硬而冷漠，这样的共同体即使运作有序，各方利益都能得到保障，但是它远远不能满足人类对于一种好的生活和一个好的社会的向往。人类毕竟是有情感需求的存在物，对他们来说，仅靠规则和法律来约束亲朋好友之间的行动与意愿是一件多么令人尴尬和遗憾的事；更不要说在最亲密的私人关系之中，或者在作为社会基本单位的家庭内部，仅仅按照规则或义务来行动有时甚至会对亲爱的人造成伤害。由此看来，亚里士多德的观点或许比当代伦理学的某些观点更充分地揭示出人类心理和情感的微妙状态，他认为，友爱比规范更高贵，它不仅能够比法律和公正的德性更好地规约人们的举止与行动，同时也能够将整个共同体——无论是一对伙伴、一个家庭还是整个城邦——牢固地凝结在一起。至关重要的是，对于每一个身处共同体之中的个人来说，这种与他人的联结是温暖的、充满人情味的。

八　幸福

我们已经多次提到，幸福（*eudaimonia*）对于亚里士多德的伦理学乃至整个古代西方伦理学而言都是最终的目的，因而也是最重要的概念之一。在《尼各马可伦理学》第一卷，亚里士多德设立了一个目的系统，并且指出，作为一切人类活动之目的的那个最终目的，即所谓的最高善，就是幸福。按照他的描述，人类的实践活动都是为了获得幸福，人们寻求各种善事物、努力追求德性，也是为了获得幸福。以人类实践活动为研究对象的伦理学的目标则在于认识幸福并且获得幸福。而幸福仅仅因其自身就值得选择与追求，它不再寻求更高的、在它之后的善。很显然，幸福成为人类共同追求的终极目标。我们很难设想一个严格意义上的人类行动者不渴求幸福。同时，我们几乎不需反思就会同意，人类对幸福的渴望是不需要解释的，思考"我为什么要幸福"这样的问题是荒唐的。

然而，就像亚里士多德本人所意识到的，尽管人人都向往幸福，但是关于幸福是什么，却一直没有统一的答案。不幸的是，尽管对幸福概念的复杂性有所意识甚至有所评论，亚里士多德自己在伦理学研究中也没能避免类似的困境：在《尼各马可伦理学》的第一卷和最后一卷中，亚里士多德两次系统地讨论了幸福是什么，而这两次讨论所得出的结论似乎并不一致，甚至相互冲突。大致说来，第一卷将幸福界定为人类的灵魂合乎完满德性的实现活动（NE1102a5），这就意味着幸福生活的核心要素是德性，而德性涉及人类生活的方方面面，包括基本的外在善（如适当的财富、政治荣誉、亲朋好友等）和关于身体及灵魂的各种善（例如健康的身体、中等以上的容貌和健全的理智，等等）。根据第一卷的论述，幸福可以被理解为一种综合的生活形态，它并不违背日常的观念和普通人的追求，也不排斥那些实际的、为世俗看重的善事物。然而，当亚里士多德在第十卷重新回到对幸福的论述时，他带来的观点绝不是更为清晰、更令人满意的，相反，他对幸福的进一步论述造成了巨大的困惑以及长久的争论。在第十卷中，亚里士多德明确指出，诉诸德性的生活并不完全自我充分，而是受到外部条件或运气的限制，因此，人类所能追求的最自足、最接近神的生活应该是充分动用理性部分的生活，也就是沉思的生活。在这个论述中，亚里士多德将沉思或者说智性的生活置于德性之上，认为这才是对人而言的最高善。这两种幸福概念之间的张力是如此明显，以至于有学者怀疑第十卷中关于幸福的论述不属于《尼各马可伦理学》。[1] 与这种极端的观点相对，大多数研究者则在两种可能性之间徘徊、争执，努力寻找一种解释的思路来消除这两部分论述之间的张力，试图为亚里士多德的幸福概念提出一种完整而有效的论证方案。

事实上，《尼各马可伦理学》文本内部所呈现出来的这种张力，也表征了古代人在面对自身、认识人类本性和面对外部世界、寻求自身位置时所产生的矛盾与焦虑。比较而言，现代人似乎没有这方面的困扰，他们对"幸福"这个词的理解和使用与古希腊人不同：现代英语中的 happiness 一词主要源于 happy（快乐），它更多是指个体当下的一种心理感受。当一个人感觉到快乐或满足，他就可以说"我很幸福"或"此刻我很幸福"。就此而言，当一个现代人使用 happiness 这个词的时候，他并不是要指称一种对大多数人都成立的、持久的实际生活状态，而只是对自己的心理状态的一种描述。与此相对，古希腊语的"幸福"（*eudaimonia*）所表达的含义更加客观，更加接近一种对于真实事态的客观描述。如果一个人被认为是幸福的（*eudaimōn*），那就意味着人们都会赞同他的生活状态并且渴望过上与之一样的生活。*eudaimonia* 这个词本身就意味着一种被精灵照看得很好、被赐予了好运和诸般善事物的生活。[2] 根据这种观点，说"此刻我很幸福"是不合理的，因为幸福不应该是一种当下的、转瞬即逝的心理感受，而

---

[1] 这方面的代表有玛莎·纳斯鲍姆（《善的脆弱性》，徐向东、陆萌译，南京：译林出版社，2007年）和茱莉亚·安纳斯（*The Morality of Happiness*, Oxford, 1993）。相关讨论亦参见余纪元：《亚里士多德伦理学》，第202-203页。

[2] 基于上述考虑，英文 happiness 其实并不是 *eudaimonia* 的恰当译法，这一点已经为学者所公认。因此，也有研究者使用 well-being（好生活）或 flourishing（繁盛）来翻译 *eudaimonia*。与此相比，中文的"幸福"反而更贴近 *eudaimonia* 的原意，因此汉语学界仍用"幸福"来翻译这个概念，有时亦兼顾西文译法而译为"好生活"或"繁盛"。相关解释亦参见余纪元：《亚里士多德伦理学》，第35-36页。

是一种持久的生活事实；说"我觉得自己很幸福"，也是不充分的，因为如果一个人的生活不能获得他人的赞赏与羡慕，那也就不能称得上幸福。然而，问题恰恰产生于这种对客观性的严格要求：如果说幸福就意味着对人而言的最高善，如果说人性天然地是复杂的，同时由理性的部分和非理性的欲望部分构成，那么，哪一个部分的追求足以构成最好的、最繁盛的生活的标准？哪一种标准是最普遍、最持久的？当这两个部分的需求产生冲突时又应该首先满足哪个部分？……这些问题对于古代人来说就成了真正的难题。

如果我们充分考虑到存在于文化背景中的这种张力，那么亚里士多德的幸福论中所呈现出来的不一致就变得相当有趣且耐人寻味。在某种意义上，《尼各马可伦理学》对幸福的讨论相当完整地保留了这些在日常生活和一般哲学讨论中积累起来的困惑与焦虑。在第一卷中，亚里士多德提出了三种好生活的备选，即：享乐的生活、政治的生活和沉思的生活。这三种生活（尤其是前两种）是为多数人所主张的好生活。而在亚里士多德看来，它们尚未形成对于"什么是幸福"这个问题的最佳答案。[1] 享乐的生活的缺陷是明显的，由于这种生活以追求快乐为最高目的，而不加区分的快乐往往是低俗的、转瞬即逝的，从长远看甚至可能招致伤害，走向快乐的反面。按照亚里士多德对于灵魂的区分，食色之乐是灵魂的低等部分追求的目标，动物也能够享受这样的快乐。因此他认为，享乐的生活是奴性的、动物式的（*NE*1095b20）。相比之下，有良好教养和品位的人则追求政治的生活，在这种生活中，荣誉构成了核心的目标。对于古希腊人来说，以政治荣誉为最高追求的人可以被称为高贵的，他们的抱负与行动都值得赞赏。但是在亚里士多德看来，这种

---

[1] 亚里士多德在第一卷似乎是这样认为的，因为他接下去通过引入功能论证来说明幸福在于灵魂合乎完满德性的实现活动。但是第十卷的后半部分又重新接纳了第三种生活即沉思的生活，并将它作为幸福加以肯定。

生活依然是不充分的。由于荣誉的获得过分依赖于外部因素，依赖于一时一地的政治气候、社会风潮或民众心态，因此，即使一个具有德性、配享荣誉的人，也有可能遭受误解或者不公正的待遇而丧失本属于他的荣誉，甚至可能走向荣誉的反面，备受羞辱。这是投身政治生活不可避免的风险。如果说幸福是持久的、自我充分的，那么政治的生活显然不能满足这两个方面的要求。而对于第三种生活，即沉思的生活，亚里士多德在第一卷并没有多加论述，而是仅仅做出预告说后面再作讨论。我们或许可以猜测，这只是少数哲学家所持有的观点，而即使在这些哲学家自己看来，第二种和第三种生活之间也是难以取舍的。

亚里士多德在第一卷对幸福的论述并没有到此为止，相反，他利用这三种备选生活之间的张力，将它们暂时都搁置在真正的幸福生活之外，转而引入功能（ergon）概念以及相关论证，通过指出人类灵魂中最独特部分及其功能的实现，说明获得幸福的途径在于合乎完满德性的活动。在这里，亚里士多德的确暗示了幸福的两个条件：一是人类灵魂中的最好、最独特的部分的充分活动；二是这种活动的完满，这就包含了持久、完善、自我充分等含义。不过，尽管我们可以把这里的讨论解释成亚里士多德埋下的伏笔，其目的是为了给后面论证沉思的生活才是幸福生活奠定基础，但是亚里士多德本人接下来的论述似乎并没有提供强有力的支持：他转而去讨论日常观念中与幸福有关的难题，例如说一个人幸福是不是必须要等到他死后才能盖棺论定，后世子孙的际遇会不会影响我们对一个人的幸福的评价，等等。在这些讨论之中，他似乎是将幸福视为一种复合体，涵盖了各种基本的善事物。[1]而在第

---

[1] 据此来解释亚里士多德的幸福概念的观点被称为"包容论"（inclusivism），与此相对，强调亚里士多德主张沉思的生活为幸福的观点则被称为"理智论"（intellectualism）。这两种观点之间的争论构成了二十世纪后半叶亚里士多德伦理学研究的重要问题之一。相关情况可参见余纪元：《亚里士多德伦理学》，第201-203页。

一卷的末尾，亚里士多德直接将德性引入幸福的概念，从而转向对德性的讨论，接下来的几卷也都沿着这个思路从各个层面对德性加以探讨。这似乎更证实了包容论的幸福概念是更契合亚里士多德心中关于幸福的设想的。

正是因为第一卷给出了上述论证，将幸福定义为基于德性并包含基本的善事物，所以，当"沉思的生活"在第十卷忽然返场并占据了最核心的位置的时候，任何一位认真的读者都不能不对此感到惊讶和困惑。在第十卷，亚里士多德重新将幸福界定为沉思的生活，而将其他如追求快乐的生活或追求荣誉的政治生活加以排除。在他看来，沉思的活动是人类灵魂中最好的部分（理性）所从事的活动，而且这种活动所关涉的对象也是各种知识的对象中最好的，因此，沉思是最高的人类活动。不仅如此，亚里士多德认为，沉思活动还伴随着最强烈、最纯粹也最可靠的快乐，它最为持久也最自我充分，几乎不受外部因素的影响。一个人如果选择过一种沉思的生活，那他一定不是为了其他的好处，而是仅仅为了沉思本身而选择这种生活。基于上述原因，如果我们认为对人类而言的确存在着与神的存在相似的生活，并且将这种生活命名为幸福，那么，免除了为生计奔波的劳苦、能够予人闲暇的沉思的生活无疑就是最接近有福之人的生活，而这种生活若是能持续终生，那就是完满的，从而也就是对人而言的真正的幸福（*NE*1177a20-b25）。

在这个新的幸福定义中，我们看到亚里士多德格外强调两个标准：第一个是最自我充分，第二个则是强调最高、最好和最接近神的存在。根据第一个标准，亚里士多德排除了德性的生活这个最有力的竞选项，因为与沉思相比，合乎德性的行动的确要求具备基本的外部条件。无论是勇敢、公正还是慷慨、节制，这些德性都要求一个外在的对象才能够得以施展和呈现。亚里士多德的第二个标准则来自他对人性的认识与洞察。正如他对人性的构成所做的分析所表明的，尽管他在伦理学和心理学的研究中充分地重视人类灵魂中的非理性部分，但是他仍然坚持认为，人类的独特性就在于理性部分的运用，同样地，人类所能为自身期求的最高善就在于理性部分的最完善的活动。很显然，在这一点上，亚里士多德回到了他的老师柏拉图的立场，仍旧将人类的本质与幸福系于理性之上。或者也可以说，他其实从未离开过这个理性主义立场。因此，无论我们如何去理解和解释《尼各马可伦理学》中关于幸福的这两处不一致，无论我们是对亚里士多德提出批评还是辩护，有一个事实还是明显的，即：尽管亚里士多德重视现象、经验和日常意见，即使他的伦理学思想促使人们意识到人类灵魂中非理性部分的活动和重要性，但是在最根本的层面上，他仍然与其他的古典希腊哲学家分享着同样的理论立场，坚守着同一个承诺——人类要超越自身的局限，在认识与实际生活中达到最完美的高度，所能够依赖的最终力量仍是理性的能力与活动。

附 精深阅读导引

一 一般主题

1. 柏拉图与亚里士多德之间的关系问题是从古代评注者到当今学者都会争论的，除了文中提到的欧文与耶格尔的作品之外，古代的情况可参看 Sorabji, R., ed., *Aristotle Transformed: The Ancient Commentators and Their Influence* (Cornell University Press, 1990)，尤其是导言部分。当今学者则会更加关注亚里士多德对柏拉图理念论的批评问题，参见 Cherniss, H.F., *Aristotle's Criticism of Plato and the Academy* (Johns Hopkins Press, 1944); Annas, J., "Aristotle on Substance, Accident and Plato's Forms," *Phronesis*, 1977:146-160; Fine, G., *On Ideas: Aristotle's Criticism of Plato's Theory of Forms* (Oxford University Press, 1993).

2. 对于亚里士多德知识论问题的一个导览，参见 Taylor, C.C.W., "Aristotle's

Epistemology," in Everson, S. ed., *Companions to Ancient Thought: Epistemology* (Cambridge, 1990); 关于知识的概念以及各门科学之间的关系问题, 见 Burnyeat, M.F., "Aristotle on Understanding Knowledge," *Aristotle on Science* (Antenore, 1981): 97-139; Barnes J., "Aristotle's Philosophy of the Sciences," *Oxford Studies in Ancient Philosophy* 11, 1993:225-41。此外关于生物学、气象学等学科的研究方法问题, 参见 Lloyd, G.E.R., "Empirical Research in Aristotle's Biology," in Gotthelf, A. and Lennox, J.G. eds., *Philosophical Issues in Aristotle's Biology* (Cambridge University Press, 1987): 53-63; Freeland, C.A., "Scientific Explanation and Empirical Data in Aristotle's Meteorology," in *Aristotle Critical Assessments* 2 (Routledge, 1999): 177-208. 伦理学的方法则可参考 Irwin, T.H., "Aristotle's Methods of Ethics," *Studies in Aristotle* 9, 1981: 193-223.

3. 第一哲学作为一门普遍学科和专门学科之间的张力问题构成了二十世纪亚里士多德研究的一个热点, 除了汪子嵩在《希腊哲学史: 第三卷》中所作的论述和提及的文献之外, 其他的文献还可参见 Frede, M., "The Unity of General and Special Metaphysics: Aristotle's Conception of Metaphysics," in Frede, M., *Essays in Ancient Philosophy* (Minneapolis: University of Minnesota Press, 1987): 81-95; Halper, E.C., Being Qua Being' in *Metaphysics* Gamma, *Elenchos*, 1987: 43-62; Patzig, G., "Theology and Ontology in Aristotle's Metaphysics," in *Articles on Aristotle* 3 (Duckworth, 1979): 33-49. 尽管近年来由于研究视域的变化, 学界对这个问题的讨论有所减少, 但是还可以参看两篇较新的论文: Fine, K., "What Is Metaphysics?," in Tahko, T.E. ed., *Contemporary Aristotelian Metaphysics* (Cambridge: Cambridge University Press, 2012):8-25; Tahko, T.E., "Metaphysics as the First Philosophy," in Fesered, E., *Aristotle on Method and Metaphysics* (Palgrave Macmillan, 2013): 49-67.

4. 关于伦理学与政治学的关系问题, 可参见 Cashdollar, S., "Aristotle's

Politics of Morals," *Journal of the History of Philosophy* 11.2, 1973: 145–160; Adkins, A.W.H., "The Connection between Aristotle's Ethics and Politics," *Political Theory*, 1984: 29–49; Roberts, J., "Political Animals in the *Nicomachean Ethics*," *Phronesis*, 1989: 185–204.

5. 目的论可以说是亚里士多德的原因论中被研究得最多的一个问题。这方面的争论的简单介绍可参看 Witt, C., "Teleology in Aristotelian Metaphysics," in Gentzler, J., ed., *Method in Ancient Philosophy*, (Oxford University Press, 1998): 253–69.（中译文见聂敏里选译：《20世纪亚里士多德研究文选》，华东师范大学出版社，2010年，第297–312页。）与柏拉图的目的论的比较见 Sedley, D., Teleology, "Aristotelian and Platonic," in Lennox, J.G. and Bolton, R. eds., *Being, Nature, and Life in Aristotle: Essays in Honor of Allan Gotthelf* (Cambridge University Press, 2010): 5–29. 除此之外，Sedley还认为亚里士多德的目的论是人类中心主义的，参见 Sedley, D., "Is Aristotle's Teleology Anthropocentric?" *Phronesis*, 36.2 (1991): 179–196. 有不少学者反对这一点看法，参看 Johnson, M.R., *Aristotle on Teleology* (Oxford: Clarendon Press, 2005). 与目的论相关的一个争论（也是在前文第二部分中提到的）是亚里士多德的灵魂论是否是功能主义，这场旷日持久的讨论持续了三十年，相关的介绍参见 Granger, H., "Aristotle and the Functionalist Debate," *Apeiron* 23.1 (1990): 27–50. 多数学者已经否认了灵魂论作为现代心灵哲学中的功能主义的合理性，不过他们还是承认亚里士多德可以说是一位宽泛意义上的功能主义者。

二　具体主题

1. 关于存在，除了上文提到的其所属的第一哲学的张力问题之外，《形而上学》Γ.2中提到的"核心意义"（focal meaning）理论也引起学者们的关注。这个问题由"存在以多种方式被言说"这一观点衍生，对于这个问题可以参看布伦塔诺的论著 Brentano, F., *On the Several Senses of Being in Aristotle*, George, R. ed. and trans., (Berkeley: University of California Press, 1975). 而"核心意义"这个名词由欧文（G. E. L. Owen）在 Owen, G.E.L., "Logic and Metaphysics in Some Earlier Works of Aristotle," in *Aristotle and Plato in the Mid-fourth Century* (Göteborg, 1960): 163-90（中译文见《20世纪亚里士多德研究文选》第49-72页）中提出，关于这个问题的讨论参阅：Ferejohn, M.T., "Aristotle on Focal Meaning and the Unity of Science," *Phronesis*, 25.2 (1980): 117-28; Hamlyn, D.W., "The Presidential Address: Focal Meaning," *Proceedings of the Aristotelian Society* 8 (Blackwell Publishing, 1977): 1-18. 讨论这个问题的一本著作参见 Leszl, W., *Logic and Metaphysics in Aristotle* (Padua, 1970). 近来的一些关于"同名异义"的论著也会以一个章节左右的篇幅讨论"核心意义"问题，参见 Shields, C., *Order in Multiplicity: Homonymy in the Philosophy of Aristotle* (Oxford University Press, 2002); Ward, J.K., *Aristotle on Homonymy: Dialectic and Science*. (Cambridge University Press, 2008).

2. 亚里士多德对于灵魂的划分涉及灵魂的定义问题，参见 Ackrill, J.L., "Aristotle's Definitions of *Psuchē*", *Proceedings of the Aristotelian Society*, 1972: 119-133; Bolton,R., "Aristotle's Definitions of the Soul: *De Anima* ii, 1-3", *Phronesis* (1978): 258-278; Charlton,W., "Aristotle's Definition of Soul", *Phronesis* (1980): 170-186. 另外还可参看 Nussbaum, M.C. and Rorty, A.O. eds., *Essays on Aristotle's De Anima* (Oxford University Press, 1992) 中的一系列讨论。对于欲望的讨论参见 Richardson, H.S., "Desire and the Good in *De Anima*," in Nussbaum, M.C., and Rorty, A.O. eds, *Essays on Aristotle's De Anima* (Oxford, 1992): 381-399; Charles, D., "Aristotle on Desire and Action," in Frede, D. and Reis, B. eds., *Body and Soul in Ancient Philosophy* (Berlin/New York 2009): 291-308. 与柏拉图的对照参看 Lorenz, H., *The Brute Within:*

Appetetitive Desire in Plato and Aristotle (Oxford, 2009). 讨论想望的参见 Mele, A.R., "Aristotle's Wish," in *The Journal of the History of Philosophy* 22 (1984): 139-156. 此外，在对理性的讨论中，争议最多是有关努斯的，参看 Caston, V., "Aristotle's Two Intellects: A Modest Proposal," *Phronesis* 44.3 (1999): 199-227; Kosman, L.A., "What Does the Maker Mind Make?" in Nussbaum, M.C.and Rorty, A.O. eds., *Essays on Aristotle's De Anima* (Oxford 1992): 343-358; Miller, F., "Aristotle on the Separability of Mind," in *The Oxford Handbook of Aristotle* (2012): 306-39; Wedin, M.V., *Tracking Aristotle's Noûs, Human Nature and Natural Knowledge* (Springer Netherlands, 1986): 167-197.

3. 对于德性的一般讨论见 Hutchinson, D.S., *The Virtues of Aristotle* (London, 1986). 伦理德性的统一性问题参见 Irwin, T.H., "Disunity in the Aristotelian Virtues," *Oxford Studies in Ancient Philosophy,* supp (1988):61-78; Telfer, E., "The Unity of the Moral Virtues in Aristotle's *Nicomachean Ethics*," *Proceedings of the Aristotelian Society* (1989): 35-48. 对此还有一个古代评注者视角下的研究，参见 Sharples, R.W., "The Unity of the Virtues in Aristotle," in Alexander of Aphrodisias, and in the Byzantine Commentators, in *Etica & Politica / Ethics & Politics*, II (2000) 2.

4. 关于理智德性的讨论基本集中在"明智"上。这方面的文献参见 Demos, R., "Some Remarks on Aristotle's Doctrine of Practical Reason," *Philosophy and Phenomenological Research* (1961): 153-162; Mele, A.R., "Aristotle on the Roles of Reason in Motivation and Justification," *Archiv für Geschichte der Philosophie* 66.2 (1984): 124-147; Pearson,G., "*Phronesis* as a Mean in the *Eudemian Ethics*," *Oxford Studies in Ancient Philosophy* 32 (2007): 273-95.

5. 关于具体伦理德性尤其是公正的讨论参见 Keyt, D., "Aristotle's Theory of Distributive Justice," in *A Companion to Aristotle's Politics* (1991): 238-278; Keyser, P.T., "A Proposed Diagram in Aristotle *EN* V 3, 1131a24-b20

for Distributive Justice in Proportion," *Apeiron* 25.2 (1992): 135-144. 其他还可参见 Weinrib, E.J., "Aristotle's Forms of Justice," *Ratio Juris* 2.3 (1989): 211-226; Leyden,W., *Aristotle on Equality and Justice: His Political Argument* (Macmillan,1985); Young, C.M., "Aristotle on Justice," *The Southern Journal of Philosophy* 27.S1 (1989): 233-249. 公正与法律的关系参见 Miller, Jr. and Fred, D., "Aristotle on Natural Law and Justice," in *A Companion to Aristotle's Politics* (1991); von Leyden,W., "Aristotle and the Concept of Law," *Philosophy* (1967): 1-19.

6. 关于友爱，一些学者将其与柏拉图的友爱观相对照，参见 Annas, J., "Plato and Aristotle on Friendship and Altruism," *Mind* 86.344 (1977): 532-554; Price, A.W., *Love and Friendship in Plato and Aristotle* (Oxford: Clarendon Press, 1989); Cooper, J. M., "Aristotle on Friendship," in Rorty, A.O. ed, *Essays on Aristotle's Ethics* (University California Press: 1980); Kraut, R., "Self and Others," in Kraut, R. *Aristotle on the Human Good* (Princeton University Press: 1989); Kahn, C., "Aristotle and Altruism," in *Mind* 90 (1981): 20-40; Nehamas, A., "Aristotelian *Philia*, Modern Friendship," in *Oxford Studies in Ancient Philosophy* 39 (2010): 213-247; Pangle, L.S. , *Aristotle and the Philosophy of Friendship* (Cambridge University Press, 2003); Whiting, J., "The Nicomachean Account of *Philia*," in Kraut, R. ed., *The Blackwell Guide to Aristotle's Ethics* (Oxford: Blackwell Publishers, 2006); Walker, A. D. M., "Aristotle's Account of Friendship in the *Nicomachean Ethics*," *Phronesis* (1979): 180-196.

7. 关于亚里士多德的幸福概念以及相关争论，参见 Kraut, R., "Two Conceptions of Happiness," in *Philosophical Review* 88 (1979):167-197; Nussbaum, M., *The Fragility of Goodness* (Cambridge, 1986); Cooper, J.M., "Contemplation

and Happiness: A Reconsideration," *Synthèse* 72 (1987): 187–216; Heinaman, R., "*Eudaimonia* and Self-sufficiency in the *Nicomachean Ethics*," *Phronesis* 33(1988): 31–53; Santas, G., "Desire and Perfection in Aristotle's Theory of the Good," *Apeiron* 22 (1989):75–99; Kenny, A.J.P., *Aristotle on the Perfect Life*, (Oxford,1992).

第五章　希腊化哲学家

　　柏拉图将前苏格拉底哲学的存在论传统演绎成气魄宏大的哲学江流，遮盖了前苏格拉底自然哲学思辨的光芒。进入希腊化时代，希腊重回自然哲学的主流。柏拉图哲学直接或间接地成为批评对象，感觉或者知觉成为哲学再出发的阿基米德点。实践成为从事哲学的目的。希腊化哲学根本上说就是实践哲学，一种伦理的关怀，种种情绪的慰藉，是理性竭力寻找的安魂的自然。

　　希腊化哲学的三大主要流派伊壁鸠鲁派、斯多亚派和怀疑派均回归自然，却是为了收获伦理；重思感觉，却是为了止息理性判断所造成的纷争。哲学家们返乡的急迫感似乎比古典时代的任何哲学流派都要急迫，向死而生的终末论成为希腊化哲学的共同倾向。哲学向着单纯的生活回归，思辨也从知识的迷宫中暂时止息了寻觅的脉动，我们因此将看到希腊哲学的另一种精神气质。

第一节　伊壁鸠鲁学派

一　自然哲学

　　希腊化哲学重新回到自然哲学的主题，也重新把自然哲学作为哲学其他部分(例如伦理学)的前提,这使得它显著不同于柏拉图和亚里士多德。伊壁鸠鲁对自然的解释呈现了希腊化哲学的典型特征。他一方面继承前苏格拉底的原子论思想,用原子与虚空解释世界的形成;另一方面他也发展出自然与人事之间的更紧密阐释,把这种关系延伸到伦理领域,使之成为伦理解释的前提。严格地说,伊壁鸠鲁的自然哲学并非是其哲学的焦点,

虽然他把自然哲学作为其他哲学部门的前提,然而他的自然哲学以伦理学为目的,是要重新解释生活的伦理准则。这使得伊壁鸠鲁的原子论学说不同于德谟克利特,后者更像是一个严格的自然科学家,伦理学只是其附属部分。

在伊壁鸠鲁而言,原子论探讨的不仅是作为物体世界的自然,更是指向伦理世界的自然。原子和虚空与自然的阐释相关,更与伦理的落实相关。苏格拉底之前的希腊哲学家对自然持泛神论的看法,柏拉图则把自然看成是理念世界的模仿,质疑自然本身的独立性。亚里士多德虽然要较柏拉图更认真地处理自然的真实性,然而他的实体论哲学促使他把自然看成是本体的表象。伊壁鸠鲁则给出一个典型的机械论世界,这是前所未有的一种阐释。

伊壁鸠鲁认为物体不外乎是原子运动在虚空世界中的种种复合形式,而原子是有形体的、物体性的、不可分的存在。所有物体就其来自于原子并且最终回归于原子而言没有任何分别,人的意识、情绪和思考都如同人的身体以及无机物那样由原子构成,原子之间并无本质区别,事物和精神的不同纯粹是原子运动结构的差别。当伊壁鸠鲁用单纯物质的原子解释意识和情绪

的时候，也就相当于现代的某些科学主义者用单纯的神经活动解释意识的本质，把意识和情绪还原成种物质活动。由于所有的精神活动最终都要还原为物质形式，因此精神活动的复杂性一方面由物质的机械形态加以解释，另一方面这种解释又可以还原为简单的原子活动。精神和情绪并不是独立的、最终的实存，它们只是原子运动的不同形态。[1]

原子在虚空中运动，虚空虽然不包含任何事物，然而它仍然是一种存在。虚空没有中心，原子在虚空中活动造成世界，这样的世界有许多，但不存在世界与世界之间的中心。伊壁鸠鲁的这个观点颇具现代宇宙论特性，显示出他对自然与人事的某种特殊洞见。就人事而言，包括人的思想对于自然来说都不具有特殊价值，或者说当人们在描述某个世界的时候，其实不应该带有任何价值色彩，既不应该有价值的优先，也不意味着任何价值可以是独一的。所有描述都应该仅限于事实描述，即它只是一种原子活动。人事的背后都是原子活动，任何原子活动都不具有相对于其他原子活动的优先性，由原子活动所形成的世界也不具有相对于其他原子活动所形成的世界的优先性，这清楚地呈现出伊壁鸠鲁的世界主义观念，或者说普遍主义观念。不同于古典哲学区别希腊人和非希腊人、雅典人和非雅典人，伊壁鸠鲁给出的是一个自然状态的人。自然状态的人和自然状态的世界，就其都是自然状态而言，只有原子碰撞形式的差别，而不存在价值的差别。

伊壁鸠鲁以这种方式描述个体和社会结构的形成，他的追随者卢克莱修用它描述历史的进程。处在历史进程中的社会存在，包括礼仪、德性、知识、社会交往等都是原子的不同聚集形式，所有文明形态都具有同等的自然性，所有人和制度也都如此。在这种观念形态下，自然权利最能体现公正原则。没有人可以越过自然权利讨论法律。也没有人可以越过自然权利讨论个体

---

[1] 参见伊壁鸠鲁，《致希罗多德信（论自然纲要）》，见于包利民等译，《自然与快乐》，第9-13页，中国社会科学出版社，2007年。

的选择。显然，伊壁鸠鲁及其追随者不会赞同柏拉图所谓的君主制和亚里士多德的共和制。由于原子自由运动按着各自的自由运动建立起事物和世界，那么这些事物彼此之间就没有隶属关系。在一个不具有隶属关系的世界形式中，人的关系以及社会的法则根基于选择的自由，根基于完全对等的意愿。人们按照自己的意愿缔结起公正的法则，并按照这些公正法则生活。这样的社会，也就是契约社会，是伊壁鸠鲁的理想社会，宇宙的城邦正是一个依据契约缔结起来的生活世界。

二 "重思死亡"

伊壁鸠鲁哲学的主题是"个体的人如何生活得好"。如同古典希腊哲学一样，幸福或者说美好的生活是伊壁鸠鲁哲学的主题。伊壁鸠鲁对美好生活的论述相对简单，他不是从知识论入手，而是从影响美好生活的情绪开始。伊壁鸠鲁同意柏拉图的看法，放纵欲望会导致悲惨的生活；然而他也肯定欲望是美好生活的动力。柏拉图要把欲望从美好生活中排除出去，伊壁鸠鲁则肯定某种程度的欲望是美好生活的根源，这就是所谓的自然的欲望。伊壁鸠鲁说有自然的欲望，也有空虚的欲望。自然的欲望是必要的，有助于幸福。其中有的有助于身体摆脱痛苦，有的有助于维系生活本身。自然的欲望在正确思考的引导下使我们的身体健康、灵魂没有烦恼。伊壁鸠鲁反对柏拉图把快乐和幸福对立起来的做法，他认为快乐是幸福生活的开端和目的。

导致我们失去美好生活的，是灵魂的烦忧，它们来自于空虚的欲望。有一种空虚的欲望是针对天体的，它认为天体幸福和不朽，同时又认为天体有意愿、行动和动机。它担心天体会针对人们采取某些不利于人们的行动，这就产生恐惧。伊壁鸠鲁则告诫说，天体和人类一样都由原子构成，它不能够决定也不能够影响人类生活，对天体恐惧的欲望是错误的。另一种空虚的欲望是，人们总是推想或猜测存在什么永久的坏事。这是由于有些人相信地狱，害怕死后所发生的事情与我们的生活有关。这种烦忧也不是来自理性的判断，而是出于非理性的偏执。对死后事情的恐惧也是空虚的欲望。要使心灵保持没有烦忧的状态，就必须得从惧怕的欲望中解脱出来。[1]

总体来说，人们之所以不能够生活得美好，是与他们对死亡的欲望有关，他们对死亡的欲望生出各种形式的惧怕。要想生活得美好，就得重思死亡。伊壁鸠鲁说，人们要习惯于相信死亡与人们无关，因为一切的好与坏都在感觉之中，而死亡是感觉的剥夺。既然人们死亡后，感觉已经不再存在，那么死亡就与人们无关。当人们正确地认识到死亡与人们无关后，人们就能享受生命的有死性方面。人们会意识到生活并非无限延长，也没有任何外部存在能够给人们添加无穷的时间，那么人们反倒可以从有限性中真正理解生命的本质，生命乃是有始有终的过程，人们需要做到的是活着的时候不惧怕，不拿身后之事来使灵魂受到烦扰。如果人们这样看问题，那么死亡就与人们不相干。当人们活着时，死亡还没有来临；当死亡来临时，人们已经不在了。死亡既与活着的人无关，又与死去的人无关；对于生者，死还不存在；至于死者，他们本身已经不存在了。

哲学的任务在于要引导那些缺乏知识的大众正确地欲望，避免错误的欲望。普罗大众最大的错误就是把死亡看成是最大的坏事，拼命加以逃避。在这种情绪支配下，他们有时候选择死亡，把死亡看成是避免悲惨的避难所。这样的人会选择自杀。然而死亡是一件自然之事，如果人们选择自杀，招致死亡，就违背了人的自然。这样的人没有能够美好地生活，由此可以看出伊壁鸠鲁反对自杀。人们要以贤人为榜样，他们既不苦苦求生，也不惧怕生活的终止。对于那些贤人来说，以自然的态度对待生活的种种际遇，即不把不幸的生活事件看成是障碍，就不会把死亡看成是恶。对他们而言，死亡就像

---

[1] 参见伊壁鸠鲁，《致梅瑙凯信》，见于包利民等译，《自然与快乐》，第32–34页，中国社会科学出版社，2007年。

一树的果子，经过漫长的酝酿而终于瓜熟蒂落。善终天年的人会意识到生活的价值，这不是说他们眷恋生活，而是说他们生活的时候能够真正关心他们自身。不要让对死亡的错误欲望或者说看法影响他们享受生活，要以澄明的心面对无惧的未来。

三　欢笑的哲学

伊壁鸠鲁的哲学是快乐的哲学。他批评柏拉图对快乐的偏见，批评亚里士多德对快乐的限制。他所讲的快乐绝非是纵欲，不是所谓的享乐。伊壁鸠鲁认为快乐对人们真正有益，而不是如柏拉图所说的快乐有害于灵魂。如果人们缺少快乐就会感到痛苦，而没有人愿意痛苦，因此快乐是人的本性。人们愿意为某些高贵的事物痛苦，是因为他们从中感到了快乐。正因为如此，快乐是首要的和天生的好。人们的一切追求和规避都始于快乐，又回到快乐，快乐是幸福生活的开端和目的。快乐是人生的自然，欲求快乐体现了生命的自然，生活在快乐中也就是在享受自然。

虽然快乐是首要的、天生的好，然而快乐的形式和种类多多。人们没有选择所有的快乐，他们意识到一些快乐会带来更多的痛苦。当伊壁鸠鲁考虑快乐时，他意识到相对立的一方即痛苦。伊壁鸠鲁甚至意识到有许多痛苦要好于快乐，因为某些持续的痛苦会带来更大的快乐。举例来说，持续的科学研究所带来的发现，使得研究过程中的枯燥和辛劳都成为超值的付出。所谓的快乐并不是享乐，不是对事物的无休止索取。伊壁鸠鲁讲的快乐首先是感觉上的，然而由于所有快乐都合乎人的本性，所以又是人内在的好。伊壁鸠鲁意识到人们对他的快乐哲学的批评，也对此进行了回应，指出他所说的快乐不是那些花费无度或沉溺于感官的享乐，而是身体的无痛苦和灵魂的无烦恼，要运用清醒的理性研究和发现所有选择和规避的原因，把导致灵魂最大恐惧的观念驱赶出去。快乐的生活离不开理智、美好和公正；理智、美好和公正的生活才会快乐。伊壁鸠鲁认为快乐和幸福、欲望和理智并非是对立的观念。

那些能够正确认识快乐的人是贤人，他们满足于简单生活之所需，能够更好地明白如何给予而不是索取。简单生活及其自足是快乐的宝藏。简单生活并不是生活得拮据，而是说在没有很多生活物品的时候，能够满足于少许的物品。注意伊壁鸠鲁强调要满足于少许的物品，而不是因着少许的物品而抱怨，或者因少许的物品而无法生活。伊壁鸠鲁所说的是，当只有少许物品时，应该依然很满足，这是明智的德性。伊壁鸠鲁又说，所有善好中，明智是首要的和最大的"好"，它甚至比哲学更为可贵。[1] 所有德性都从理智中派生。德性与快乐共成长，不分离。

贤人的明智在于拥有对身外之物的自足。自足是一种与身外之物无关的生活原则，基于这样的观念，伊壁鸠鲁批评许多人，他们只关心生活用品而不关心生活本身。许多人把生活和生活用品混淆。关心生活用品的人，永远不会有自足感；就如我们如果关心的是钱，那么对钱永远不会满足。自足的人真正快乐，因为他们相信只有最不需要奢侈生活的人才能最充分地享受生活的奢侈。最奢侈的生活都是从自然中获得并追随自然，而一切自然的都容易获得；一切难以获得的，都不自然。素淡的饮食与奢侈的宴饮带来的快乐相同，面包与水带给一个饥渴的人的快乐绝不少于一顿盛宴。习惯于简单而非丰盛饮食的人，他们能够扮演好生活中的角色，他们也是生活的真正主人，当他们面对盛宴时也能更好地对待。这样的人是神一样的人，他们无论醒时还是睡时，都不会烦恼。这样的人也生活在不朽的福祉中，他们宛如不再有死的生物。而我们理应抱着这样的态度研究哲学，"我们必须一边欢笑着，一边从事哲学研究、管理家政并照看其他事务，而

---

[1] 参见伊壁鸠鲁，《致梅瑙凯信》，见于包利民等译，《自然与快乐》，第33页。

且还不断地宣传真正的哲学。"哲学使人们具有的不是一个良好健康的外表,而是真正享受健康。

第二节 斯多亚学派

一 自然哲学

如同伊壁鸠鲁,斯多亚学派也把自然哲学视为哲学其他部分知识的前提,他们也同样不把自然哲学作为哲学的目的,而是把自然哲学作为哲学其他部分尤其是伦理学的预备。也就是说,伦理学是斯多亚学派哲学研究的宗旨所在。即使如此,斯多亚学派的自然哲学仍然有其独特性。

与伊壁鸠鲁机械论的自然观不同,斯多亚学派主张一种整体主义的自然观。斯多亚学派认为自然是一个连续统,它绵延不可分离,如同流淌的江河之水,混而为一。它用完全混合的观念来说明这种整体的自然观。以一滴滴入大海的醋为例,当一滴醋滴入大海时,它均匀地分布在大海之中;大海的所有部分也都均匀地包围着这滴醋。这滴醋与大海整体完全混合,而不是如通常所以为的这滴醋只留在大海的某个局部,其他部分没有与醋混合。气体的例子似乎可以更容易说明斯多亚学派的完合混合的连续统观念。例如香水分子飘入房间,香气就会弥漫于整个房间,而不会限于某个部分。在这个例子中,斯多亚学派会认为香水分子均匀地混合在整个房间的空气中,同样,整个房间的空气也均匀地包围了香水分子。斯多亚学派强调物质相互均匀地分布的属性,指出两种事物完全混合为一体。

在这种完全混合之中,醋和香水都没有失去它自身的特性。一滴滴入大海的醋,虽然被整个大海包围并且整体地分布在大海之中,然而它依然是一滴醋,没有改变醋的特质。大海、香水和空气也是如此,它们依然保持作为大海、香水和空气等特殊物质的属性。斯多亚学派所谓的混合是今天所谓的物理混合，即各自保持了物质特性的混合，而不是我们今天所谓的改变了分子或者原子结构的"熔合"，如铁与铝熔于一炉造成一种新的物质。透过这些比喻，可以看到斯多亚学派自然观的重点在于，整个自然的物质是完全混合的关系，包括我们看到的固体事物之间的接触。固体物质看起来只是两个界面之间的接触，实际上完全相互包围。自然界所有事物之间彼此紧密相关，不为虚空分割。这显然与伊壁鸠鲁所谓的世界由原子与虚空构成的观点相反，斯多亚学派认为宇宙是混一的整体。然而，即使如此，太阳仍然是太阳，月亮仍然是月亮，事物之间泾渭分明，其个体完全自足不可改变。斯多亚学派的自然观既给出了一个有机宇宙的观念，又保留了个体事物的独特性和单纯性；这种自然观念将在斯多亚学派的伦理观念中得到充分体现。[1]

斯多亚学派自然观的另一特点是它的能动的、有生机的宇宙论。宇宙由四大元素水、火、土和气所成，火是四大元素的首要元素，是四大元素中最精微和最洁净的元素。对于火元素的这种描述，可能也与古代的宗教、习俗和仪式相关。古人在生活中看到火的动力性和纯净性，古代思想家从中获得灵感，认为火最能够体现生活的活泼和力量，最能够体现生命的单纯性。宇宙最初的时候就是一团活火，它熊熊燃烧，于是出现气这种元素，再接着是水和土。因此，斯多亚主义者是太阳中心论者。火元素虽然精微，但具有长宽高的维度，宇宙最初就是这种具有生机的精微物质，它不断燃烧，燃烧则象征着它的活力和动力，与其他元素一起生成宇宙万物。宇宙万物中贯穿着活火，不断扩张和扩展。斯多亚学派相信，宇宙是一个动态扩张的宇宙，然而它又不是无限扩张而是有其边界的宇宙。当宇宙扩张到一定程度，或许是由于这火已经烧尽了其活力，就如同现代宇宙论所说的太阳的核聚变趋于耗尽，整个宇宙将归于大火。宇宙由火开始，也回到大火。这是一种相当现代

---

[1] 参见章雪富，《斯多亚主义》第一卷，第一章，中国社会科学出版社，2007年。

的宇宙论，只不过古代思想家用其特殊的语言表现了他们的看法。

重回大火后，宇宙并非就此结束。宇宙大火会熊熊燃烧一个阶段，仿佛它要烧尽人世间的各种罪恶留在它身上的痕迹。宇宙大火自我净化之后，它又要开始另一轮的生成游戏。有趣的是，斯多亚学派认为这宇宙大火会烧出一个与前一个一模一样的世界，而在此世界中的人们将会经历与前一个世界中的人们一模一样的事情。例如在前一个世界中，苏格拉底被雅典人判处死刑，在狱中与朋友们讨论灵魂不朽，那么在这个新烧成的世界中，苏格拉底将经历完全相同的事情。这就是哲学史上典型的决定论和循环论。首先，斯多亚学派的宇宙观是循环论的，因为宇宙会在大火和具体的世界万物之间反复循环；其次，它又是决定论的，一方面不同时期的宇宙完全相同，另一方面在不同时期的宇宙中，人们的命运完全取决于大火的燃烧和他们对事物的经验，或者说结果完全取决于原因。斯多亚学派对自然的这种描述，包含着深刻的含意，就是当人们生活在一个看起来毫无选择的世界中的时候，他们是否还有自由？如果有，那又是怎样的一种自由？人们又该如何享有这样的自由？这些都构成斯多亚学派伦理学的主题。

二 把握性印象

斯多亚学派持唯物论的宇宙观，他们的唯物论还表现在有关认识的看法上。由于物体所构成的世界是唯一的世界，即使神也是一种物体，只不过是一种极精微的物体。对世界的认识就是对所把握到的事物的印象。获得事物的印象就是认识之道。所谓的印象，则呈现为人的知觉。当我们谈论对一个事物的印象时，我们指的是全面地把握了一个事物各方面的感知觉，并将它们综合而成。例如一个苹果的印象，是基于对它的味道、色彩、形状、重量、软硬等感觉的综合，然后才能够说我们具有对该事物的印象。显然，斯多亚学派是基于整体呈现事物的角度谈论认识论的。

这种谈论认识的方式与伊壁鸠鲁学派存在细微的差别，与柏拉图则有明显的界分。柏拉图对知觉抱着贬低的态度，把知觉只看成是知识训练的一个环节，而不认为它是知识的最终阶段。然而斯多亚学派认为知觉对事物的呈现是知识的最终环节，知识最终就是以印象的方式呈现，柏拉图所谓的抽象观念因其空虚而没有内容，所以是虚假的。一个观念之具有真实性，首先在于它具有经验内容，而经验内容就是我们知觉中的印象。如果没有这种经验内容即印象，人们无法在观念与事物之间建立对应关系，即观念作为能指与对象作为所指就缺乏有效的相互关系。其次，观念也是物体性的，它们本身都是经验性的。这在现代人看来无比荒谬，却是基于斯多亚学派的经验观察和心理描述的结果。例如羞耻这个观念，它是经验的和物体性的。一个人羞耻时会脸红，脸变"红"的这种"红色"，正是羞耻这种观念的物体性呈现，体现出羞耻乃是与红色有关的一种经验。这种观念也有其合理性，它用一种"神经热力学"的观点解释观念的信号传递过程。

斯多亚学派与伊壁鸠鲁学派的认识论差别是细微的，却很重要。伊壁鸠鲁学派认为人们所获得的事物的印象是一种直接感觉，直接感觉是真实性的最后环节。例如当我们观察一根水中的筷子时，我们获得筷子弯曲的感觉；而当筷子在空气中时，我们获得直的感觉。伊壁鸠鲁学派会说这两种感觉都是真实的，没有必要也不能够用"直"来否定"弯曲"。因为若你问我筷子是曲是直时，我会告诉你水中的筷子是曲的，而空气中的筷子是直的。这就是我们真实的感觉，两种感觉相对于它们的当下性而言都是正确的。我们无须去问筷子本身是什么，因为筷子是一系列筷子的感觉，一个事物就是一个事物的一系列现象。[1]

斯多亚学派却认为知觉是对事物真实性的最终把握。当我们说我们认

---

[1] 参见章雪富，《斯多亚主义》第一卷，第三章。

识了一个事物时，就是能够在各种环境下都认识它。在伊壁鸠鲁的感觉论中，这筷子成了两根不同的筷子。斯多亚学派的要求则是，我们需要确定这两种不同状态下的筷子是否是一根筷子。伊壁鸠鲁学派则没有办法回答我们，因为他们只依赖于直接感觉；而斯多亚学派认为他们能够告诉我们，因为他们以知觉为出发点，也以知觉为最终环节。如何确定它是同一根筷子呢？我们可以对两根筷子的形状包括它们的纹理作细致观察，对它们的长度和其他方面作观察，对它们的材料和硬度作测量。我们就能够形成这两根筷子的一致印象，判断它是否是同一根筷子。虽然斯多亚学派如同伊壁鸠鲁学派那样追随现象，也是现象论者，然而它们是两种不同的现象论。伊壁鸠鲁学派已经悬搁了这根筷子本身是什么的问题，而强调事物的现象无须要它本身的"是"来支撑；斯多亚学派则坚持说一根筷子可以呈现为许多现象，例如它可以曲，也可以直，可以是搅拌器，也可以是武侠小说中的暗器；然而无论它的现象为何，它后面仍然都有一个相同的"是"。不然的话，我们就无法谈论它们是同一根筷子了，也无法谈论事物本身了。

这就是斯多亚学派的把握性印象观念。斯多亚学派认为知觉肯定了事物的整体性构成事物的所是。当我们谈论知觉时，是在谈论一个事物的整体性印象。然而这不是说我们所获得的整体性印象就肯定真实，因为我们的印象有错也有对，就如柏拉图的鸟笼说和蜡版说所批评的，我们可能分辨不出斑鸠和麻雀，把斑鸠当麻雀；我们也可能由于时间久远印象模糊，分辨不出他是同一个人了。因此从一般性的印象到完全准确呈现事物的印象之间存在区别。而凡能够完全准确呈现事物印象的是把握性印象，握有这种印象的人，他对事物的辨认不随时间和空间的改变而变，它始终能够确定一个事物的所是。斯多亚学派把这种由印象而得到确认的知识称为真理，贤人所把握的就是这样的一种真理，他们能够超越事物变化即现象呈现的特殊性，能够始终辨认出事物的所是。

三 自由

斯多亚学派依据把握性印象展开伦理讨论。建立把握性印象，训练形成把握性印象的能力，其目的在于帮助人们区分何谓事物真正的是。一个人如能够区分事物的所是，就既能够区分事物之间的差别，也能够区分事物与人的差别，还能够区分人与人的差别。哲学就其旨趣而言，乃是关乎人的学问，而拥有把握性印象的人，就具有区分自身的所是与所不是的能力。具有这种能力的人，会获得一种不受妨碍的自由，不妨称之为本体的自由。

然而在大多数情况下人都会失去这种自由，这也是人们在生活中总是觉得受约束的原因。这里所谓的约束，指的是灵魂里面有着不能够充分展开的事物，似乎总是在强迫自己去接受一个加在自己身上的东西。自由如果不是主动的，即积极的自由，它就很难说是自由了，因为它失去了自由的光辉和荣耀。那么是什么具有这么大的"力量"使人失去自由呢？斯多亚学派认为是情绪。忧伤使人失去快乐，愤怒使人失去理智，绝望使人失去希望，自负使人失去友爱。情绪是使一个人失去他自身的所是的直接原因，而一旦一个人失去他自身的时候，他是无法自然存在的。而一个人之所以会有各种各样的情绪，则是因为他没有关于事物的把握性印象。如果人们学会辨别属于别人与属于自己的、受妨碍的与不受妨碍的事情，并且只关心后一类事情，不关心前一类事情；只欲求后一类事情，厌恶前一类事情，那么人们就会无畏无惧。因为没有任何人、任何事或者任何物去妨碍某个人。因为这种人只求善恶的真正本性，懂得唯有善恶的本性才是处于自由意志领域之内的事情。这样的人，他就能分辨得清楚什么属于他，什么不属于他，而只意愿那属于他的。他不会让不属于他的事情妨碍他自身。例如钱财说到底是不属于他的，那么他就不会贪婪钱财；名誉也是不属于他的，正如亚里士多德所论证的荣誉是别人所给的，那么他也不用为荣誉而活。他唯一要为之而活的是"善"，这是他唯一透过意愿而能够把握的，是任何外物都不能够加以剥夺的。而拥有不能够被剥夺的，并且拥有永远都不能够被剥夺的事物的人，就是自由的人。[1]

这也是人们应接受教育的原因。接受教育就是学会把把握性印象用于特殊事例，对所能控制的和不能控制的事物作区分。人们所能控制的是自由意愿和自由意愿的行为；不能控制的是肉体、肉体的各个部分、财产、父母、兄弟、孩子和国家。认识到这一点后，人们应该把"善好"用到他们所能控制的事物中。当人们首先把自由意志和选择用在善好的时候，就是与善好为邻，也不会失去善好。然后人们再把这种永远向着善好的选择运用到具体事物中，例如健康是好的，父母孩子是好的，与这些好保持适当的关系，因为寻求自身利益也是人的自然本性。人们要以哲学家的方式对待这些具体的善好，即既肯定它是善的，又要意识到它并不是我们自身。只有在这样的情况下，在我们拥有它们的时候，我们才不会有不可一世的情绪；在我们失去的时候，也不会悲痛欲绝。这样的人拥有持续、永久的宁静。

训练把握性印象，明确什么是我们自由意志范围之内的东西，什么是不在我们自由意志范围之内的东西，可以避免激情的干扰，享有宁静的生活。正如塞涅卡所指出的，人们的处境大都相同，他们不具备坚定的品格，为懒惰、厌倦、自负、易变、贪婪等心灵的疾病所支配。这样的疾病数量数不胜数，然而结果只有一种，即对自身不满。因此他们备受无益的耻辱和悲伤折磨，在不知不觉中陷入一种不会有任何结果的心灵动荡状态，陷入了一种不能清楚地找到自己出路的犹豫，灵魂也开始麻痹地躺在已抛弃的希望中而陷于迟钝。这样的心灵不会有片刻的宁静。而一个心灵宁静的人，一个能够持久地保持心灵宁静的人，是一个取得了人类众多事业中最伟大成就的人。

---

[1] 参见爱比克泰德，《哲学谈话录》，吴欲波等译，第四卷，中国社会科学出版社，2004年。

第三节 怀疑派

一 哲学反对哲学

尽管伊壁鸠鲁学派和斯多亚学派都批评柏拉图,尽管伊壁鸠鲁和斯多亚学派之间也互有批评,然而他们都仍然认同哲学的规范,都承认存在一种知识探究原则。他们还承认,透过这种知识原则,可以建立起各自的生活道路。无论他们之间存在多大差别,他们都把某种形式的原则作为辨明真理的标准,也就是说哲学智慧包含了某种标准,他们之间的相互批评针对的不过是标准罢了。柏拉图认为理念知识是真理的呈现,伊壁鸠鲁学派则认为直接感觉是真实的根源,而斯多亚学派认为知觉以及把握性印象才是真知识。因着这种不同的标准,他们建立起不同的哲学体系,形成关于人类知识不同侧面的探索。

怀疑派则直接对标准论提出批评。柏拉图、亚里士多德、伊壁鸠鲁和斯多亚学派等哲学家所谓的知识标准存在吗?或者说标准存在吗?亚里士多德批评柏拉图,就是质疑了柏拉图的标准;斯多亚学派批评伊壁鸠鲁,岂不也是质疑了伊壁鸠鲁的标准?这些大哲学家们都否定别人的标准,而他们自身的标准也蒙受批评。当标准蒙受批评时,一是说明这种标准的不可靠,二是说明标准这样的观念本身就有问题。怀疑派批评的其实不是不同学派的具体标准,它是在批评标准本身的可能性,这就是所谓的"元批评",即批评哲学作为知识得以成立的基础。而如果怀疑派批评的是哲学得以成立的基础,它就不只是在批评具体的哲学学派,而是在批评哲学本身了。如果把怀疑派也称为哲学的话,那它就是反对所有其他具体哲学的哲学,甚至是反对哲学本身的哲学。也有学者说,怀疑派是一种元哲学。

我们自然会问,当称怀疑派为"元哲学"时,我们岂非也在肯定某种标准吗?怀疑派对此表示否认。它首先声明它并没有试图再去肯定知识意义上的标准,即不存在所有思考都要透过这种标准去检查的知识系统。怀疑派说它并不提供这样的标准。虽然不存在作为知识的标准,然而它不否定怀疑派有某种方法。怀疑派把它的哲学称为方法的哲学,然而这种方法却不是某种固定知识运用的结果,它是一种"批评的方法"。它更像是医学中的"方法派",对不明显事物的可理解性和不可理解性不轻易做出断定,避免轻率处理。它以一种不断定的方式谈论"一般性""普遍性"等词汇。当他们使用某种事物的标准时,他们也是在非独断的意义上进行使用,只是用来表明明显的感受、自然的或反自然的症状,使之成为发现的引导方法。因此,所谓的批评方法,其实并不固定不变,只不过要遵循现象。由于现象不断变化,感知觉自然也随之而变;再由于现象随时变化,也就不存在一般的方法,不存在有关方法的一般性知识。

怀疑派所谓的方法指出任何知识都并非如论证者所认为的唯一正确,所有知识都只是一种可能的呈现,而不是呈现的全部。[1]由于怀疑派肯定方法存在,它也认为事物的呈现有某种确定性。然而怀疑派紧接着会说它坚持呈现,只是肯定此刻或此地向观察者呈现出来的真实性,而不是说事物就如它呈现的那样。我们其实无法肯定事物是否就是呈现的那个样子,我们也无法肯定事物是否向所有人都呈现出那个样子,我们还无法确定事物是否一直会呈现为这样子。我们,准确地说,我唯一能够确定的是事物此刻向"我"呈现出来的这个样子。这就是怀疑派"方法"的主要观点。"我"不能够向"你"肯定事物就是这个样子的;然而如果"你"向"我"说事物只有这样一种呈现,那么"我"会告诉"你",事物还会以其他的方式呈现出来。这样"我"就摧毁了"你"所认为的知识标准。怀疑派方法的贡献就是向哲学家指出他们所谓的客观标准不过是"他们认定的标准",是把他们自身的信念普遍化的结果。真

---

[1] 参见塞克斯都·恩披里克,《悬搁判断与心灵宁静:希腊怀疑论原典》,包利民等译,第一卷第34章,中国社会科学出版社,2004年。

正理性的人不肯定这种普遍信念,也不认为当我们运用理性的时候会导出可靠的普遍结论。这样,怀疑派哲学是所有知识系统的永恒反对派,也是哲学的永恒反对派。它更像是一种生活的技艺,而不在建立所谓的知识系统。

二 悬搁判断

方法论怀疑派的"哲学"表达式,就是对"下判断"非常谨慎,在某种意义上是"不下判断",也可以说不对事物"下一般性的判断"。如果把"判断"理解为"一般性的知识",那么怀疑派就是"不下判断";如果把判断理解为对于现象的有限认同,那么也可以说怀疑派依然肯定判断存在。由于怀疑派把"判断"理解为普遍性结论,怀疑派不对事物"下判断",或者称为"悬搁判断"。"悬搁"一词来自心灵的"被悬起来"的事实,指由于该命题的正反等效性而既不肯定也不否定。"我悬搁判断"指的是"我无法说出眼前的观点中哪一个是应当相信或不相信的",有关事情在可信性和缺乏可信性上对我们显得一样。然而是否真的一样,我们不做任何肯定的断言,而只是陈述它们向我们观察时所显现的样子。

"悬搁判断"的原因在于正反命题具有同等有效性,对于任何命题我们都能够指出其相反的命题,任何反命题都有与正命题同等有效的论证。例如"事物是可认识的"观点,它的反命题是"事物是不可认识的"。如果有十个论证支撑"事物是可认识的",那么也有十个命题支持"事物不可认识"。由于两个命题有着同等程度的论证支持,我们就无法对"事物是否可以认识"做出断定,这样我们也就要对"事物的可认识"这个命题进行搁置,不予判断。这里所谓的"事物是可认识的"和"事物是不可认识的",就是怀疑派所说的"式"。为了实施悬搁判断,怀疑派就需要为任何一个正命题找到一个反命题,即寻找到对等的"式"。在寻找到对等的"式"后,就可以把呈现与呈现对立起来,或者把思想对象对立起来,或者把呈现与思想对立起来。据此，也可以称怀疑派"在研究中悬搁判断"。

不同时期的怀疑派分别提出过十式说、五式说和二式说，对各种不同判断进行批评，指出不同判断后面的独断特性，否定判断的普遍有效性。[1] "十式"指的是十类命题，包括：①动物的种类；②人的不同；③感官结构的不同；④环境条件的不同；⑤位置、间隔和处所的不同；⑥媒介物的不同；⑦对象数量与构造的不同；⑧相对性；⑨发生的多寡；⑩教育、习俗、法律、传说和教义信仰的不同。这十式又可以归纳为三大类。第一类是根据判断的主体，第二类是根据被判断的对象，第三类是根据双方的式即主客体双方。以第十式（它属于第三类）为例，怀疑派论证习俗与习俗的冲突。例如埃塞俄比亚人给孩子纹身，希腊人却不然；波斯人认为穿及足的、色彩鲜艳的长袍好看，希腊人却以之为丑。法律与法律也相互冲突。例如罗马人在宣布放弃继承父亲财产后就可不必代父偿债，罗底亚人则得偿付。斯基西人的法律要求把陌生人作为牺牲献给猎神，罗马法律却禁止献祭活人。透过十式的研究，怀疑派指出，无论是在动物、人、感官结构、环境、位置还是在教育和习俗等知识上，都可以找到相反的论证。既然如此，也就不存在有关这些事情的共同知识。

五式说则批评理性论证的可靠性，指出我们所使用的论证并不如逻辑学家们所认为的那么确定可靠，从而证明逻辑的不可靠性。一旦逻辑的可靠性被否定，知识体系的框架就会崩塌，知识建构的可能性就会受到质疑。怀疑派的五式包括：①意见分歧；②无穷倒退；③由于相对性；④由于假设；⑤由于循环论证。怀疑派力图指出所有判断都可能属于上述五式的一种。以"无穷倒退"式为例，它指的是用于作为证据解决争端的东西，自身还需要别的证据，别的证据又需要另外的证据，如此无穷后退下去，找不到论证

---

[1] 参见塞克斯都·恩披里克，《悬搁判断与心灵宁静：希腊怀疑论原典》，第二卷。

的出发点，所以只能悬而不决。我们不妨以研究对象为例来说明无穷倒退式。被研究者要么是感性对象，要么是理性对象。无论它们是哪一种，都会陷入争论。因为有人说只有感性对象是真的，有人说只有理性对象是真的，有人则说某些感性对象和某些理性对象是真的。如果他们说不能断定哪些对象是真的，那么就只能悬而不决。如果他们说能够断定哪些对象是真的，那我们就要问根据什么来解决。以感性对象为例。如果感性对象是真的，那么我们是依据感性对象还是思想对象来判定它的真实性？如果是根据感性对象，那么由于我们正在研究感性对象，就说明需要用另一个事物来确证它。如果那个事物也是一个感性对象，那就得再找一个感性事物……以此类推，就会引向"无穷倒退"。怀疑派的这个挑战对逻辑学来说非常有意义，它促使理性主义者和感性主义者去思考整个论证的基础以及它的真正有效性。

二式说则针对认识本身。怀疑派说，所谓的"认识"无非分为直接认识和间接（通过他物）认识。然而这样两种认识都不可能。首先直接认识是不可能的，因为自然哲学家无论是在感性对象还是在思想对象上，由于既不能使用感性标准，也不能使用理性标准，因此他们争执不下。怀疑派也批评间接认识的不可能性，理由是：如果用来证明其他东西的东西自身必须先被另一个东西所证明，则必然或者陷入"无穷倒退"，或者陷入"循环论证"。总之，认识是否可能这个问题是需要悬搁的。

三　生活的技艺

当哲学从知识的探索中退身而出，哲学也就回归到了日常生活。可以说，怀疑派拒绝把哲学视为知识的探索者和建构者，这是对整个希腊哲学的批评。纵观整个希腊哲学传统，都强调为知识而知识，强调探索知识是哲学的天命。怀疑派透过十式、五式和二式，论证对各种事物的认识、认识的方法论基础（逻辑学）和认识的不可能性。在怀疑派看来，哲学透过知识寻求安身立命的希腊方式绝不能成立。既然如此,哲学就回到它的本来,就是我们的日常生活;哲学也从知识的探究回归我们自身对生活的信念。这成为怀疑派之后,宗教信念取代理性成为哲学前提的先声。

怀疑派透过批评知识的观念而批评独断论。独断论者固执其成见,才遮盖了生活的其他可能性,遮盖了人们对生活的更具宽度的看法,摧毁了人们的美好生活。当我们仅依据自己的判断看世界时,也就看不到另一种判断的合理性。那些独断论者相信事物有本性上的好与坏,持有这样看法的人永远都不会处在宁静之中。当他没有获得本性上的好事物时,他自己就遭受着本性上坏的东西的折磨;而当他得到了好东西后,因为他的非理性和非节制的狂喜,因为害怕命运变化,他就用尽一切办法避免失去他认为是好的东西,使他的灵魂同样备受折磨。在怀疑派指出所有正反命题都具有"同等有效性"时,它指出任何相互冲突的判断都不具有优先的确定性。这种"悬而不决(悬疑)"的态度使我们的心灵不会偏执于某个方面,因为一个不断定本性好与坏的人,他既不会过分热心地追求什么,也不会过分努力地逃避什么。这样,他就不会感到烦恼,使心灵从知识的偏见中摆脱出来,达到心灵的"宁静",使灵魂不被扰乱。独断论者用"好胜""自负",或者"沮丧"和"挫败"等情绪描述灵魂的被扰乱,而怀疑派则使判断被悬搁而令灵魂归于宁静。[1]

怀疑派正是透过这一系列的论证,指出哲学是一种生活的技艺。它努力告诉人们,如何能够在生活中避免种种由于独断所造成的心灵的烦恼。首先怀疑派要保证自己的任何判断都不成为一种新的独断。他们在使用"式"和其他导向悬而不决判断的式时,会说出一些表达其怀疑态度和心态的话,比如"谁也不更""什么也不决定"等。"谁也不更"这一表达式用来表明"相反者等效",提醒人们要承认另一种可能性。"并不更"这种表达式则是指"我

---

[1] 参见塞克斯都·恩披里克,《悬搁判断与心灵宁静:希腊怀疑论原典》,第一卷第12章。

不知道这些事情中我该肯定什么，否定什么。"它不是正面地肯定这话确实是真的和确定的，而是表达它对人们显出来的样子。前一种表达式使人们可以避免他人在判断上的强权，限制他人判断对自身的有效性；后一种表达式则限制自己的判断对于他人的支配权。这两种表达式都可以使判断悬搁，使心灵处于自由之境。

怀疑派还会使用许多其他表达式，例如"或许""或许不""可能""可能不""也许"和"也许不"，它们分别是如下表达式的缩写："或许是这样，或许不是这样""可能是，可能不是""也许是，也许不是"等。[1]这些表达式以松散的方式表示不断言，拒绝使用正面的肯定，不独断地决定，它们只是标识自己的心态。当怀疑论者说"我什么也不决定"时，他并没有自信地宣称什么，只是在解释他自己的心态。这并不意味着怀疑派不选择和不选择某些呈现。如果不作任何选择的话，怀疑主义者就无法生活。不同的只是，怀疑派坚持正反判断同等有效，坚持事物向他们呈现的同等开放性。他们遵循通常的生活规则，而不是独断地生活。他们的生活准则可分为四种：一是自然的指导，二是情感的驱使，三是法律和习俗的传统，四是技艺的教化。自然的指导使他们自然地感觉和思考；情感的驱使有按饥渴之所需饮食；法律和习俗的传统使人们据以认为生活中的虔敬是善，不虔敬是恶；技艺的教化使人们不至于不懂技艺。正因为如此，生存使生活无限可能。

附　精深阅读导引

一　有关伊壁鸠鲁学派的精深阅读

1.有关伊壁鸠鲁的自然哲学，学者们在伊壁鸠鲁是否是还原论者问题上有争论。与学者们通常所认为的伊壁鸠鲁是一位还原论者不同，Annas 和 Sedley

---

[1] 参看塞克斯都·恩披里克，《悬搁判断与心灵宁静：希腊怀疑论原典》，第二卷第21—23章。

等人从《论自然》(*On Nature*)的第25卷中找到相关文本，认为伊壁鸠鲁并不完全赞同还原论，参见 Annas, J., *Hellenistic Philosophy of Mind.* (Berkeley:University of California Press, 1992); Sedley, D. "Epicurean Anti-reductionism." In *Matter and Metaphysics*, ed. J. Barnes and M. Mignucci, 297–327 (Naples, 1989.) O'Keefe 则进行了反驳，见 Tim O'Keefe, *The Reductionist and Compatibilist Argument of Epicurus' "On Nature"*, Book 25 *Phronesis*, Vol. 47, No. 2 (2002), pp. 153–186.

2. 当代不少学者指出，伊壁鸠鲁对"不必害怕死亡"的论证不够令人信服，甚至认为它们"愚蠢"，参见 Jeff McMahan, "Death and the Value of Life," in John Martin Fischer (ed.), *The Metaphysics of Death* (Stanford: Stanford University Press 1993), pp. 231–266; Harry Silverstein, "The Evil of Death," *Journal of Philosophy* 77 (1980), 401-17，Steven Luper-Foy, "Annihilation," *The Philosophical Quarterly* 37 (1987), 233-52. 对此，Rosenbaum、Draper 等指出以上一些学者的论证并不能说明这一点，有的还犯了"时代误值"的错误，参见 Stephen Rosenbaum, "Epicurus and Annihilation," *The Philosophical Quarterly*, Vol. 39, No. 154 (Jan., 1989), pp. 81–90; Kai Draper, "Epicurean Equanimity Towards Death", *Philosophy and Phenomenological Research,* Vol. 69, No. 1 (Jul., 2004), 92-114。

二 有关斯多亚学派的精深阅读

1. 关于斯多亚宇宙论的循环概念，有些学者认为斯多亚学派主张的只是每个事物身份的重复；其他人则认为循环的不只是身份，还包括所有经历和时间等，参见 Michael J. White, "Stoic Natural Philosophy (Physics and Cosmology)," in Brad Inwood (ed), *The Cambridge Companion to the Stoics* (Cambridge: Cambridge University Press, 2003).

2. 关于斯多亚学派自然观中衍生出来的决定论，Bobzien 认为它不是因果决定论，而是带有很强的目的论元素，参阅 Susanne Bobzien, "Early Stoic

Determinism", *Revue de Métaphysique et de Morale*, No. 4, Les stoïciens et le monde (Octobre–Décembre, 2005), pp. 489–516. 对于决定论与自由问题的讨论，参见 Sophie Botros, "Freedom, Causality, Fatalism and Early Stoic Philosophy", *Phronesis*, Vol. 30, No. 3 (1985), pp. 274–304，她指出决定论并不意味着取消自由意志，Sorabji 和 Long 则认为斯多亚学派不是强决定论者，见 R. Sorabji, Causation, "Laws and Necessity", in *Doubt and Dogmatism,* ed. Schofield, Burnyeat and Barnes (Oxford, 1980); A. Long, "Freedom and Determinism in the Stoic Theory of Human Action", in *Problems in Stoicism*, ed. Long (London, 1971).

三 有关怀疑派的精深阅读

1. 怀疑派提倡的"心灵宁静"，是怀疑一切的怀疑论者不怀疑的。有学者指出这表明怀疑派的论述有矛盾，并不彻底。纽斯鲍姆就指出，就怀疑派不怀疑"心灵宁静"这一点来说，他们是独断的，见 M. C. Nussbaum, *The Therapy of Desire* (Princeton, 1994).

第六章　奥古斯丁的哲学

西方哲学再次迎来它的大师，只是这位大思想家却要终结希腊哲学，一个曾经辉煌的时代，而将开启一种现代的思想图景，一个多少为希腊人也为热爱希腊哲学的人们有些不习惯的时代，甚至多少会令他们沮丧。因为希腊哲学家视为人类精神家园的理性将不再能够飞得那么高远，它将不得不习惯于它的新位置，一个要俯伏在信仰之下的角色，一个依然高于其他认识能力却本身需要盼望作为引导的学徒。哲学将进入信仰的时代，古典思想的图景及其生活方式有了一次真正意义上的转向。

然而哲学仍然是重要的，希腊仍然是思想凝视前方的力量，或许它已经不再是真理的道路了，然而它仍然能够使信仰走得更远，让信仰变得澄澈和富有激情。奥古斯丁清楚希腊哲学的这种魅力，以信求知，知并没有削弱信仰的尊严，相反使信仰更加庄严。而希腊呢？或者说柏拉图呢？希腊和它的柏拉图依然是奥古斯丁思想多重变奏的魅力所在。一个深悉柏拉图的奥古斯丁不仅使基督信仰的呈现如此精彩，也使希腊如此多彩。

第一节 古典哲学的尾声

一 奥古斯丁的忏悔与赞美

在其末期经历了怀疑派的激烈批评后,希腊哲学探索真理道路的信心受到了重创。怀疑派本身并没有提供一种有效的"知识体系"重新建构希腊思想的大厦,虽然它也视哲学为生活的技艺,然而它不能以真理为中心,不能从知识论证的角度为心灵提供慰藉。人类渴求真理,以真理为生活和思想的坐标,同样是一种需要得到安慰的理性目的,怀疑派在人类知识的中心投下的是暂时无法填补的空洞。怀疑派批评真理的探索不可能藉由理性单独完成,却也暗示了哲学必须另觅道路。怀疑派对理性论证的有效性和感觉知识的确定性的强有力批评,说明我们所探索的知识本身也是一种信念。这当然不是说知识是与理性无关的事业,而只是说真理绝非是理性单独所能够完成的使命。怀疑派对希腊哲学的批评,却把哲学的事业引导到新的道路。虽然

怀疑派没有给出这条新的真理之路的清晰轮廓,也没有给出这条道路的具体内容,然而基督教的兴起,直到奥古斯丁的时代,这条新的真理之路透过信仰的方式被完整呈现出来,成为西方文化新的路标。

西方思想真理之路的大历史如此,奥古斯丁本人的小历史也如是,同样经历了由哲学到信仰的艰难历程。《忏悔录》记录了奥古斯丁由哲学而基督信仰的旅程。青年时代的奥古斯丁邂逅西塞罗的《荷

顿西乌斯》，渴求真理的火种从此埋在他的心田。[1] 虽然西塞罗没有给奥古斯丁，给一个不再有真理确信的时代，一个有说服力的答案，也没有缓解他们在真理问题上的焦虑，然而，哲学自此成为奥古斯丁真理之路的指引。在公元386年皈依信仰之前，真理"问题"始终是他思想探索的伤痛，哲学则是这伤痛的镇痛药方。就奥古斯丁而言，真理重新成为"问题"无比重要，因为自希腊化到古代晚期，真理已经被弃之一边，缺席于人们的俗世生活。而在真理不再被作为生活的"问题"时，生活就彻底地沦陷了，因为没有真理意识的生活寻求的永远是暂时的快乐。由于西塞罗，这位柏拉图主义者，真理重新成了奥古斯丁的问题。在接下来十多年间，奥古斯丁经历了摩尼教、柏拉图和新柏拉图主义时期，终归于基督信仰。基督宗教为奥古斯丁不安而战栗的理性安魂，哲学在宗教中重振它天鹅般嘹亮的歌唱。

奥古斯丁的《忏悔录》，是怀疑派批评希腊哲学之后八百年间西方思想重寻真理、重归真理的写照，是真理的浴火重生。怀疑派虽然确实道出了独断论的思想短板，然而并不意味着真理可以回避，反而使得真理成为一个更迫切、更焦虑的思想问题。这个时代的人们更深切地意识到，没有真理，生活无法继续。虚无感如同不可解脱的梦魇，令此后的思想家们不断地重回真理的建构。而要在怀疑派的废墟上重新形成真理之思，就得有不同于希腊哲学的探索道路，然而又必须以类似于希腊哲学的方式完成。怀疑派之后的思想家们意识到，探寻真理的关键并不在于知性形式的严密性，而是生存经验的深刻性。奥古斯丁的敏锐之处在于，它从"真理的危机"看见真理与生存之间的关系，在他成为基督徒之后，它被表述为"原罪"所造成的"自由意志"的虚无感，从而给出了希腊哲学所不曾看见的人类生存论的洞见。正是原罪的倾向，理性无法完成真理之路。怀疑派对理性本身的局限性的批评，

---

[1] 奥古斯丁,《忏悔录》第三卷第四节，周士良译，商务印书馆，2013年。

被奥古斯丁从单纯的逻辑学问题转化成人类的有限性问题。奥古斯丁从人类的有限性，而不是从希腊哲学的万能理性，给出了思想探索新的可能。正因为人类的有限包括理性、感性和知性能力的有限，人类本身确实无法达成真理之路。西方思想由此经历了一个转折。真理如果不是人类单纯理性探索所致，那么真理就必然是被赋予人类的活动。奥古斯丁完成了希腊哲学真理探寻视野的转换。如果真理不再是由希腊哲学所谓的知识之路造成，那么人的有限性就需要一个无限者加以满足。人知识上的自负，或者说人对自己理性能力的自负感，所表现的正是人的虚无感，它不过是为了满足把他自身制造成为无限者的骄傲。

奥古斯丁给出了真理之路的另一幅图景：人是有限的，仅凭人的能力无法达至真理；人之所以能够对真理有所认识，是因为真理自身抵达在人类之中。奥古斯丁看到了真理问题的悖论。一方面，哲学仍然是探索真理的有效方式，奥古斯丁没有如怀疑派那样用哲学反对哲学；然而另一方面，真理并非单纯的理性知识。因此，生存而非知识成为探索真理的新起点。人从自身生存中审视真理问题危机的根源，它来自人的虚无感，而虚无来自人的骄傲。骄傲无视别人，更无视上帝的存在，它是对别人和上帝的虚无化，也是对自然万物的虚无化，它也造成人本身的虚无化，因此骄傲的人离真理最远。[1] 骄傲的人令其生存处身于非真理状态。那些唯理性的哲学家是骄傲的人，它导致哲学的精英主义，这是他们对其他人的骄傲，他们自以为真理在握，而没有看见怀疑派所批评的，他们所谓的理性之路是何等的脆弱！这样的人也对神骄傲，对真理骄傲，他们把真理视为他们自身内在的部分，而不是视真理为超越者，自以为凭他们自身的能力就能够领会真理。因此，希腊哲学家的唯理性主义，恰恰是他们远离真理的根源。如若要回归真理，必须

---

[1] 奥古斯丁，《忏悔录》第一卷第一章。

先驯服理性。

奥古斯丁认为真理之路的起点是忏悔。[1] 由于理性、知性和感性能力都是有限的，它们就都不足以面向真理，还由于这些能力都造成人们的骄傲，我们就得从自身找到与骄傲相对立的态度，奥古斯丁认为这就是忏悔。忏悔这个词的拉丁文既指承认自身的过失，也包含赞美的意思。忏悔的第一层意思显示了人的有限性，奥古斯丁指出当人以为凭其有限性就可以获取真理时，人已经对真理犯罪。正如怀疑派所指出的，无论哪个哲学派别，它们充其量都只是执其一端否定另一端。这就是哲学的罪性，是我们滥用知识能力的过失。在人类生活的其他领域，就更加明显。而当我们乐于承认自己的有限，我们反倒会耐心地聆听其他人的观点，也得以避免许多偏见，悦纳更多的见解和更高的真理，就会孕育出赞美。真理从忏悔开始，以赞美渐进，这就是祈祷。奥古斯丁的大多数著作几乎都以祈祷开始，他用这种态度显示哲学的理性必须得到矫正。

二 奥古斯丁与柏拉图主义

在奥古斯丁从哲学转向信仰的过程中，在西方思想追随奥古斯丁的足迹从哲学转向信仰的激情中，柏拉图主义曾是这段旅程的重要阶段。然而长期以来，学术界太过突出奥古斯丁的柏拉图主义，认为奥古斯丁所真正皈依的是柏拉图或新柏拉图，用它颠覆奥古斯丁整体思想的基督教特征，以至于不能够充分评价西方思想在奥古斯丁身上所体现的关键性转变，以为奥古斯丁之后的西方思想是希腊哲学精神的自然延伸，不承认希腊罗马哲学在奥古斯丁身上存在一个巨大的转折，不承认这条河流已经流向不同的方向。如果抛开这一偏见，我们才能够看见现代西方思想与奥古斯丁的紧密关系，也可以理解为

---

[1] 奥古斯丁,《忏悔录》第十卷第三章。

何在很长一段时间内西方思想被称为奥古斯丁主义。显然如果没有奥古斯丁对西方思想视野的独特转换，西方思想可能依然是柏拉图主义。因此，这里讨论的奥古斯丁的柏拉图主义，指的是已经皈依在基督信仰中的柏拉图主义。

在《忏悔录》中，奥古斯丁承认他的思想经历过柏拉图主义时期。如果把源头追溯到西塞罗，而西塞罗是某种形态的柏拉图主义者，那么奥古斯丁在读《荷顿西乌斯》时已经受到柏拉图主义的影响。在奥古斯丁为西塞罗的修辞学和对真理问题的讨论吸引时，从外部讲西塞罗激发了他学习修辞学的意愿，从内部讲真理问题成为他毕生探索的目标。这两方面看起来似乎是对立的。修辞学如奥古斯丁所认为的，只会激发起人们对名声和权力的无限贪婪，因为当时人们致力于修辞学学习，是为了获得公众的名声，并透过运用这种名声，获得政治权力。在《忏悔录》第九卷，奥古斯丁放弃了修辞学的职业，虽然他已经是一位很成功的修辞学教授，而他放弃修辞学是因为这个职业所隐藏的恶。真理问题自然是希腊哲学的主要问题。哲学源于对真的追寻，柏拉图围绕这个问题，紧紧展开对伦理学、政治学、自然哲学和知识论的呈现。自怀疑派后，人们丧失了对真理的兴趣，因为真理是不可能得到呈现的对象。然而自从读了《荷顿西乌斯》后，真理就如同一团火焰推动着奥古斯丁探求的热情。自此之后，奥古斯丁过着一半是海水一半是火焰的生活。在基督教思想中，海水象征着恶，火焰则象征着上帝的真理：修辞学（恶的象征）教师却追求着真理。

柏拉图主义激起了奥古斯丁对哲学的浓厚兴趣。在他成为基督徒之前的十多年间，他对真理孜孜以求。开始的时候，他也试图回到《圣经》，然而修辞学这个职业使他抵制《圣经》，因为《圣经》相比于西塞罗的美妙拉丁文而言简直毫无美感，其语言根本不能与西塞罗著作的华美相提并论。期间，他认识了一些摩尼教朋友，他们的观点吸引了奥古斯丁。在奥古斯丁不倦地探究真理的过程中，他已经意识到与真理结伴而行的是善。然而令奥古斯丁困惑的是，那恶从何而来？因为基督教讲论的是一个全善的上帝，既然如此，他所造的世界也就是全善的，因为善的上帝不会创造一个恶的世界，这与他的特性矛盾。那么这世界的恶来自何处？显然，恶只来自于至善的上帝。如果这个推论成立，为什么全善的上帝容许恶？这在逻辑上实在矛盾。摩尼教则似乎给出了一个令人信服的解释，它认为天界存在一个光明的上帝和一个黑暗的上帝。善来自光明的上帝，恶则来自黑暗的上帝。[1]这个"完美的"解释，使奥古斯丁当了十年的摩尼教徒，他的母亲莫尼加因此悲痛欲绝。然而摩尼教也有令奥古斯丁困惑的地方。按照摩尼教的占星学思想，同一时间出生的孩子应当属于同一星相，同一星相的孩子应该同为善或者同为恶，然而却为何有的孩子善有的孩子恶？奥古斯丁向摩尼教中的一个大学问家福斯图斯请教，却没有得到令人满意的回答。再加上母亲莫尼加的持续影响，他有时也参加基督教会的布道，奥古斯丁逐渐退出摩尼教。

虽然奥古斯丁开始认识到基督信仰或许更加令人信服，然而他还没有接受基督教。恶的难题成为他追求真理道路上的障碍。这时他开始接触柏拉图和新柏拉图主义者普罗提诺的作品。他从柏拉图主义对恶的回答中得到启发，柏拉图尤其是普罗提诺给他留下了深刻印象。普罗提诺认为恶是源自于善的丧失，那么善是如何丧失的呢？这是至关重要的问题，正是普罗提诺把奥古斯丁引到对自由意志的理解。善的丧失并不是上帝命令或者创造的结果，而是人凭借自由意志选择的结果。受柏拉图和普罗提诺的启发，奥古斯丁从人自身去寻找恶，而不再如同以前那样从上帝那里寻找恶的阐释。这就改变了奥古斯丁的思考方向。首先，如果没有上帝的善，事物就乏善可陈。人们是不可能生活在乏善可陈的世界的，即一个人不可能生活在完全恶的世界。这个受造的世界分有了创造者的善，例如这个世界的光分有了上帝

---

[1] 奥古斯丁，《忏悔录》第四卷第十五章。

的光，这个世界的色彩分有了上帝的美好，它才会是善的。同时，受造物世界的善和美都只是受造的美，是有限的美善。只有在上帝护佑受造物时，准确地说只有在受造世界接受上帝的护佑时，它才能够保有美善。如果受造世界背弃了上帝的护佑，自行其是，那么它就会失去美善，这也就是受造世界的败坏。因此，恶要从人对上帝的背弃中去寻找，善则要从至善的上帝中觅求。

柏拉图主义使得奥古斯丁向基督信仰迈出了关键的一步，但它本身并没有成为奥古斯丁的归宿。奥古斯丁不可能忘记怀疑派对柏拉图的理性主义论证的批评，柏拉图绝非是真理的终点，真理所安身的家园也绝非是柏拉图的思想。怀疑派之前的希腊思想生态和怀疑派之后的希腊罗马世界，已经再无可能接受真理的单纯理性特质。奥古斯丁既不接受怀疑派的一个没有真的世界；因为怀疑派的批评，也不接受柏拉图的理性主义。从《圣经》中，奥古斯丁看到有关真理的不同表达，而柏拉图主义在被嫁接在基督教这棵新树上时，理性的有限性能够成为真理之路的一种指引。奥古斯丁无须在怀疑派与之前的希腊思想间达成妥协，他找到了呈现真理的第三条路径，就是基督信仰，它是人安身立命之所。

三　奥古斯丁与斯多亚主义

奥古斯丁还受到斯多亚主义的深刻影响，然而学术界很少注意到奥古斯丁这方面的思想因素。柏拉图主义是从永恒的维度讨论时间性生存，它批评时间经验所蕴含的不真实性，因为凡追随时间显现的是现象系列，而现象总是不断流逝。正因为如此，柏拉图主义缺乏历史哲学，缺乏对人和世界的历史描述。柏拉图主义总是劝导人们摆脱时间的羁绊，恢复永恒的维度。然而奥古斯丁的哲学，尤其是其晚期著作《上帝之城》则是一部历史哲学著作，或者可以说是历史神学著作，从历史的角度论述上帝之城和地上之城的交织、分离、冲突和转化。《上帝之城》展示了奥古斯丁深厚的历史知识和历史意识，充分呈现出他用历史来表达人类放逐之路的世界观，[1]可以说是西方哲学家中第一部历史哲学作品，形成了对人类生存的另一种表达形式。

奥古斯丁的历史意识当然深受旧约的影响。奥古斯丁是基督徒，而基督徒奉《圣经》为神圣的经典。《圣经》由旧约和新约构成，旧约的写作风格迥然不同于新约，它其实是一部历史著作，记载自亚当以来的人类历史，尤其记载了自摩西以降以色列人出埃及、巴勒斯坦立国、大卫和所罗门时代达到鼎盛，紧接着衰落和灭国的历史。旧约贯穿着一种非常深刻的忧患意识：犹太人由于背离神，为神所弃；然而少数犹太人，他们敬虔于上帝面前，把犹太人重新召聚在上帝的名下，聆听上帝的话语，颂读旧约的律法，使神的话语在历史的洪荒中依然传递，因此旧约具有深厚的历史意识。虽然基督教一贯重视新约胜过旧约，然而当奥古斯丁在驳斥希腊罗马知识分子嫁祸基督教时，他显然意识到犹太人对上帝的敬虔历史可以成为反驳希腊罗马知识分子的有效依据。当时，有一部分希腊罗马知识分子把罗马的陷落归罪于基督教在罗马的传教活动，声称这是希腊罗马诸神对罗马基督教化的报复。在回应这一指控中，奥古斯丁用历史中的犹太人对上帝的敬虔说明基督徒是一群深蒙祝福的人，基督徒也把祝福带给了罗马。在罗马陷落时，那些攻陷罗马的蛮族因着对上帝的敬畏，没有杀害躲在罗马教堂中的民众。

除旧约之外，奥古斯丁的历史主义还有一个哲学根源，那就是斯多亚主义。斯多亚学派主张一个动态的、扩张的宇宙，也可以说它主张的是一个历史的宇宙。斯多亚学派关心人的历史性生存和人在历史中的命运，注重历史与个体的关系，依此展开对生存的自然历史分析。奥古斯丁的《忏悔录》就包含了斯多亚学派的个体性生存分析，指出人在幼年就已经开始背离上帝，其成年过程更是使他自身的意愿越来越多地反对上帝，人由于意愿中的恶使

---

[1] 奥古斯丁,《上帝之城》中册，吴飞译，第十五卷第八章第一节，上海三联书店，2008年。

他自身生活在恶中。也因为人只凭己意生活，就越来越失去自由，因为真正的自由乃是意愿的自由，恶的自由只是带来更多的束缚，这使人只能够生活在黑暗的世界里面。这就是《忏悔录》所谓的光明之子和黑暗之子。奥古斯丁用意愿自由论证了恶是历史的根源，而这个思想被全面地贯穿在《上帝之城》中。奥古斯丁认为，人类历史或者说历史就是根源于恶的意愿的外部呈现。当人有恶念时，他已不再依凭上帝的意愿。上帝的意愿是永恒的善念，凡依凭于上帝的意愿的，也就不会离开永恒。如果人不离开永恒，也就不会造成时间，而时间是历史的核心，没有时间也就没有历史。显然时间和历史都根源于人自身的违背上帝的意愿。奥古斯丁视恶为历史的开端，这个思想为德国哲学家黑格尔所发挥，成为历史倒退论的重要理论依据。

由奥古斯丁的历史意识，即恶与世界历史的关系，可以清晰地看到斯多亚主义的影响。斯多亚学派是最早把个体与意愿进行关联性分析的哲学学派，它细致地分析了个体如何在意愿中行使自由，又是如何在意愿的使用中滥用自由的。而凡滥用自由的人，都把自由运用在外部世界，即他们用自由去追逐金钱名权，这就是让意愿倾向于恶了，也正是恶造成了人与外部世界的密切关联，因为过分地追逐外部世界，人就会为金钱名权的束缚而愈加地不自由。人之投身于世界即在于其意愿投身于恶，这是斯多亚学派对历史的意愿分析。奥古斯丁把这种个体性分析放在宏观的历史中，并做出了更复杂的诠释。《上帝之城》不仅分析旧约中犹太人的历史意愿，也分析了罗马人、波斯人和其他民族的历史意愿。他警告世人，末日到来，上帝将审判世人；那时，所有恶的意愿都将在末日之火中被惩罚，等待世人的将是永远的地狱，永恒的大火。这也折射了斯多亚主义的历史意识。

四　从古典到现代

奥古斯丁对世界的解释包含了古典和希腊化哲学的某些基本观念，这是很自然的，因为他深受希腊修辞学和哲学教育的影响，而当时的哲学主流是柏拉图主义。奥古斯丁的朋友圈中，就有不少人读过柏拉图或者普罗提诺的著作。当时不少著名的基督徒有不少是柏拉图主义者，例如《忏悔录》提到的维克托里努斯，他是普罗提诺的著作《九章集》的拉丁文译者；为奥古斯丁施洗的安布罗斯主教，也是个柏拉图主义者。在这个意义上讲，当时的"文化界"的语言是柏拉图的哲学语言。奥古斯丁著作中使用不少柏拉图的哲学术语，例如上升之路、记忆、情绪和时间等观念，就不足为奇。一个时代有一个时代的语言习性，一个时代有一个时代的思想逻辑。奥古斯丁身上延续了希腊哲学的这种篇章。也正是藉着基督教，希腊哲学在一个再也不是希腊的国度里继续发挥影响，继续得到阐释和传承，这绝非希腊之不幸，而是希腊哲学的伟大命运。

更重要的是，奥古斯丁给出了一种不同于希腊的世界图景，与现代世界表现出更多的相关性。希腊哲学图景中的人，非常光辉灿烂，即使在悲剧语境中，那种人性的高贵和肃穆都令人起敬。希腊哲学更是竭力表征人性的超越性，用德性的序列呈现人性神化的超越阶梯，以图呈现人们拯救现象和生存的努力。奥古斯丁给出的图景要远比希腊哲学悲观。这种悲观从未在希腊出现过，即使柏拉图晚年都没有如此悲观。然而也不能说奥古斯丁对罪性人生和悲惨世界的悲观看法就与希腊完全无关。如果注意到怀疑论对希腊哲学的解构，注意到怀疑派不仅强调理性的没落，也肯定感知觉的有限性，那么就可以看到随着人的"成熟"，人类自我意识中的有限意识会随之变强。只不过怀疑派的自我有限性仍然以希腊哲学的形式得到表达，奥古斯丁却抛弃了希腊的表达，把希腊思想透过怀疑派所已经暗示的人性的不可能性表达得更为直白。奥古斯丁直言人不只有限，而且有罪。如果说希腊哲学意识到人的有限性是理性反思的结果，那么人的罪性则已经越出了希腊哲学对自我意识描述的界限。当基督教透过奥古斯丁或者其他神学家传达出这种哲学观念后，整个西方世界深受震撼，奥古斯丁主义也将注定成为此后千年这种悲观的世界观念的持续诠释者。

第二节 奥古斯丁的哲学主题

一 真

怀疑派摧毁了人们对真理的信念，而哲学若要得到复兴，要继续其伟大的事业，就必须重新把真理确立为思想探索的首要问题，证明真理的绝对存在。如果没有这个前提，一切其他讨论都会缺乏理据，哲学也将失去存在的基础。怀疑派对真理问题的批评不仅是形而上学的，还包括逻辑学、认识论、伦理学和数学。奥古斯丁则从三方面证明真理的存在。透过艰苦的论证，他说明逻辑学并不支持否定真理的论证，相反逻辑学本身就是以真理的存在为其前提；接着他论证任何假的事物都要以真为前提，认为如果没有真的绝对前提，我们也就没有办法谈论假的事物，甚至无从谈论事物，因此真事物存在；再接着奥古斯丁论证真存在于灵魂之中，这是主体性论证，强调真与认识者的关系。由于灵魂是不朽的——这是古代人的信念，真理和真也是不朽的。

奥古斯丁论证说论辩科学（包括逻辑学和修辞学）都是真的，而不是如怀疑派所批评的，它会因着陷入循环论证和无穷倒退等逻辑困境，就说明它不能够呈现真。为了说明真命题的存在，不妨从假命题开始论证。例如"美狄亚靠一组带翼的蛇飞行"是一个假命题，然而当我们说一个命题假时，是因为它模仿了"真"。如果这个命题不包含对于"真"的模仿，那么它根本不能存在。只有根本不存在的命题，才可以不被说成是真的命题或者假的命题。因此，怀疑派所谓的无所谓真假的命题，即悬搁了判断的，是根本不存在的命题。根本不存在的命题就根本不可能模仿任何事物，也就无所谓真假。怀疑派和持这种观点的人也必须注意到绝对不存在的命题根本不能被称为假的，它也根本不可能被言说。怀疑派看似在批评论辩科学，实则是在批评一个根本不存在的论辩科学。因为命题是论辩科学的核心，论辩的核心则是真假。当我们谈论命题时，它必然具有真假。正如现代分析哲学指出的，没有真假值的句子不可能是一个命题。既然一个假命题一定具有某种程度的真，即使可能仅仅是表达形式上的真（例如合乎语法），它也是对于真的模仿。既然如此，当我们在谈论论辩科学时，就已经在肯定真的存在了。

就事物的实体而言，真也一定存在。当我们说一个事物是该事物时，已经肯定它是一种实体。实体这个概念包含了差别性，正是差别性使我们拒绝把一个名称用到另一个名称上。那我们为什么拒绝把一个名称用到另一个名称上呢？因为当我们把一个名称用到另一个名称，并且这个名称运用不合理时，它是违背我们的意愿的。这就意味着我们的意愿中有一种试图避免的用法；而我们试图避免做某件事，就说明这个事物的实体有其真实性。举例来说，我们不会把铅这个名称用到银这个事物上。我们是否会称这银像铅呢？不会。因为银是高等事物，而铅是低等事物。真是不会倒过来用的，即真不会被用为假。但是人们会称某种铅像银一样，这是因为这块铅看起来像银一样有光泽，它似乎模仿了银的美，这能够说明低等事物会模仿高等事物。当我们说像银的铅时，是说假是对于真的模仿。我们不能说真会模仿假，但是我们会说假会模仿真。这说明就事物本身而言，真是绝对的，是假的前提。因此，真一定存在。

那么真存在于什么地方？当我们说真时，会说到几何形状这种真，或者色彩这种真。看起来真像是存在于几何形状中，或者真存在于色彩中。然而无论是存在于几何形状中还是存在于色彩中，真一定存在于灵魂中，因为几何形状或者色彩都是有关学科的知识，而学科知识都与主体不可分割。由于灵魂是不朽的，这在古代是自明的，那么真理也就是不朽的。因此，怀疑派质疑真是从主体出发还是从客体出发是不成立的，因为当我们说真时，它就已经是一种知识。既然我们在谈论之先就已经确定了这个前提，即确定了它是知识的前提，而由于知识与主体不可分，那么我们就已经肯定了主体与真共在。[1]

奥古斯丁不仅反驳怀疑派对真的质疑，而且肯定真理不朽。奥古斯丁肯定真理永恒的方式看起来与柏拉图相似，却有着细微的差别，它也暗示了哲学沿着两个不同的方向发展。柏拉图确实是从真理与灵魂的关系出发肯定真理作为知识的永恒性，然而他的论证却指出真理是什么。真理的知识是对真理的定义，而任何一个定义都是对是什么的肯定。因此，柏拉图探讨的是真理的客体性。奥古斯丁却不是从这个角度看真理。当他说真理是一种知识时，他是从真理与主体的关系说的，是把主体当作真的呈现者，注重的是作为呈现的真理，而不是作为一个定义的真理。在奥古斯丁看来，真理是一个降临者，是一个主动者，而不是如柏拉图那样把真理看作一个认识对象。奥古斯丁给出了柏拉图所不曾给出的回答：真理自身降临，真理自身是主体。因此，哲学不再如柏拉图所谓的真理是什么，而是谁是真理。奥古斯丁的回答是，在《圣经》中，上帝之子耶稣基督已经宣称他就是真理、生命和道路。这也就解构了怀疑派对真理问题的质疑，因为它质疑的是谁能够认识真理。而现在奥古斯丁说，真理自己来到这个世界，启示了他自身。

二　记忆

既然真理与主体密切相关，真理存在于灵魂中，而灵魂如同柏拉图所说又可分为理性、激情和欲望，那么真理存在于灵魂的哪一部分？奥古斯丁没有采用柏拉图的心理学模式即灵魂三分的观点，不用纯粹的理性表现真理

---

[1] 参见奥古斯丁，《独语录》第二卷的讨论，见于奥古斯丁，《论自由意志：奥古斯丁对话录二篇》，成官泯译，上海世纪出版集团，2010年。

的呈现及构成。真理之在灵魂中，是透过记忆；而记忆不是灵魂的器官，理性、激情和欲望都是灵魂的构成部分，是实体性构造，记忆则是灵魂的功能。灵魂透过记忆与真理发生关系，意味着灵魂在与真理的关系中是透过灵魂的理性、激情和欲望与真理发生关系，也可能是透过包括这三者之外的其他构造与真理发生关系，因为灵魂与真理的关系是人这个整体与真理的关系。当希腊人说真理是理性的事业时，他们没有看到真理是整个人的事业。奥古斯丁从更广意义的观念展示了真理与人（包括理性、激情和欲望或者还有其他方面）所呈现出来的全方位关系。

　　奥古斯丁的记忆真理论首先限制了理性在真理认知上的唯一主体身份，也指出了理性不可能单凭它自身可以知道真理。这显然是接受了希腊化哲学和怀疑派对理性的批评。奥古斯丁同意他们的观点，理性不是真理与人的直接关联者，理性在真理之路上起的作用或许超过激情和欲望，然而单凭理性本身不能够到达最终的真理。相比较而言，柏拉图全力批评的欲望则有可能在真理之路上起到某种作用，而不是如柏拉图所认为的欲望只是一个负面的角色。一方面，欲望面向外部的事物，这确实有碍于真理之路，因为真理是超越者，是内在的存在，就此而言，欲望与真理刚好相反。然而另一方面，欲望又是一种欲求，是一种动力性的冲动，它表现出爱的强烈情感。在真理之路上，对真理的爱是寻求真理的开始，理性这个语词似乎缺乏爱欲的特性。欲望从动力的角度表达了人对真理的关系。可以说，人身上的任何部分都与真理有着某种程度的关联。记忆不是透过灵魂的某一部分，而是透过灵魂的整体与真理发生关系。

　　记忆真理论以真理存在为前提。真理先在地存在于灵魂之中，当人能够记忆真理的时候，就与真理有了某种关系；当人不承认真理时，人与真理没有关系。这就好比一个孩子和父母，当一个孩子承认某个人是他父亲时，他会称呼他为爸爸；如果一个孩子根本不承认某个人是他父亲，他会拒绝这样的称呼。父母对于孩子是先在存在的，是一个孩子承认也罢不承认也好都预先地存在的，然而一个孩子很可能因为与父母关系不好而拒绝承认他的父母。真理与记忆的关系也是如此。一个灵魂完全可能因为他自身的问题而不承认真理，这时他就遗忘了真理。真理先在存在于灵魂中，为灵魂所本有，用现代思想的术语来说，为主体所本有。人本有真理的形象，然而人却遗忘真理，因为他不承认真理。

　　人为什么会遗忘真理呢？因为人想去记忆他自身，而不想去记忆真理。当人只去寻求他自身的时候，他寻求的是自身所喜欢的东西，让他快乐的东西，例如金钱、名誉和权力等。人不会去寻求那些看起来像是约束他的事物，而真理透过德性和知识等对灵魂的管教，可能是灵魂所不喜欢的。灵魂产生了选择性偏见，漠视真理的存在，漠视德性的存在，也漠视德性的根源即真理。在这里，奥古斯丁给出一种清晰的见解，即人自己选择遗忘真理，这意味着人要承担道德责任，因为责任是自由的孪生子。没有自由谈不上责任，人有选择的自由，也就有承担的责任。人对于真理的遗忘就是他去寻求身外之物，把身体和形体当作生存和生活的主体和主要原则。这样那先在存在于灵魂的真理就不再是一个显像，一个他生活的图景。而奥古斯丁认为在这种情况下，也就是说想在快乐中实现幸福的欲求，一定是行不通的。因为幸福只能在真理中寻，而不是在欲望中实现。[1]

　　人一方面遗忘真理，另一方面又寻找真理的替代物——现象世界；人一方面遗忘幸福，另一方面又在寻找幸福的替代物——快乐。奥古斯丁难得地表现出他的乐观主义倾向，就是肯定人是必定要去寻找幸福的，而凡是寻找幸福的人也就一定要寻找真理。因此就人的自然倾向而言，人一定是要寻找真理，并试图重新记忆真理。然而奥古斯丁的乐观主义也就此止步，与柏拉

---

[1] 参见奥古斯丁，《忏悔录》第十卷。

图主义再次分道扬镳。新柏拉图主义者普罗提诺基于以上前提，得到的结论是人，所有人都将复归于真理。这就是著名的万物归一学说，或者称为普救论。然而奥古斯丁的看法则回归悲观，他认为虽然所有人都在寻求幸福，也都在自然倾向上会寻求真理，然而绝大多数人会在寻求真理和幸福的替代物上誓不回头。他们越来越向着身外之物寻求他自身，越来越沉溺于身体性欲求。因此，有一部分人的灵魂可能会恢复对真理的记忆，但是有相当部分的人将继续地漠视真理、遗忘真理。而基于自由意志的责任理论，恢复真理记忆的人将得享幸福的甘美，遗忘真理的人将失去幸福，甚至会失去幸福的影子——快乐。

三　时间

时间也是主体的属性，正如探寻真理是以主体为开始。上帝创造人类之初并没创造时间，虽然《创世记》称"天上要有光体，可以分昼夜，作记号，定节令、日子、年岁"[1]。经文中的节令、日子和年岁只是分辨自然万物变化的记号，对人类本身不产生任何影响，因为伊甸园中的人类生活在一个黄金时代，他们不老不病，也没有必要为他们的生活进行记事。我们今天所谓的完整的时间观念，既包括自然之事，也包括人事，并且人事成为对自然观察和运用的前提。当我们说"时间哪儿去了"时，我们感叹时光不再、青春难觅、往事只成追忆。然而伊甸园的人类不会有这样的时间观念，没有年少、青春、成年和死亡，时间只是自然万物运作的刻度。就此而言，伊甸园的时间类似于永恒，虽然有开端但没有结束。而我们所谓的时间则有始有终、有先有后。甚至时间本身也是如此，它也有始也有终。终有一天时间停顿，不再存在。然而伊甸园的"时间"不具有这一内容，因此不能说时间在创世之初

---

[1]《创世记》1：14

就已存在。

  时间始于人对自己生活记事的开始，始于焦虑和担忧的连续，始于获得和失去的轮替。在伊甸园里面，上帝已经安排了一切，而上帝的一切安排都是好的。安排意味着秩序，伊甸园里的人类遵循秩序，无须忧愁，没有失去，只有获得。因此人类不需要为自己记事，安排农耕等。人类什么时候开始考虑记事、安排自己的生活呢？是在人类离开上帝之后。当人类被逐出伊甸园后，人类必须靠自己的耕作和劳动获取生活的必需品，而由于所获有限、所知有限（例如对气候变化等），"必终身劳苦，才能从地里得吃的"，[1] 人类必须量入为出。时间自此就与人类的生存息息相关，或者说时间是人类对生存处境的意识。在这样的"时间"观念里面，有过去、现在和将来。在奥古斯丁看来，时间是人类被逐的标记，其原因则是人类背离上帝，因此也可以说时间是人类自我放逐的标记。人类因为放逐自己的欲望而被上帝放逐，人类离开了伊甸园那个类似永恒的时间。由于人类失去了永恒，就需要自己记时记事，才能够建立自己的生活。这是时间的开始，才有了过去、现在和将来的区分。

  这样说来，并不是说在这个世界或者宇宙中存在着可以被称为过去、现在和将来的物体。过去、现在和将来不是类似于石头这样的物体，它们不在某个处所中，也不具有可以触摸等形体特性。如果这样，那么时间存在于什么地方？当我们说过去、现在和将来时，我们其实是从记忆的角度进行描述。我们把有些事物的经验描述为过去，把有些事物的经验描述为现在，把有些事物的经验描述成将来。因此过去、现在和将来全都是我们对事物的印象，而时间就是种种印象的记忆，我们也是用自己的印象度量其他事物的经验。那么印象又如何形成？是透过回忆、注意和期望而成。当我们回忆某个

---

[1] 《创世记》3: 17

事物时，我们说这个事物已经过去了；当我们注意某个事物时，是说这个事物正在进行着，正在成为我们的印象；当我们说期望某个事物时，是说这个事物即将到来。回忆、注意和期望是记忆的三环节，时间透过记忆的这三种形式成为主体的属性。[1]

虽然我们说时间由过去、现在和将来构成，然而其实它们都是现在的某种形式。当我们说过去时，我们说的是过去的现在；当我们说将来时，我们是说即将到来的现在。无论过去和将来，它们都是现在的某种形式。时间就其本质而言乃是现在。这同样可以从回忆、注意和期望这记忆的三环节当中获得分析。当讲回忆时，我们是在注意以往的某个印象；而当说将来时，我们是在注意将要到来的印象。如果一个回忆不能够到达现在，我们没有办法回忆，因此回忆是一个以往事物的印象到达现在的注意中，即注意一个以往的印象；同样，如果一个期望不能到达现在，也就没有期望，这样的人就只能绝望了，因此期望是欲求的印象到达到现在的注意中。无论过去、现在和将来，也就是过去的现在、现在的现在和将要到来的现在。

永恒是永远的现在。当说永恒时，我们是说希望生活永远像此刻这样，因为此刻的生活完美，我们就不愿意失去。所谓的完美就是不能再增加一分也不能减少一分。时间的流逝会带来增减，永恒是希望不要增减，永远像现在这样。奥古斯丁说时间是永恒的形象，是因为时间中的现在体现了永恒的本质。因此，悖论之处正在于，透过时间，人类可以脱离放逐状态。人类要脱离时间的放逐，就必须从"现在"的环节去寻找，找到那个能够把人从过去和将来的流变中跳离出来的"现在"。我们所有的欲求看起来都有过去和将来，例如我们的皮肤，幼年时光滑，年老时粗糙，任你用什么样的化妆品都阻挡不了这个趋势；再例如财富，开始时比较少，可能此后通过努力成了

---

[1] 奥古斯丁，《忏悔录》第十一卷第二十八章。

富翁,然而也有可能一贫如洗,而人最终也是一贫如洗地回到他所来之处;要命的是,人的"生命",无论多么顽强,无论多么长寿,都要离开这个世界。因此,可见之物都不足以成为不变的现在,不可能在自然万物中寻找永恒的现在。奥古斯丁说,只有在神身上,才能找见永恒的现在,这就是上帝的独生子耶稣基督。他是上帝的儿子,也是上帝自身,因此他永恒存在。然而这位上帝真实地来到世间,因着爱人类而舍弃了他自身。他真实地经验了人类的命运,受苦,死亡,然后又复活。他经验了人类生活中的焦虑、愤怒、软弱和试探,然而他胜过了人类的不幸,因此胜过了时间。正是在他身上,我们看到时间的出路,就是从他在人类历史的过往和盼望中看到的永远的现在。时间性和人类命运的问题,最终关乎救赎。

四 自由意志

恶是奥古斯丁成为基督徒的旅程中最困扰他的问题,他后来的大部分著作都与这个主题或多或少有关。通过发展出自由意志(也可以译成自由意愿)学说,奥古斯丁解释恶的产生、出现和加深。与所有基督教思想家相同,奥古斯丁肯定自由意志是上帝给予人的最美好的礼物,是人身上的上帝形象。上帝把他的意愿赋予人,把意愿的自由赋予人。上帝创造一个属于他自身的人;人并不是木偶,他有思考的自由,有选择的自由。人通过意愿的自由成为他自身。奥古斯丁借此回应他对于恶的疑惑,这也是许多人的疑惑,即全善的上帝所创造的世界为什么有恶存在?奥古斯丁的回答是:恶并非上帝的创造,而是人自我选择的结果。[1] 然而紧接着的疑问会是:上帝为何不阻止恶出现?上帝不仅全善而且全能,他完全有能力阻止恶出现。奥古斯丁的回答是,人自由地选择离开上帝,就已经在作恶,作恶就要承担责任。

---

[1] 奥古斯丁,《论自由意志》第三卷第十七章,见于奥古斯丁,《论自由意志:奥古斯丁对话录二篇》。

这就是自由的代价,要小心,不要滥用自由。当然,奥古斯丁说由于人失去了天国的自由,失去了永恒的形象,人自己没有办法恢复永恒,最终是由上帝自己担当救赎的任务,派遣他的独生子耶稣基督为人赎罪。然而奥古斯丁辩护说,当他说耶稣基督成为人的罪的赎价时,并不是说上帝为恶负责,他把上帝的爱作为礼物白白地给予了人类。十字架上的耶稣不是上帝为他的受造物负责,上帝无须为此负责。他是出于爱的缘故,自己死在十字架上并且复活。这就是恩典。恩典高于责任,因为恩典完全出于爱,而责任则对应于选择的自由。

伊甸园的人类享有意愿的完全自由。上帝对亚当说,这园中除了两棵树上的果子外都可以吃,这意味着人类享有完全的自由。虽然上帝说这园中两棵树上的果子不可以吃,然而在逻辑上亚当还是可以吃的。上帝没有在这两棵树四周围上不可逾越的保护装置,而是像园子的其他部分那样敞开在人眼前,是他对人的信任,是把人当作他自身来看待。因此无论在事物的开放性上还是选择的开放性上,伊甸园是享有全然自由的意愿世界。只是上帝也告诉亚当,若吃了这树上的果子就是死。上帝清楚地把这个代价告诉了亚当,即如果选择吃,那么就必定有代价,而且代价巨大。上帝给予自由意志及其代价含义明确的呈现,他并未采用强制的方法阻碍亚当。因此这是一个信任人的上帝,虽然他也知道人类并不值得信任,但是他仍然希望透过对人类的信任让人类懂得爱是什么。这是上帝之爱的伟大。

当然对于这个诫命,或者说对于上帝与人类立的这第一个"契约"(意味着基督教文明是一种契约文明),我们会说亚当其实没有选择的余地。因为如果吃就必死,那就只能选择不吃。这岂不是没有选择余地吗?学者们用兼容论的自由意志论描述这种自由意志论,以之区别于自由选择的自由意志论。兼容论的自由意志指的是在只有一个选项的情况下,人有选择和不选择的两种可能,因为不选择也是一种选择。自由选择的自由意志论则是说,人可以面临许多选项，例如我们到超市买饮料，可以买可乐、运动饮料、矿泉水等，有多种选择。然而在我看来，自由选择的自由意志论并不是独立的自由意志论，它是从兼容论的自由意志论中演化出来的。例如我们到超市里选购饮料时，本质上也是兼容论的。例如当我们看到农夫山泉，我们的第一个决定是选择或者不选择。我们先做出选择或者不选择的决定，才会考虑再选择。如果我们选择了"农夫山泉"，自然就不会选择其他；而如果考虑不选择农夫山泉，才会考虑选择其他。每一个选择都首先是兼容论的。既然如此，虽然伊甸园的人类看起来只有一个选项，然而他仍然具有自由意志。人选择了违背上帝与人立的契约，这样人就对上帝犯罪，而罪的代价就是死。

在人类选择违背契约后，恶和罪进入了人的自由意志。如果说伊甸园的人类有着意愿的完全自由，那么犯了罪的人类的意愿自由就已经被约束了，因为他被自身的恶所约束。这意味着犯罪后人类的自由意志无论如何都已经有恶的倾向，虽然人在生活中总是在寻求对他自身的好；然而他这种对于自身的好的寻求，会带有无可规避的自我优先的倾向，而不是社群优先或者公共秩序优先的倾向。他们倾向于以自我为秩序的中心，而不是以对他人的爱为中心建构秩序，爱自我就会超过爱邻人，这两种爱之间就会形成冲突，颠覆爱的秩序。犯罪后的人类就生活在由自我之爱所导致的无序的社会，奥古斯丁称之为地上之城。地上之城的价值秩序是自我之爱始终牢牢占据生活中心的世界，社会之爱则是次生物，至于对上帝之爱则更受漠视。这种爱的秩序反映出人类自由意志的恶的倾向，就是保罗所说的，渴望善好却行不出善好来。因此人的救赎首先是意愿的救赎，是引导人的意愿重新向着善好，而上帝是最高的善好。当人类的选择重新回到至善，选择至善，才可能确立自由意志选择的正确价值序列，也才能够保证其他选择成为向善的选择。奥古斯丁说，除非人先爱上帝，即先爱至善，才能够爱邻人，才能够对他自身有正确的爱。拥有正确的爱的秩序的，就是天国。

五 为恶而恶

然而自由意志为什么会选择恶？它有可能选择恶么？按照柏拉图的说法，无人愿意为恶。也就是说，柏拉图认为没有人会主动选择作恶，人就其主动意愿而言都会选择善。既然如此，恶就不是主动选择恶的结果，如果恶不是主动选择的结果，那么人就不应该担当责任。在原罪以及原恶问题上，至少还有一个逻辑环节没有得到说明，即在柏拉图主义的框架之中（奥古斯丁是一个柏拉图主义者），如何解释人主动作恶，人为什么主动作恶？

人作恶不外乎如下几种情况。第一，在无知状态下作了恶，例如美国某州法律禁止在公共场所例如在大街上喝酒，而我这个中国人刚到美国，并不知道这条法律，在大街上喝酒。这是做了恶的事情，然而是无知状态下的所为。奥古斯丁把这种作恶称为做错事，他认为虽然这是恶，却可以谅解，但它仍然是一种恶。错事是轻微的恶。第二，为了自身的善而作恶。小偷是这种情况，他们为了自己的利益偷盗他人的钱物；贪污受贿也是如此。这是明显的主动作恶，恶直接显明在人的意识中，为人所知。社会可以通过采取各种措施规避恶，例如透过扶贫和社会救济，通过法律普及、思想教育等。第三，为了他人或者国家的善而作恶，间谍活动显然是这样的，间谍活动显然有违公正，然而为了使自己的国家强大而不受欺负，即为了国家尊严这种善，人会把这种作恶者视为民族英雄，然而它也肯定是某种恶。这些情况的作恶都是有理由的。当作恶是有理由的时候，恶似乎是某种善，但它又是恶，因为在这些情况下，人都是偷偷地做，或者被警告后就不做了，恶是不能暴露在阳光下的。无论偷偷作恶，还是被警告后不再作恶，这些都表明作恶并不符合人的真正意愿。第一种情况无疑如此；第二种情况是在小偷不懂得要付出惨重代价下才会如此，或者即使懂得，却抱着侥幸之心例如可能不会被抓而作恶；第三种则是在不明白真正的公正原则的情况下才如此，如果人明白，可能就会像斯诺登那样"反水"了。

奥古斯丁认为，所有上述情况下的作恶都是有限主体的选择。所谓有限主体，是说他的意愿被蒙骗了，或者说被洗脑了，或者被其他利益蒙蔽了。这样的主体或者人选择时，多多少少处在无知状态下。这样的恶并不是"原恶"，"原恶"是完全主动作恶的意愿。那么什么情况下作恶者是完全出于意愿地作恶呢？完全地出于意愿作恶可不可能呢？奥古斯丁说这是存在的，他称之为"为恶而恶"，或者说纯粹作恶。纯粹作恶是对于任何一方都没有利益的作恶。对于作恶的对象没有好处，对于作恶者也没有好处，对于其他人、民族、国家和全人类也没有好处，甚至对于动植物也没有好处。此外，作恶者还不会觉得自己是在作恶。这种恶才体现了作恶者内心的完全的恶，充分体现他自身的意愿，而不是在任何别人或者国家的唆使下所作的恶。《忏悔录》用相当长的篇幅论述了这种恶。奥古斯丁提到他十六岁时与一群少年偷梨的事情。这棵梨树生在奥古斯丁家葡萄园附近，样子和味道都并不可人，但是一群少年却偷摘下来喂猪，估计猪也不愿意吃这种梨子。这次偷梨对谁都没有好处。对这棵梨树的拥有者肯定没有好处，对偷梨的少年们也没有好处，因为他们自己不吃也不卖；对这棵梨树也没有好处，因为它的枝叶可能被毁；对猪也没有好处，因为猪也不要吃；对于其他人，他们会觉得败坏了社会风气。因此，为恶而恶对谁都没有好处。关键还在于，这帮少年不觉得他们自己在作恶，他们觉得这很有趣，是出于"友爱"的偷窃。[1]

奥古斯丁称这样的恶为"原恶"，体现人是自由地选择恶的，这就是所谓的作恶的快乐。由于它完全是出于人自身的意愿，人就不能为自己推卸责任。人类的绝大多数的恶是在这种意愿的推动下造成的。因为在原恶的情况下，人甚至不觉得自己在作恶。而当人不觉得他自己在作恶时，他会很轻松地、不受谴责也没有任何不安地去作恶。在这样的情况下，一切道德律

---

[1] 参看奥古斯丁,《忏悔录》,第二卷第四至七章。

令、法律规范、社会习俗都不会对他有警告之用。他会越过许多人类自以为的道德"监控器",成为生活的自然选择。因此,原恶不是体现为恶,而是体现为生活的自然。正因为如此,人不可能通过道德、法律和习俗的矫正规避恶,也就是说人不可能通过自律使自己免于恶,不能通过自我的努力使自己成为一个贤人或者说成为一个善人。人可能避免那些昭示在自我意识层面的恶,却无法避免那些掩藏在意识之下的恶。除非藉着对上帝的信仰,除非借助于宗教——因为上帝鉴察人心——人才可能避免为恶而恶。

六 救赎:一种记忆的降临

奥古斯丁虽然经常会采用希腊哲学的某些论证方式,其思想却早已经越出希腊的框架。自此而始,西方思想进入基督教时代。在希腊哲学的视野下,人可以藉修身而达到美好的生活,例如柏拉图和亚里士多德会说藉着知识的阶梯,成全德性;希腊化哲学会说藉着正确地认识自然和我们的把握能力,人们可以控制住扰乱平静的情绪而美好地生活。然而奥古斯丁透过对自由意志的讨论,回应了希腊哲学的理性之梦,告诉人们:只有藉着超越者——上帝,人才有可能不作恶。因为作恶的念头支配了人的自由意志的全部,不为人的意识所知晓,也不为人的意识所控制。在人的种种意愿里面,他所意愿的都是他自身的好,自我中心是人类生存的致死疾病。除非取消自我中心,人才可能避免那必死的生活方式。而要避免自我中心,人就需要避免把自我作为中心的记忆,或者说人要避免把自我利益和自我作为最重要的记忆者。救赎是对记忆的一种改变,让对上帝的记忆替代自我的记忆,这样生活才会有新的方向。[1]

救赎是一种记忆的降临,是对于上帝作为天父的记忆。人犹如走失了的

---

[1] 参看奥古斯丁,《忏悔录》第十卷。

孩子，他已经不记得他曾有一个父亲和一个家。一个走失了的孩子，一个自我放逐的孩子，是一个不承认自己有父亲，或者即使有父亲也将其视同陌路的人。这样他就永远不会向着自己的家园回归，他想要迷途知返，就得先在自己的记忆里重新建立起父亲的形象，在自己的记忆里向自己承认他有一个父亲；然后他要去到家里，向父亲认错，说"父亲啊，我错了，请你重新接纳我成为你的儿女！"这样，他才会和家复和。而一个喜乐满满的家，先要恢复与父亲的关系。如果我们把"复和"理解为对人类自我放逐的救赎，那么救赎就是一种记忆的降临。唯有当父子关系再行建立，家里的其他秩序才能够得到恢复，因为父子关系意味着爱的秩序的重建。在此前提下，那个放逐者，那个儿子就不再自行做主。他在意愿里面不再把自身放在中心位置，而会向父亲征求意见，尊重父亲的意愿。救赎乃是重获一种父子的关系，使父亲的意愿得到真正的尊重。

当奥古斯丁讲救赎与记忆的关系时，他并不是单纯地讲孩子恢复对父亲的记忆，他甚至优先地讲父亲对于孩子的寻觅，上帝对于人类的寻觅。奥古斯丁认为基督教的上帝是一位觅人的上帝，或者说是一位寻找孩子的父亲。因为救赎是一种记忆的降临，救赎从上降临。这个"上"就是上帝。基督教上帝的独特性在于他是一位意愿的上帝，他的意愿是爱，以至于尼采讲"爱成为上帝的地狱"。因为爱人类，上帝自己道成肉身，替人类赎罪，被钉于十字架，让人类从爱的苦痛中看见他自己对上帝这位父亲的过犯，而愿意向父亲道歉，回归他的家园。救赎的重要性还包含上帝对人类的寻找，从亚当被逐出伊甸园的那一刻到今天，上帝都透过他的爱寻找他走失了的儿女们。而奥古斯丁认为众教会对福音的传扬，就是基于上帝的这种大爱。上帝的爱是这个世界的重量，是灵魂的光明之子。人不是以他自身所做的伟业和善事而可以向上帝证明他有资格重新成为上帝的孩子，人是因为看见上帝对他的爱而承认自己的过错，才重新获得儿女的身份。

附 精深阅读导引

1. 要大略了解奥古斯丁的思想和学界的研究状况以及相关文献，可参阅以下二书：Eleonore Stump (Editor), Norman Kretzmann (ed.), *The Cambridge Companion to Augustine* (Cambridge University Press, 2001) 和 Allan D. Fitzgerald (ed.), *Augustine through the Ages: An Encyclopedia* (Wm. B. Eerdmans Publishing Company, 1999)。就本书中所涉及的真理、记忆、时间和救赎这些主题，以下三部著作中有较为综合的分析。Gerard O'Daly, *Augustine's Philosophy of Mind* (University of California Press, 1987)、Brian Dobell, *Augustine's Intellectual Conversion* (Cambridge University Press, 2009) 和 Joanne McWilliam (Editor), Timothy Barnes (ed.), Michael Fahey (ed.), *Augustine: From Rhetor to Theologian* (Wilfrid Laurier University Press, 2012)。

2. 关于奥古斯丁的真理思想，Carol Harrison 在 *Augustine: Christian Truth and Fractured Humanity* (Oxford University Press, 2000) 一书中通过奥古斯丁所处时代的社会、宗教、思想等背景的综合分析，结合奥古斯丁对希腊传统关于人的思想的解构，阐释了奥古斯丁的基督教真理观的思想根源和时代影响。Tobias Nicklas (ed.), Madeleine Scopello (ed.), *In Search of Truth: Augustine, Manichaeism and Other Gnosticism* (Brill Academic Publication, 2010) 一书中收录了学界关于奥古斯丁知识论和真理观的许多论文，阐释了奥古斯丁早期到晚期作品中所呈现的关于真理的许多思想细节。

3. 对于奥古斯丁关于记忆的思想，可关注 Garry Wills 在 *Saint Augustine's Memory* (Viking, Dec 1, 2002) 一书中的阐述。他在书中详尽论述了记忆观念在奥古斯丁受洗前后思想转变中的意义以及在《忏悔录》思想脉络中的中心作用。Wills 还对奥古斯丁关于内在自我、自我对他者与上帝的认识、彼此的关系都是由记忆所塑造的思想做了清晰的阐释。John Mourant 收录在 *Saint Agustine on Memory* (Augustinian Institute, Villanova University, 1980) 一书中的关于奥古斯丁记忆思想的系列演讲对于了解奥古斯丁记忆思想的细节很有帮助。Paige E. Hochschild 在 *Memory in Agustine's Theological Anthropology* 一书中追溯了以柏拉图、亚里士多德和普罗提诺为代表的希腊传统对于记忆在人的终极维度中所起作用的思考,对比奥古斯丁从早期到晚期整个思想脉络中对于记忆相关于人的处境和救赎的思考,以此阐释奥古斯丁对于古典思想的转化和古代晚期的思想变迁的作用。

4. 要进一步了解奥古斯丁关于时间的思想,可参照 John F. Callahan 的 *Four Views of Time in Ancient Philosophy* 一书。书中论述了以柏拉图、亚里士多德、普罗提诺和奥古斯丁为代表的四种时间观,在对比中突出了奥古斯丁将时间理解为"人的思想延伸"所具有的哲学和心理学影响与意义。此外,J. M. Quinn 在 "Four Faces of Time in St.Augustine" (RechAug 26, 1992) 一文中,通过细致的文本分析阐释了奥古斯丁关于时间思想的四个维度,从中可以看到奥古斯丁对古典思想的继承和发展。Roland J. Teskez 在 *Paradoxes of Time in Saint Augustine* (Marquette University Press, 1996) 一书中阐明了奥古斯丁时间思想的诸多细节,并指出奥古斯丁关于时间是思想的延伸的论述对于理性灵魂而言是不自然的,其中有着深刻的思想悖论。

5. 就奥古斯丁的救赎思想而言,G. B. Ladner 的 "Saint Augustine's Conception of the Reformation of Man to the Image of God" (AugMag, 2:867-78) 一文阐明了奥古斯丁关于人作为神的形象的失落、更新、得救的思想,其中对于人作为共同体体现神三一形象以及救赎的共同体内涵的论述尤其值得一提。H. E. W. Turner 的 *The Patristic Doctrine of the Redemption* (London: Mowbray, 1952) 一书对于概要性地了解基督诞生之后最初五个世纪中救赎思想的演变很有帮助,其中对奥古斯丁救赎思想的介绍有着当时特定时代的现实关怀。

Susannah Ticciati 在 *A New Apophaticism: Augustine and the Redemption of Signs* (BRILL, 2013) 一书中以语言学和符号学的方法分析了奥古斯丁救赎理论中的预定论思想,提出在奥古斯丁思想中有一种以新的否定神学为底蕴的救赎论。

参考文献

外文部分

Ackrill, John. "In Defense of Platonic Division." In *Ryle: A Collection of Critical Essays*, edited by Oscar P. Wood and George Pitcher. Garden City, N.Y.: Anchor Books, Doubleday, 1970, 373–92.

Allan, Donald James. "The problem of Cratylus." *American Journal of Philology* (1954): 271–287.

Annas, J. "Aristotle on Substance, Accident and Plato's Forms", *Phronesis*, 1977:146–160.

Annas, J., *Hellenistic Philosophy of Mind*. Berkeley: University of California Press, 1992.

Barrow, Robin. *Plato and Education*. Routledge, 2011.

Benson, H.H. "A Note on Eristic and the Socratic Elenchus". *Journal of the History of Philosophy* 27 (1989): 591–99.

Bernard, Williams. "The Analogy of City and Soul in Plato's Republic." In *Exegesis and Argument: Studies in Greek Philosophy Presented to Gregory Vlastos*, edited by E. N. Lee, Alexander P. D. Mourelatos, and R. M. Rorty. Assen, Netherlands: van Gorcum & Comp., 1973, 196–206.

Bluck, R. S. "Plato, Pindar, and Metempsychosis." *American Journal of Philology* (1958): 405–414.

Brentano, F. *On the Several Senses of Being in Aristotle*. George, R. ed. and trans.

Berkeley: University of California Press, 1975.

Brickhouse, T.C. and Smith, N.D. *Plato's Socrates*. New York: Oxford University Press, 1994.

Burkert, W. *Lore and Science in Ancient Pythagoreanism*. Cambridge, Mass., 1972.

Burnet, J. *Early Greek Philosophy*. London, 1920.

Cherniss, H.F. *Aristotle's Criticism of Plato and the Academy*. Johns Hopkins Press, 1944.

Cole, A. *The Origins of Rhetoric in Ancient Greece*. Baltimore: The Johns Hopkins University Press, 1991.

Cornford, F. M. *Plato and Parmenides*. London, 1939.

Ferrari, G. R. F. ed. *The Cambridge Companion to Plato's Republic*. Cambridge University Press, 2007.

Fesered, E. *Aristotle on Method and Metaphysics*. Palgrave Macmillan, 2013.

Fine, G. *On Ideas: Aristotle's Criticism of Plato's Theory of Forms*. Oxford University Press, 1993.

Frede, Michael. "Plato's Arguments and the Dialogue Form," in *Oxford Studies in Ancient Philosophy*, Supplementary Volume 1992(Oxford: Oxford University Press), 201-220.

Frede, M. *Essays in Ancient Philosophy*. Minneapolis: University of Minnesota Press, 1987.

Furley, David J. and Allen R. E. eds. *Studies in Presocratic Philiosophy*, Vol. 1. New York: Humanities Press, 1970.

Furley, D. J. *Two Studies in the Greek Atomists*. Princeton, 1967.

Furley D. J. "Weight and Motion in Democritus' Theory" .*Oxford Studies in Ancient Philosophy* 1 (1983), 193-209.

Furth, Montgomery. "Elements of Eleatic Ontology." *Journal of the History of Philosophy* 6.2 (1968): 11-1.

Gallagher, Kenneth T. "Wittgenstein, Heraclitus, and The Common". *The Review of Metaphysics* (1981): 45-56.

Gerson, Lloyd. "A Note on Tripartition and Immortality in Plato." *Apeiron* 20.1 (1987): pp.81-96.

Gill, C. "Afterward: Dialectic and the Dialogue Form in Late Plato", in *Form and*

Argument in Late Plato, C. Gill and M. M. McCabe eds. Oxford: Clarendon Press, 1996. , 283–311.

Gill, Christopher. "Plato and the Education of Character". *Archiv für Geschichte der Philosophie* 67.1 (1985): 1–26.

Graham, Daniel W. "Symmetry in the Empedoclean Cycle". *The Classical Quarterly (New Series)* 38.02 (1988): 297–312.

Graham, D. W. "The Postulates of Anaxagoras". *Apeiron*, 27(1994): 77–121.

Griswold, Charles L. ed. *Platonic Writings, Platonic Readings.* London: Routledge, 1988.

Hackforth, R. "Immortality in Plato's Symposium". *Classical Review* 64 (1950): 43–5.

Harrison, Carol. *Augustine: Christian Truth and Fractured Humanity.* Oxford University Press, 2000.

Horky, Phillip Sidney. *Plato and Pythagoreanism.* Oxford University Press, 2013.

Inwood, B. "Anaxagoras and Infinite Divisibility". *Illinois Classical Studies*, 11(1986): 17–33.

Inwood, Brad ed. The Cambridge Companion to the Stoics. Cambridge: Cambridge University Press, 2003.

Irwin, T.H. *Plato's Moral Theory: The Early and Middle Dialogues.* Oxford, Clarendon Press, 1977.

John Martin Fischer ed. *The Metaphysics of Death.* Stanford: Stanford University Press 1993.

Kahn, C. H. "Plato and Heraclitus". *Proceedings of the Boston Area Colloquium in Ancient Philosophy* 1 (1986) 241–58.

Kahn, C. H. *Anaximander and the Origins of Greek Cosmology.* New York: Columbia University Press, 1960.

Kahn, C. H. *Essays on Being.* Oxford: Oxford University Press, 2009.

Kahn, Charles H. *Plato and the Socratic Dialogue: The Philosophical Use of a Literary Form.* Cambridge: Cambridge University Press, 1996.

Kennedy, George. *The Art of Persuasion in Greece.* Princeton: Princeton University Press, 1963.

Kirk, Geoffrey S. "The Problem of Cratylus". *American Journal of Philology* (1951): 225–253.

Kline, A. D. and C. A. Matheson. "The logical Impossibility of Collision". *Philosophy* 61 (1987) 509-15.

Laks, A., "Mind's Crisis: On Anaxagoras' Nous", *Southern Journal of Philosophy* 31 suppl. (1993) 19-38.

Lesher, J. "Mind's Knowledge and Powers of Control in Anaxagoras DK B12," *Phronesis*, 40 (1995): 125-142.

Lewis, E. "Anaxagoras and the Seeds of a Physical Theory". *Apeiron*, 33(2000): 1-23.

Lloyd, G. E. R. "Popper versus Kirk: A Controversy in the Interpretation of Greek Science." *British Journal for the Philosophy of Science* (1967): 21-38.

Lodge, Rupert Clendon. *Plato's Theory of Education.* Ed. Solomon Frank. Russell & Russell, 1970.

Long, A. A. "Empedocles' Cosmic Cycle in the Sixties". in Mourelatos (ed.), *The Pre Socratics.* Garden City, NY (1974) pp. 397-425.

Long, A. A. "Parmenides on Thinking Being", in J. Cleary (ed.). *Proceedings of the Boston Area Colloquium in Anicient Philosophy* 12 (New York, 1996), pp. 125- 115.

Moravcsik, Julius M. E. "The Anatomy of Plato's Divisions". In *Exegesis and Argument: Studies in Greek Philosophy Presented to Gregory Vlastos*, edited by E. N. Lee, Alexander P. D. Mourelatos, and R. M. Rorty.Assen, Netherlands: van Gorcum & Comp., 1973, pp.324-48.

Mourelatos, A. P. D. *The Route of Parmenides*, 2nd ed. Las Vegas: Parmenides Publishing, 2008.

Nehamas, Alexander. "Eristic, Antilogic, Sophistic, Dialectic: Plato's Demarcation of Philosophy from Sophistry", *History of Philosophy Quarterly* 7 (1990): 3-16.

Nichols, Mary P. *Socrates on Friendship and Community: Reflections on Plato's Symposium, Phaedrus, and Lysis.* New York: Cambridge University Press, 2009.

Nussbaum, M.C.and Rorty, A.O. eds. *Essays on Aristotle's De Anima.* Oxford 1992.

Nussbaum, M. C. *The Therapy of Desire.* Princeton, 1994.

O'Brien, D. *Empedocles' Cosmic Cycle.* Cambridge, 1969.

O'Brien, D. *Theories of Weight in the Ancient World*, vol. 1 *Democritus, Weight and Size.*Paris/Leiden, 1981.

O'Daly, Gerard. *Augustine's Philosophy of Mind.* University of California Press, 1987.

Owen, Gwilyrn EL. "Eleatic questions." *Classical Quarterly* (1960): 84-102.

Penner, *Terry, and Christopher Rowe. Plato's Lysis.* Cambridge University Press, 2005.

Price, Anthony W. *Love and Friendship in Plato and Aristotle.* Oxford: Clarendon Press, 1989.

Robinson, Richard. *Plato's Earlier Dialectic.* Oxford: Clarendon Press, 1953.

Rorty, A.O. ed. *Essays on Aristotle's Ethics.* University of California Press, 1980.

Rowe, C.J. *Plato and the Art of Philosophical Writing.* Cambridge: Cambridge University Press, 2007.

Schiappa, Edward. *The Beginnings of Rhetorical Theory in Classical Greece.* New Haven: Yale University Press, 1999.

Schofleld, M. *An Essay on Anaxagoras.* Cambridge, 1980.

Scolnicov, S. *Plato's Metaphysics of Education.* London, 1988.

Sedley, D. N. "Two Conceptions of Vacuum". *Phronesis* 27 (1982) 175-93.

Sedley, D. "Parmenides and Melissus", in *The Cambridge Companion to Early Greek Philosophy*, ed. Long, A. A. Cambridge, 1999. pp. 113-133.

Sedley, D.N., " 'Becoming like God' in the Timaeus and Aristotle", in Calvo, Th. and Brisson, L., *Interpreting the Timaeus-Critias.* Sankt Augustin, 1997.

Shiner, R. "Wittgenstein and Heraclitus: Two River-Images". *Philosophy* 49.188 (1974): 191-197.

Sidgwick, Henry. "The Sophists". *Journal of Philology* 4.8 (1872): 288-307.

Solmsen, F. "Love and Strife in Empedocles Cosmology". *Phronesis* 10 (1965) 109-48.

Sorabji, R. ed. *Aristotle Transformed: The Ancient Commentators and Their Influence.* Cornell University Press, 1990.

Stokes, M.C. *Plato's Socratic Conversations, Drama and Dialectic in Three Dialogues.* Baltimore, Md., Johns Hopkins University Press, 1986.

Stern, David G. "Heraclitus' and Wittgenstein's River Images". *The Monist* 74.4 (1991): 579-604.

Stump, Eleonore & Kretzmann, Norman eds. *The Cambridge Companion to Augustine.* Cambridge University Press, 2001.

Taylor, C.C.W. "Aristotle's Epistemology", in Everson, S. ed., *Companions to Ancient Thought: Epistemology.* Cambridge, 1990.

Tahko, T.E. ed. *Contemporary Aristotelian Metaphysics*. Cambridge: Cambridge University Press, 2012.

Vlastos, G. "The Physical Theory of Anaxagoras". *Philosophical Review*, 59(1950): 31–57.

Vlastos G. "Parmenides' Theory of Knowledge". *Transactions and Proceedings of the American Philological Association* 77 (1946), pp. 66–77.

Vlastos, Gregory. *Socrates, Ironist and Moral Philosopher*. Cornell University Press, 1991.

Woodruff, Paul. "Rhetoric and Relativism: Protagoras and Gorgias," in A. A. Long, ed., *The Cambridge Companion to Early Greek Philosophy*. Cambridge: Cambridge University Press, 1999, pp.290–310.

中文部分

吉尔伯特·罗梅耶-德尔贝:《论智者》,李成季译,人民出版社,2013年。

聂敏里选译:《20世纪亚里士多德研究文选》,华东师范大学出版社,2010年。

聂敏里:《存在与实体:亚里士多德形而上学Z卷研究(Z1-9)》,华东师范大学出版社,2011年。

宋继杰:《逻各斯的技术:古希腊思想的语言哲学透视》,清华大学出版社,2013年。

汪子嵩、范明生、陈村富、姚介厚、包利民、章雪富:《希腊哲学史》4卷,人民出版社,1988-2010年。